Wer schaffen will, muss fröhlich sein.

*Wer schaffen will,
muss fröhlich sein.*

Die zwölfte große Anthologie unseres Verlages widmen wir 2019 dem deutschen Dichter Theodor Fontane, und folgen, von ihm ermuntert, seinem geflügelten Wort:

„Wer schaffen will, muss fröhlich sein."

Wer schaffen will, muss fröhlich sein

Du wirst es nie zu Tücht'gem bringen
bei deines Grames Träumereien,
die Tränen lassen nichts gelingen:
Wer schaffen will, muss fröhlich sein.

Wohl Keime wecken mag der Regen,
der in die Scholle niederbricht,
doch golden Korn und Erntesegen
reift nur heran bei Sonnenlicht.

Theodor Fontane (1819 – 1898)

Copyright © 2019 by Edition Freiberg • Dresden
(Urheberrechte verbleiben bei den Autorinnen und Autoren)
Printed in Germany • Oktober 2019

Umschlaggestaltung und Zeichnungen
auf den Seiten 5, 103, 122, 198 und 326:
Johanna Mehner • Dresden
Computersatz und Layout: Annett Warg • Dresden
Druck und Binden: „winterwork" • Borsdorf

ISBN: 978-3-948472-02-3

Der Verleger — Dresden

Er ist mehr, als nur der "olle Fontane"

Es ist unglaublich, aber wahr. Ein halbes Jahrhundert lang bin ich fast täglich an *"Effi Briest"* vorbeigelaufen. Sie hat es mir aber nicht übelgenommen. Zu meiner Schulzeit war dieser Roman von Theodor Fontane Pflichtliteratur im Deutschunterricht. Doch das ist lange her.

Natürlich steht das einst vielgelesene Buch bei uns zu Hause auch weiterhin im Bücherregal. Es drängelt sich nicht nach vorn und hat sich damit abgefunden, ab und zu mal gründlich abgestaubt (leider aber nicht mehr in die Hand genommen und gelesen) zu werden. Viele Bücher teilen dieses Schicksal mit ihm.

In diesem Jahr kommt der Dichter, dessen Wiege in Neuruppin stand, zu großen Ehren. Bereits Ende März wurden die Feierlichkeiten zu „fontane.200" eingeläutet. Nun wird durchgefeiert bis zum Jahresende.

Und natürlich haben wir es alle schon immer gewusst, er ist mehr, als nur der „olle Fontane".

Tobias Schwartz („Der Tagesspiegel") weiß noch ein bisschen mehr über ihn:

Ein gängiges Bild Theodor Fontanes, dessen Geburtstag sich im Dezember zum 200. Mal jährt, ist immer noch das des alten, gemütlichen, ja konservativen Plauderers. Warum, lässt sich unschwer beantworten. Zunächst zeigen viele seiner Porträts, seien es Gemälde oder Fotografien, einen Herrn mit ergrautem Haar und riesigem Schnurrbart. Da liegt es nahe, ihn mit dem alten Dubslav von Stechlin zu verwechseln, dem Protagonisten aus seinem letzten Roman, der in der Tat gerne plaudert und als konservativer Wahlmann antritt. Oder mit dem betagten Herrn von Ribbeck aus der berühmten Ballade, der, wenn „die goldene Herbsteszeit" kam, Birnen an herumstreunende Mädel und Jungen zu verteilen pflegte.

Es ist nicht von ungefähr so oft die Rede vom „ollen Fontane". Der Hauptgrund liegt sicher darin, dass der am 30. Dezember 1819 in Neuruppin geborene und 1898 in Berlin gestorbene Apotheker, Kriegsberichterstatter, Auslandskorrespondent, Theaterkritiker und Dichter neben den „Wanderungen durch die Mark Brandenburg" vor allem mit seinen großartigen Romanen berühmt wurde, die er erst im Alter von knapp 60 Jahren zu publizieren angefangen hatte ...

Der Verfasser von „Effi Briest", einem Ehebruchsroman, der den Vergleich mit Flauberts „Madame Bovary" nicht zu scheuen braucht und dem Thomas Mann den Namen Buddenbrook entlehnte, war kein engagierter Autor oder selbsternannter Weltverbesserer. Auch wenn sich in seinen Romanen Kritisches über Bismarck und Preußen findet, war seine literarische Haltung subtiler. Er wollte die Wirklichkeiten abbilden, wie sie waren, wovon so minutiöse, schon naturalistische Milieustudien wie die des verarmten Adels in den „Poggenpuhls" oder die Alltagsbeschreibungen „kleiner Leute" in „Irrungen, Wirrungen" Zeugnis geben.

In dieser Anthologie, die wir Theodor Fontane widmen, legen 53 Autorinnen und Autoren Zeugnis ab von ihrem Leben. An Irrungen und Wirrungen hat es auch in den Jahren nach ihrer Geburt nicht gemangelt. Und eines hat wohl Theodor Fontane auch gewusst: Fröhlich schaffen kann nur der, dem das große Glück vergönnt ist, Arbeit zu haben und gebraucht zu werden.

LESEN SIE WOHL!

Matthias Albrecht Leipzig

Wer schaffen will, muss fröhlich sein

Wer seine tägliche Arbeit stets lustlos verrichtet, wird weder zu seiner eigenen Zufriedenheit, noch zu der seines Arbeitgebers beitragen. Die Qualität bleibt ebenso auf der Strecke wie auch die Kreativität oder das Gefühl, etwas geleistet zu haben. Das ist eine unumstößliche Tatsache, die keiner Erklärung bedarf, und die niemand, der klaren Verstandes ist, infrage stellen wird. Punktum!

So, das könnte mein Beitrag zu der neuen Anthologie Heinz Freibergs gewesen sein, welcher – ob der Kürze des Textes – wohl nicht in Begeisterungstürme ausgebrochen wäre. Daher habe ich mich entschlossen, die Modalverben aus Theodor Fontanes Gedichtzeile zu vertauschen, um zu sehen, was sich daraus machen ließe. Hier nun das Ergebnis meiner geistigen Ergüsse:

Wer schaffen muss, will fröhlich sein

Davon konnten schon die Sklaven auf den Baumwollplantagen ein Lied singen. Sie sangen indes nicht, weil ihnen die Arbeit so großen Spaß machte oder sie sich unter der Knute der Sklaventreiber besonders wohlfühlten, sondern um sich von der Monotonie des Pflückens abzulenken, den Rhythmus beizubehalten und das Durchhaltevermögen zu steigern. Sicherlich wären sie gern einmal fröhlich gewesen, doch fanden sie begreiflicherweise keinen Anlass dafür.
Auch die Seemänner sangen ihre Shantys während des Segelsetzens oder Ankerhievens. Diese Gesänge waren jedoch ebenfalls kein Ausdruck von Heiterkeit und Glücksgefühlen, sondern hatten nüchterne, pragmatische Gründe.
Wer tagtäglich schwer arbeiten musste, wollte sich in seiner knapp bemessenen Freizeit amüsieren und die Mühsal seines Jobs für

kurze Zeit vergessen. Doch sowohl den Sklaven als auch Seeleuten vergangener Epochen war es nicht vergönnt, nach getaner Arbeit auf die Amüsiermeile zu gehen und die Sau raus zu lassen. Erstere mussten froh sein, wenn der Aufseher mit ihnen zufrieden war und sie dessen Knute nicht zu spüren oder die Essenration gekürzt bekamen, letztere bekamen als Belobigung hin und wieder eine Extra-Ration Rum oder durften ihre Heuer beim nächstmöglichen Landgang in anrüchigen Tavernen mit noch anrüchigeren Damen des ältesten Gewerbes der Welt verprassen. Davon machten sie denn auch ausgiebigen Gebrauch. Die Ernüchterung kam am Morgen darauf in Form eines ausgewachsenen Katers und leeren Taschen oder – was noch schlimmer war – eines bereits wieder in See gestochenen Schiffs.

Die Sklaven auf den Baumwollplantagen oder Zuckerrohrfeldern waren schon froh, wenn sie am Ende ihres arbeitsreichen, mühevollen Tagwerks auf ihre Schlafplätze in ihren elenden Hütten fallen konnten, ohne die Peitsche des Aufsehers gefühlt oder einen Unfall erlitten zu haben. Mit der Fröhlichkeit aus Theodor Fontanes Gedicht, welche dieser als Voraussetzung für kreatives Handeln ansieht, hat dies allerdings nicht das Mindeste zu tun.

Natürlich kann man mit Gewalt oder Androhung derselben eine Zeitlang die Produktivität steigern. Der Sklave verschleißt dabei jedoch auch schneller, was am Ende den umgekehrten Effekt zur Folge hat. Der Sklavenhalter muss ihm Ruhe zur Erholung gönnen oder neue Sklaven kaufen, was sein Konto enorm belastet. Darüber hinaus ist er gezwungen, genügend Aufseher und Bodyguards anzustellen, die verhindern, dass Aufstände ausbrechen und ihm zu nachtschlafender Zeit mit einem Stein der Kopf behämmert wird. Diese Leute produzieren aber selber nichts, sondern lungern zumeist nur in der Gegend herum und kosten Geld.

Da ist es doch besser, wenn man seine Arbeiter bei Laune hält und ihnen die Freiheit verspricht, wenn sie eine gewisse Zeit durchhalten. Das spornt an und hat überdies den Effekt, dass der Sklave seinen Besitzer gar ins Herz schließt und einen großzügigen Herrscher in ihm sieht, ohne zu ahnen, dass er am Ende gehen darf, weil er ohnehin keine Leistung mehr bringt und dem Besitzer nur Kosten verursachte, behielte er ihn.

Besonders hart arbeitende Bevölkerungsschichten neigen dazu, nach einer stressigen Woche ausgelassen zu feiern. Dabei spielen Partys jedoch nur eine untergeordnete Rolle. Viel wichtiger ist es, die „Seele baumeln zu lassen". Die einen erholen sich beim Freizeitsport, beim Angeln, Wandern, Surfen, bei der Gartenarbeit. Die anderen beim Besuch eines Konzerts, Museums, Theaters oder Kinos. Und wieder andere, indem sie mal einen Tag lang die Beine hochlegen und ein gutes Buch lesen. Vielleicht einen Krimi oder Fantasie-Roman. Oder in einer „Blütenlese" blättern (möglicherweise in der zwölften Anthologie der Edition Freiberg). Die Freude, die der hart Arbeitende dabei empfindet, ist echt. Warum sehnt er wohl sonst das Wochenende herbei! Oder den Urlaub. Oder den Feierabend an sich.

Selbstverständlich feiern auch die Angehörigen der High Society. Und können es sich leisten, auf ihren Events ganz andere Leckereien auffahren zu lassen als Rostbratwürste und Kartoffelsalat. Doch ist das Zufriedenheitsgefühl auf deren Partys oftmals ein völlig anderes, weil diese aus anderen Beweggründen zustande kommen. Feiert der einfache Arbeiter aus Freude über die hinter ihm liegende Mühsal, tut es der gut Betuchte oftmals nur aus Langeweile oder weil es die auf seiner gesellschaftlichen Ebene üblichen Normen und Verhaltensmuster fordern.

Im Vergleich zu früheren Zeiten, in denen noch täglich zwölf bis sechzehn Stunden am Stück bei kargem Lohn und ohne finanzielle Absicherung im Krankheitsfall geschuftet werden musste, hat der heutige Arbeitnehmer bedeutend mehr Sicherheiten und Freizeit. Zum Vertreib letzterer gibt es unzählige Angebote und Möglichkeiten, sowohl für den kleinen als auch großen Geldbeutel.

Es ist schlussendlich auch völlig bedeutungslos, was man in seiner Freizeit tut, um seinen Akku wieder aufzuladen, solange man damit keinen Schaden anrichtet. Hierbei sind allerdings geschlechterspezifische Unterschiede erkennbar: Während der Mann dazu

tendiert, stundenlang mit der Angel und einem Sechserpack Bier am Ufer seines Lieblingsgewässers vor sich hin zu versteinern, erholt sich die Frau (ebenso stundenlang, doch um so agiler) beim sogenannten „Shoppen" in ihren Lieblingsboutiquen an diversen Wühltischen. Am Ende des Tages kommt er – von Mücken zerstochen und ohne Fang –, doch glücklich und erholt nach Hause, während sie – die Blasen an ihren Füßen ignorierend – ihm stolz ihre zwölfte Handtasche und die sechs modischen Tops und drei Röcke präsentiert, die sie – ach sooo günstig, weil im Preis heruntergesetzt –, erstanden hat. Ob sie im Sinne des Wortes damit Schaden auf dem gemeinsamen Konto oder an dem unter der Last der „Schnäppchen" zusammengebrochenen Kleiderschrank angerichtet hat, bleibt mal dahingestellt. Hauptsache: Beide sind glücklich und zufrieden.
Am Ende zählt das richtige Maß. Wer sich in krankhaftem Perfektionsstreben in seiner Arbeit vergräbt, ja regelrecht arbeitssüchtig ist – in Führungspositionen sind solche „Workaholics" besonders oft anzutreffen –, wird irgendwann einem Burnout oder Herzinfarkt erliegen. Und wer die Arbeit lediglich als notwendiges Übel betrachtet, mit Widerwillen an seinen Arbeitsplatz geht oder diesem gänzlich fernbleibt, darf sich nicht wundern, wenn ihm eines Tages gekündigt wird.
Ich habe mir erlaubt, Fontanes Gedicht im Sinne meines Textbeitrags zu dieser Anthologie umzuschreiben und folgende Zeilen „verbrochen":

Kannst du Zufriedenheit erringen,
Wenn du malochst tagaus, tagein?
Das wird auf Dauer nicht gelingen.
Wer schaffen muss, will fröhlich sein!

Wohl könnte man ins Zeug sich legen,
Bis man erschöpft zusammenbricht.
Doch darauf liegt weiß Gott kein Segen,
Drum übertrieb es lieber nicht!

Sieh es mir bitte nach, lieber Theodor. Die Qualität deiner Dichtkunst werde ich eh nie erreichen. Du hast also keine Konkurrenz zu fürchten.

Claudia Atts — Dresden

Theodor Fontane in Dresden

Theodor Fontane (1819 – 1898) ist Sohn des Apothekers Lois Henry Fontane. Daher ist es nicht verwunderlich, dass der junge Theodor zunächst in die Fußstapfen seines Vaters trat.

1756
Der Apotheker Johann Christian Stengel eröffnet die Apotheke „Zum König Salomon«. Erkennungsmerkmal war eine von allen Seiten sichtbare Figur König Salomons in Lebensgröße an der Fassade des Hauses. Die Figur ist heute im Inneren des Gebäudes zu sehen.

1805
Der Arzt und Apotheker Dr. Friedrich August Struve übernimmt die Apotheke.

1842 – 43
Theodor Fontane, Sohn eines märkischen Apothekers, ist für ein dreiviertel Jahr als Gehilfe in der Salomonis-Apotheke beschäftigt. Ein Meilenstein in der Geschichte der Apotheke war die Idee Struves selbst Mineralwasser herzustellen und zu vertreiben. Für alle Angestellten stand das Mineralwasser zur freien Verfügung. Theodor Fontane selbst schätzte ein, dass sie gemischt mit verschiedenen Fruchtsäften im Jahr ein kleines Vermögen vertranken.

1939
Übergabe wertvoller Standgefäße und Arbeitsgeräte an das Deutsche Apothekenmuseum.

1945
Zerstörung der Salomonis-Apotheke.

2005
Beginn des Wiederaufbaus des Areals um die Dresdner Frauenkirche. Die Salomonis-Apotheke ist als eine der Leitbauten zur historischen Rekonstruktion vorgesehen.

12. August 2019

Thekla Batereau   Schkopau

Wiegenlied

Wer schaffen will, muss außerdem motiviert sein für Neues, so mein Resümee. Theodor Fontane schreibt zudem, dass Tränen nichts gelingen lassen. Ist das so? Oder können Tränen der Wut und des sich Ärgerns nicht auch motivieren zu Höchstleistungen? Auch das, was ein großer Dichter des literarischen Realismus wie Fontane schreibt, ist für mich nicht das Absolutum.
Aber es stimmt, dass Lust, gepaart mit Frohsinn, durchaus beschwingt macht wie ein Walzer im Dreivierteltakt und die Seele mittanzen lässt. Seit zwei Jahren ist Martha im späten Alter eine Musikschülerin geworden, Einzelunterricht im Klavier. Zunächst war es wohl eine so genannte „Schnapsidee", zu testen, ob sie als Seniorin dazu fähig sei, kannte sie lediglich aus ihrer Schulzeit nur gelernte Tonleitern, wie man sie aufschreibt. Im Schulchor war sie durchaus mit ihrem Sopran gefragt für das Wiegenlied von Johannes Brahms. Dazu brauchte es kein Notenblatt.
Und nun hatte sie tatsächlich Lampenfieber, als sie auf ihren Lehrer, einen Russen namens Ilja Z. traf, ein Maestro der alten russischen Schule in Sachen Klavier! Ilja meinte, dass es für kein Alter zu spät sei …, auch Achtzigjährige habe er schon unterrichtet! Mein Gott, dachte sie, nein, eine Greisin bin ich noch nicht!!!
Martha sah sich ihre nicht mehr so feingliedrigen Finger an, der linke Zeigefinger etwas krumm nach links gebogen im Fingerendglied, nein, sie hatte keine Gicht, aber sie amüsierte sich über das Erbgut ihrer Mutter: der gleiche Finger mit den gleichen Verdickungen! Und ihre Mutter hatte bis in das Alter hervorragend Klavier gespielt und insbesondere Chopin und Robert Schumann geliebt. Ilja selbst war ein Anfang Sechziger, hatte in St. Petersburg studiert und lebte seit der Wende in Deutschland. Die Kommunikation war durch sein immer noch leicht gebrochenes Deutsch etwas schwierig. In seinem Zuhause wurde nur russisch gesprochen.

Aber Musik hat doch ihre eigene Sprache, die Noten!
Ja, sie wollte ihr nacheifern, wollte es ihr und anderen Alten beweisen, … Ihre Fröhlichkeit und Lust auf das völlig neue Aufgabengebiet wich doch tatsächlich einem Ehrgeiz, was aus dem spontan gestarteten Versuch werden würde. Es war nicht schwer zu erraten, dass sie nicht nur ihren Tatendrang brauchte, sondern eine große Portion Durchhaltevermögen und ein enormes, möglichst tägliches Fitnesstraining. „Jeden Tag fünf Minuten am Klavier, zuvor den Dreiklang und die Tonleitern rauf und runter spielen zur Erwärmung, bitte gleichmäßig mit beiden Händen. Sie haben Talent und ein gutes Rhythmusgefühl", so die durchaus anfangs aufmunternden Worte von Ilja. Na gut, Martha wollte sich durchbeißen. Die harte Arbeit für die Feinkoordination der rechten und der linken Hand begann, denn beide hatten nicht dasselbe zu tun. Da gab es bei ihr daheim schon mal Wutausbrüche, wenn die Finger „kleben" blieben und sich einfach nicht von den Tasten lösen wollten, sozusagen „fest getackert"! Ilja beschwichtigte: „Es ist reine Kopfsache, wie Auto fahren lernen, kuppeln und Gas geben oder mit Logik Mathematikaufgaben lösen." Er hatte gut reden. Autofahren konnte Martha problemlos nach ihrem Abitur, brauchte nicht viele Fahrstunden. Mathematik hingegen war nicht ihre Stärke! Takte im Dreiviertel- oder Viervierteltakt zählen, zehn Finger locker auf die Tasten legen, sie erkennen und gleichzeitig Noten lesen war ein absoluter Gewalttakt für das Hirn. Ein Trauma, das sich erst ganz allmählich in Wohlgefallen an dieser Kunst auflöste und den Kopf frei machen konnte, wie singen, tanzen, Sport treiben …
Martha war bereits dankbar dafür, dass sie ihr falsches Tastenspiel hörte und tatsächlich ein Jahr brauchte, um Noten vom Blatt lesen zu lernen und auf die Tastatur zu übertragen, immerhin sollte es ja eine Melodie werden! Ilja, der Maestro, sparte nicht mit Lob. Und es half ihr, wenn beide schon gleichmäßig im Takt, zum Beispiel sie mit ihrer rechten Hand, er mit seiner linken Hand leicht beweglich die Tastentöne erklingen ließen. Was muss ein Klavierlehrer nur Stunde um Stunde mit einer weniger Begabten aushalten, die aber durchaus Talent habe, wie er immer wieder bemerkte und er ganz

sicher an den Erfolg glaube, aber seine Schülerin immer mehr an sich zweifelte. Nun, Ilja hatte genügend langjährige Erfahrung und wurde für sein Schaffen bezahlt. Er hatte Geduld und erkannte vor allem Potential! Verspielte ich mich, hörte ich grundsätzlich nur sein freundliches „Alles gut, kein Problem, bitte nochmal diesen Takt."
Wer schaffen will, muss fröhlich sein. Er wählte sehr gern melancholisch langsame, russische oder ukrainische, französische Volkslieder und Etüden sehr speziell für mich aus, für die Hände mit Umgreifen der Finger gut zu spielen. Martha fand über ihre beiden Kater zur Fröhlichkeit zurück. Den beiden Jungs gefielen die anmutig klingenden, lieblichen und ruhigen Töne und sie liefen schnurrend mit wippenden erhobenen Schwänzen über die Tasten oder legten sich dicht neben Martha nieder und dösten schnurrend vor sich hin. Nichts schien sie bei Marthas endlosen Wiederholungen aus der Fassung zu bringen. Eine ansteckende Gelassenheit, was man von Katzen sowieso zu berichten weiß. Erstaunlich, wofür Haustiere nicht alles zu gebrauchen sind!
Irgendwann gab es eine wundersame Begebenheit. Ilja brachte ein neues Stück zum Einstudieren mit und spielte es Martha vor, so, wie er es immer tat. Und sie traute ihren Ohren nicht: Es erklang das Wiegenlied von Johannes Brahms. Das trieb ihr die Tränen in die Augen, das Lied, was sie als Schulmädchen solo gesungen hatte und wie eine Fügung sie ihren Sopran jetzt dem Klavier schenkte, andere, neue wohltuende weiche Töne erzeugen zu lassen!
Nun sechzig Jahre später sitzt Martha am Klavier und ist in der Lage, zehn Finger über die Tasten gleiten zu lassen, einen Sopran- und einen Bassschlüssel zu spielen, Vorzeichen der Noten lesen zu können und Töne für eine Melodie herauszulocken. Stolz auf das in der Tat mühsam Erreichte stellte sich ein, bei ihrem Lehrer und auch bei ihr. Es blieb auch nicht nur bei Johannes Brahms. Nicht grundlos wurde George Bizets „Carmen", „Auf in den Kampf Torero ..." Martha vorgelegt: „Meine Erwartung an Sie werden Sie mit diesem anspruchsvollen Stück erfüllen, jedes Mal ein wenig besser, Ihr Stakkatospiel", lautete die Ansage ihres Lehrers. Mittler-

weile kannte er sie in ihrer Ungeduld genau und bremste sie oft aus. „Nicht hektisch werden, Sie haben schon so viel geschafft. Langsam, sich Zeit nehmen, sich einlassen ..." Wurde sie gefragt, wie ist das, kannst du mir erklären, wie man Klavierspielen erlernt? Kann sie nicht erklären. Sie meint nur, „man muss wohl ein gutes Gehör haben, musikalisch sein und man muss sehr fleißig sein, Spaß am Musikmachen haben und man braucht Geduld, das so genannte Durchstehvermögen!" Das für die wöchentliche Klavierstunde vorgesehene fehlerfreie Vorspiel ist ihr noch immer aufgrund des Lampenfiebers nicht gelungen. Es ist halt das alte, fast vergessene, nun reaktivierte Gefühl mit Herzklopfen wie in der Schule entstanden, aber Martha lächelt trotzdem glücklich. Es ist vollbracht. Und ausbaufähig. Und macht fröhlich!

Ich bin Martha.

Freudlos?

Aber wer keine Lust hat ...
    worauf? warum? wozu?
Und wer unfroh ist ... .
    weshalb eigentlich leben? wofür eigentlich leben?
Aber interesselos macht kraftlos.
Aber interesselos macht appetitlos.
Aber interesselos macht schlaflos.

Interesselos macht sprachlos!

Und wer fröhlich ist ...
    kann durchaus schaffen, kann sich durchaus aufraffen.
Welten durchaus erschaffen.
Freudlos ist glücklos, macht perspektivlos.
Freudlos ist umwandelbar, kein wenn, kein aber,
der Blick nach vorn und nicht zurück.
Kraft gepaart mit Mut tut gut. Tränenfluss versiegt,
der Blick klar und keine Gefahr!
Das Lächeln im Gesicht verspricht Hoffnung und Öffnung ...

Regina Elfryda Braunsdorf Dessau-Roßlau

Don Quichote HEUTE

(ein Sonett)

Eine geringe Zuschauerquote
hätte, wäre er auch von Adel,
ein edler Herr ohne Furcht und Tadel
heute, hieße er Don Quichote,

denn ausweglos schiene sein Unterfangen
ganz ohne Reklame und Medien
könnte er – die Bergpredigt predigen,
des Geistes Frucht wäre nie aufgegangen.

Es kämpft vergebens und ohne Sinn,
gibt sich umsonst einem Idealbild hin,
der dieses allein im Verborgenen tut.

Und Cervantes, der sonst begnadete Dichter
entzündete keine Werbelichter
über des Ritters verwegenen Mut.

Meine Klage über die verlorenen Gedichte

(nicht ganz ernst genommen)

„Perlmuttschimmernd"?
Jeden Knopf ordentlich
„geknöpft"?
Ausgewählte „muschelfarbene" Knöpfe?

Keine einzige Silbe lotet in fließende Tiefe.
Ein Salzmeer aus alltäglichem Rufen
verstopft mir die inspirierenden Poren meines Sehens
inmitten Blinder,
des Hörens
unter heulenden Schreiern!

Und
stiehlt dabei ganz profan
meine versunkene
heilige Poesie ...

Brigitte Bringezu   Dresden

Einen Dubslav Stechlin bräuchte das Land!

Theodor Fontane
Geboren am 30.12.1819 in Neuruppin,
gestorben am 20.09.1898 in Berlin,
bestattet in Berlin-Mitte,
auf dem Friedhof Liesenstraße
(zugeordnet, neben zwei weiteren Friedhöfen, der Französisch-
Reformierten Gemeinde)

Berthold Brecht
Geboren am 10.02.1898 in Augsburg,
gestorben am 14.08.1956 in Berlin,
bestattet in Berlin-Mitte,
auf dem Städtischen Dorotheen-Friedhof, Chauseestraße 126

Als Fontane im September 1898 im Alter von fast 79 Jahren in Berlin starb, wurde Brecht im Februar 1898 in Augsburg geboren.

Ihre Ruhestätten in Berlin befinden sich nur eine U-Bahn-Station voneinander entfernt.

Beide Männer haben gegenwärtig einen erstaunlich aktuellen Zeitbezug.

Die Edition Freiberg widmete im vorigen Jahr Brecht – anlässlich seines 120. Geburtstages – die 11. Große Anthologie. Mit Brecht verbunden ist u. a. seine Reflexion (verfasst im Juni 1956, nur zwei Monate vor seinem frühen Tod) als Angebot zur Lösung:

Nach dem Aufstand des 17. Juni ließ der Sekretär des Schriftsteller-
verbands In der Stalinallee Flugblätter verteilen Auf denen zu lesen

war, daß das Volk Das Vertrauen der Regierung verscherzt habe Und es nur durch doppelte Arbeit Zurückerobern könne. Wäre es da Nicht doch einfacher, die Regierung Löste das Volk auf und Wählte ein anderes?

Brecht, was hast du da mit deiner politisch-poetischen Reflexion nur angerichtet? Würdest du dir im Heute und Jetzt nicht ungläubig die Augen reiben? Wird dein Konzept-Angebot von damals nicht gerade kopiert und brachial vollzogen? Unter Androhung Artikel 18 des Grundgesetzes dieser Bundesrepublik sogar, nämlich Kritikern der Asylpolitik ihre Grundrechte zu entziehen und – ultima ratio – vor einer Enteignung des Vermögens nicht zurückschrecken?

Theodor Fontanes letzter Roman (geschrieben 1895 – 1897) war *Der Stechlin*: Der alte Dubslav Stechlin vom alten märkischen Adelsgeschlecht, ist von freundlichem Gemüt, der aber gerne eine freie Meinung hörte – je drastischer und extremer, desto besser!

Solch ein Dubslav Stechlin bräuchte das Land! Ohren auf! Warum rebelliert es im Volk? Hat das Grund und Recht?

Darf Seenot-Rettung missbraucht werden? Wem die Asylpolitik nicht passt, kann ja Deutschland verlassen! Ist das der Umgang mit dem Souverän, der sich im Schweiße seiner Arbeit Steuern zahlend krumm macht?

Und diese angeprangerte Fäkaliensprache! Aber: Wenn zwei das Gleiche sagen, dann ist das nicht dasselbe! *Ein Vogelschiss in der Geschichte und ein Ziegen(-)icker-Poet.* – Der eine ist Parteichef der AfD, der andere übt Satire aus im TV. Was immer auch jeder persönlich in die Spalte Satire einsortiert – ein Nachdenken über die Grenzen des Anstandes würde nicht schaden.
Wie bitte, sozialdemokratisches Gedankengut geistert in Fontanes Stechlin in Märkischer Diskussion? Erörtert werden dort im

Familien- und Freundeskreis aktuelle Ereignisse, werden die alten, konservativen Sichtweisen gegen neue, liberale und sozialdemokratische Tendenzen abgewogen. Auch dagegen gewettert – erzkonservativ gegen liberal?
Was würde der alte Dubslav Stechlin wohl zum derzeitigen Zustand unserer Gesellschaft sagen, zum katastrophalen Zustand der SPD sogar – im Jahr 2019?
Würde er kopfschüttelnd hinter einem Holunderbusch verschwinden und in das märkische Land rufen ACH, DAS IST EIN WEITES FELD?

Ach Brecht! Volksaustausch unter anderem per Seenotrettung, Resettlements, Arbeitskräfteeinwanderung, Einwanderung, Deutschunterricht sogar im fernen Land in Übersee für Neuzuwanderung in den hiesigen Arbeitsmarkt, in die Altenpflege z. B. – 1.200 Arbeitsplätze sollen bald hier wegfallen, 4.000 Arbeitsplätze bald dort, Firmenauslagerungen ins Ausland etc. Die künstliche Intelligenz hat Hochkonjunktur. Und die Weber, sie weben. Sie weben im Gegenzug neue Arbeitsplätze sagen sie beim Weben. Manfred Weber wurde soeben nicht EU-Kommissar wie gewählt, geglaubt und erwartet. Aus dem Hut gewebt wurde für dieses Amt stattdessen – Ursula von der Leyen.

Ach Fontane! Wer liebte dein Heldengedicht nicht, vorgetragen mit klopfendem Herzen und roten Ohren vor der lauschenden Klasse in der Schule: John Maynhard war unser Steuermann, aus hielt er, bis er das Ufer gewann! – Die deutsche Sea-Watch3-Kapitänin Carola Rackete, Seenotretterin mit 40 Migranten an Bord, hielt aus, bis sie am 29.06.2019 vor Lampedusa das Ufer gewann, bei der illegalen Hafeneinfahrt ein besetztes italienisches Patrouillenboot touchierte und wegen weiterführender Schlepperdienste kurzzeitig ein paar Tage arretiert wurde. Die einen klatschen Beifall, winden Lorbeer-Kränze, die anderen rufen nach Recht und Ordnung. Jan Böhmermann sammelt Spenden für Gerichtskosten etc. – Es geht drunter und drüber in der Begrifflichkeit einer Demokratie, die immer fragiler wird, je höher sich die Wellen auftürmen. Wem das nicht passt, was gerade passiert, kann ja ausreisen? Rackete will den italienischen Innenminister Salvini wegen Verleumdung verklagen. – Als ich das im Internet las, nippte ich gerade am Tee und verschluckte mich, weil der Tee noch zu heiß war.

Unmittelbar nach Sea-Wach3 steuerte das nächste deutsche Rettungsschiff „Alan Kurdi" mit 65 Migranten an Bord ebenfalls illegal die italienische Insel Lampedusa an. Italiens Innenminister Salvini verbot deshalb dem Kutter das Anlegen. – Die Retter aber sehen bis heute das Recht auf ihrer Seite. – Rackete kritisierte auch Seehofer und Deutschland. – Ist Deutschland zu einem Tollhaus/Troll-Land mutiert?

Das Thermometer auf meinem Balkon zeigt 36,8 Grad im Schatten. Es ist Donnerstag, der 25.07.2019, 18 Uhr, und die Glocken der Trinitatiskirche läuten zu Abend. – Soeben lese ich im Internet: *Die Sea-Watch-Kapitänin Carola Rackete soll Anfang Oktober d. J. im Europaparlament sprechen. Auf Einladung der Linksfraktion wird sie im Ausschuss für bürgerliche Freiheit, Justiz und Inneres am Tag der Deutschen Einheit das Wort ergreifen.* – Ich kann nicht glauben, was ich da lese. Das ist grotesk. Mir stockt der Atem.

Hallo, ihr beiden altvorderen, verehrten Dichter und Denker, hallo liebenswerter Dubslav – unsere Sprachkultur hat sich entwickelt und entwickelt sich. Eine winzige kleine Auswahl an dieser Stelle gefällig? Haltet euch fest auf eurer Wolke Nr. 7 und Nr. 8 da oben:
Politisches Framing. Branding von Sachen. Love-mails. Bei diesem Wording. Gender-Pay-Gap. Mastermind hinter der Greta-Kampagne. Mix-feeling. TU Dresden entwickelt einen Schnüffel-Roboter-Snittbot. Ein Fellow des Projektes Teach First an der Schule. Oneline streaming benutzen. Mehrere Millionen Euro für Projekte gegen Hatespeech. Konzertlocations. Sie (Theresa May) gehörte zu den remaindern. Dresden startet Promi-Podcast.

WER SCHAFFEN WILL, MUSS FRÖHLICH SEIN!

Danke, ehrwürdiger Herr Theodor Fontane, für diese Leichtigkeit des Gedankens und der schlichten Worte.

Für so manch einen Verzweifelten – vom meist trostlosen Brei der A-B-C-D-Fraktionen umzingelt, von Style-Programmen überzogen, von Kochshows ständig paniert, beidseitig geschmort und seelisch platt gegart, vom Gender-Toiletten-Wahn-erschlagen – sind diese sechs Wörter

WER SCHAFFEN WILL, MUSS FRÖHLICH SEIN!

>   Ein Strohhalm in der Brandung.
>   Zum Festklammern vor dem Versinken.
>   Hinab in die Mainstream-Dämmerung.

Ende Juli 2019

Siegmund Buschmann   Berlin

Wachstum – aber wohin?

DIE HEILIGE KUH unserer gesamten Entwicklung heisst WACHSTUM. Nur Wachstum kann uns retten, aufrecht erhalten, weiter voranbringen, die Zukunft sichern. Wachstum – das ist eine gesetzmäßige Erscheinung. Sie ist von Gott gegeben. WACHSTUM ODER STILLSTAND! Und Stillstand bedeutet TOD! Es gibt nichts dazwischen. Keinen Ausweg, keine Alternative. Komme, was da wolle – WACHSTUM! WACHSTUM!! WACHSTUM!!!

UM JEDEN PREIS!

Natürlich trifft das zu. Was sonst? Oder etwa doch nicht? Richten wir die Lupe der Menschlichkeit auf die Zustände. Ich setze voraus, dass der kritische Blick auf den Inhalt des Begriffes Wachstum dessen umwerfende Bedeutung geradezu schlaglichtartig sichtbar macht. Wachstum als eine mehr oder weniger naturgemäße Angelegenheit zu behandeln, scheint mir leichtfertig und gedankenlos zu sein. Vergleichbar mit der kürzlichen Äußerung meines Nachbarn: *„Ob das wirklich so eine große Sache ist mit den Abgasen und dem Feinstaub in der Luft? Früher war die Luft auch nicht viel besser und unsere Oma ist trotzdem 89 geworden. Und jetzt drohen sie mit Fahrverboten. Meine Fresse, schließlich sind wir in Wirklichkeit froh, dass wir ein Auto haben. Ohne wären wir ja aufgeschmissen! Stimmts etwa nicht? Und tun können wir dagegen gar nichts. Die oben machen doch sowieso bloß, was sie wollen und die Aktionäre und Millionäre!"*

Wie sieht es also aus mit dem Wachstum bei uns zu Hause? Da gibt es allerhand aufzuzählen. So wächst zum Beispiel die Anzahl der Menschen, die eine bezahlbare Wohnung suchen. Die der vielen

Alleinerziehenden ebenfalls, die ihre Kinder nur noch mit größter Mühe durchbringen. Die Zahl der Kinder, die in unserem reichen Lande morgens ohne Frühstück zur Schule gehen müssen, ist auf einige Millionen angewachsen. Was für eine Schande! Die Anzahl der RentnerInnen, die Angst vor sozialem Abstieg haben, wächst ebenso wie die Anzahl jener Alten, die Angst vor der Einweisung in ein Pflegeheim haben. Ist das etwa nur Übertreibung oder Panikmache? Beängstigend nimmt täglich die Anzahl der Polizisten, Rettungssanitäter und Feuerwehrleute zu, die an der Ausübung ihres Dienstes gewaltsam gehindert, angepöbelt, beleidigt und körperlich attackiert werden.

Jeden Tag werden mehr SUVs zugelassen, PS-starke Autos mit extrem hohem Ausstoß an Schadstoffen. Die Anzahl der Lkw-Fernfahrer, die nicht mehr wissen, wie sie auf der Autobahn unter Einhaltung der vorgeschriebenen Lenkzeiten ohne Bußgeld parken können, ist bedrohlich angewachsen. Und die ihrer fehlenden Kollegen, die für den ständig wachsenden Lieferverkehr gesucht werden, beträgt inzwischen zirka 60.000. Vor extremer Müdigkeit am Steuer eingeschlafene Trucker, an denen wird es auch künftig keinen Mangel geben, eher umgekehrt. Die einschlägigen Auffahrunfälle zeigen es. Da wird also das Reisen auf der Autobahn künftig noch interessanter. Fehlende Pflegekräfte in Heimen und Krankenhäusern können schon lange nur noch in Gruppen zu Zehntausendern erfasst werden. Die Zahl von Menschen aus anderen Ländern, die als Fachkräfte für eine weitere erfolgreiche wirtschaftliche und soziale Entwicklung Deutschlands in den nächsten Jahrzehnten dringend benötigt werden, ist inzwischen auf sage und schreibe 500.000 – in Worten fünfhunderttausend – p r o J a h r angewachsen!
Wen kümmert das?

Die Mengen an Gülle und chemischen Naturkillern wie Glyphosat und anderen, die tagtäglich das Grundwasser verunreinigen und sogar Krebs erzeugen, wächst ohne deutliche Gegenwirkungen weiter. *„Sooooo schlimm ist es ja gar nicht"*, sagt Julia Glöckner. *„Das Thema wird doch nur künstlich aufgebläht. Und wir tun ja schon etwas dagegen!"* Die Anzahl vor allem junger Menschen, von Schülern und Studenten, die in immer mehr Ländern fordern, dass die Regierenden endlich weniger hochtrabende Ankündigungen und Versprechungen in die Welt setzen, sondern e n d l i c h wirksame Maßnahmen gegen die heraufziehende Klimakatastrophe umsetzen, wächst rasant weiter. Die weitblickende, mutige Greta Thunberg und ihre zigtausenden MitstreiterInnen sprechen für die gegenwärtigen und künftigen Generationen. Da sind die Küken um vieles klüger als alle Hühner und Hähne zusammen. Wächst durch sie unsere Einsicht in die stündlich zunehmende Gefahr, die vom verklärten Wachstum ausgeht?

Die Anzahl junger Menschen hat stark zugenommen, die das Abitur machen und anschließend ein Studium ohne Abschluss wieder abbrechen, während im selben Zeitraum die Anzahl deutscher Familien, die für dringend notwendige Reparaturen in ihrer Wohnung händeringend einen Handwerker suchen, in dem Maße zunimmt, wie die Innungen vergeblich Nachwuchs für solche Berufe suchen. Hat das irgendwo spürbare Konsequenzen?

Das soll als kleiner Blick in das Innenleben der deutschen Gesellschaft genügen. Und wie ist es *„draußen"* in der Welt? Besser? Nein, auch dort *„Wachstum"*. Der Hunger und der Durst wächst mit der Anzahl der Kinder, die täglich verhungern und verdursten. Nicht unser Problem? Die Nachfrage nach sauberem Wasser wächst immer mehr zur Gefahr, dass aus *„Wasser – kein Krieg. Kein Wasser – Krieg!"* blutige Realität wird. Auch wächst die Gefahr weltweit, dass immer mehr Menschen in afrikanischen, arabischen und asiatischen Ländern dadurch einen Ausweg aus ihrer sozialen und wirtschaftlichen Notlage suchen, dass sie nach Europa aufbrechen. Die Zahl der Menschen, die im Mittelmeer den Tod finden, wächst weiter. Die Anzahl jener Menschen in vielen Ländern der sogenannten *„Dritten Welt"*, die Elektrizität in ihrer Wohnung, fließendes Wasser, ein Auto sowie Kühlschränke und Fernseher haben wollen, dazu schulische Bildung für ihre Kinder, sie wächst in jeder Stunde gewaltig. Können wir ihnen das verdenken? Und können wir das aufhalten?

Also Wachstum, wohin man sieht. Man kann diese Liste ohne große Mühe weiter verlängern. Jede und jeder von uns kann das. Ab einer bestimmten Menge wird es aber langweilig. Damit drängt sich die Frage auf: Existieren auch Bereiche, in denen es kein Wachstum gibt? Etwa gar rückwärts gerichtetes, also Nicht-Wachstum? Was wächst nicht? Und was würde das bedeuten – für die Wohlhabenden und für die Nichtwohlhabenden?

Hier eine kleine Auswahl.
Die Anzahl der Millionäre und Milliardäre, die bisher Jahr für Jahr für die Betreffenden und ihre potentiellen Nachrücker stets erfreulich zunahm – oh Schreck, sie wächst nicht mehr! Muss uns das besorgt machen? Die Anzahl der Politikerinnen und Politiker, denen die Bevölkerung eine klug durchdachte, weitsichtige Politik, ihrem Eid zufolge streng auf das Wohl der Bürgerinnen und Bürger gerichtete Politik zutraut – sie wächst nicht nur nicht, ja, sie nimmt sogar noch weiter ab! Wohin soll das führen? Und Bürgermeister, die keine Angst vor Drohungen haben müssen, werden immer weniger. Die Anzahl der Konflikte zwischen Staaten, die künftig durch Drohungen und Provokationen anstatt auf diplomatischem Wege gelöst werden sollen, wird immer größer. Die Hoffnung, dass die Regierenden noch rechtzeitig effektive Maßnahmen gegen die drohende Klimakatastrophe unternehmen werden – laut dem Unberechenbaren im Weißen Haus doch lediglich eine Erfindung der Chinesen! – diese Hoffnung schmilzt noch schneller als das Eis der Gletscher und beim Permafrost. Wird es noch eine Umkehr geben?

Bleibt noch die Frage: Wo wachsen wir über uns hinaus? Das gibt es ja auch! Zum Beispiel bei der Vorbereitung zur Übersiedlung der

Menschheit auf den Mars oder andere Himmelskörper. Nur rein theoretisch bzw. völlig abstrakt ist diese Frage gar nicht. Derzeit verbraucht die Menschheit 1,75 Erden pro Jahr. Bedenken wir, dass sich die Bevölkerung allein des afrikanischen Kontinents in den kommenden Jahrzehnten verdoppeln wird und dass es im Gegensatz zu uns auch in anderen Ländern eine wachsende Bevölkerung gibt, dann werden es mindestens drei bis sechs Erden sein, die allein für Siedlung, Ernährung und medizinische Betreuung unerlässlich sind. Hat jemand eine Ahnung, wo die herkommen sollen? Ob man will oder nicht, das Ganze mündet letztendlich in die Frage: Brauchen wir überhaupt noch irgendein Wachstum? Wenn ja, in welchen Bereichen, in welchem Tempo und in welchen Größenordnungen? Und wo sollte es energisch gedrosselt oder ganz und gar beendet werden? Ist das tatsächlich machbar? Was sollte dem gesunden Menschenverstand zufolge unbedingt wachsen und was nicht? Allen Zweifeln zum Trotz, den echten, begründeten, wie auch den unbegründeten, absichtlich gestreuten, steht eines fest:

Die mathematischen Fähigkeiten von Politikern sind in der überwiegenden Mehrheit nur auf die Anzahl und die Dauer von Wahlperioden beschränkt. Dafür gibt es zahllose Beispiele. Sowohl national als auch international haben die Probleme mittlerweile jedoch ein solches Ausmaß angenommen, dass jetzt Entscheidungen getroffen werden müssen, die weit in die Zukunft reichen. Müssen wir uns nicht Sorgen machen angesichts der völlig unbefriedigenden Reaktionen der Politiker? Wird dem gegenüber die Einsicht der Regierenden wachsen, dass es gilt, der Vernunft Vorfahrt zu verschaffen? Dafür selbst durchsichtige Widerstände finanzstarker Kreise bewusst in Kauf zu nehmen? Politischer Einfluss durch Wahlspenden – eine Fata Morgana? Ist tatsächlich noch Platz für Hoffnung oder nicht? Und wenn es bei Politikern tatsächlich zu Taten kommt, was angesichts ihres ängstlich im hintersten Winkel Hockens und Abwartens ernsthaft zu bezweifeln ist – wird das auch noch rechtzeitig genug sein für ein lebenswertes Leben unserer Kinder, Enkel und Urenkel?

Wie lange wächst noch Getreide auf den Feldern und Gras auf den Weiden, das wir einigermaßen sorglos ernten können? Wie lange sorgen Wälder noch für genug Sauerstoff? Wie lange noch wird es genug Fische geben, die man ohne Angst vor Vergiftung essen kann? Wie lange noch wird es auch nur annähernd genug sauberes Wasser geben und Luft, die man ohne Filter einatmen kann? Weiß jemand eine glaubwürdige Antwort für uns, die Normalsterblichen ohne Aktien und ohne Immobilienbesitz?

Und wie steht es mit den Reichen? Meinen sie ernsthaft, ihnen könne nichts Ernstes passieren, das werden sie mit ihren Besitztümern, ihrem Geld und ihrem unermesslichen, nahezu grenzenlosen Einfluss auf die Macht schon alles bewältigen, zumindest doch für sich selbst und ihre Familien einschließlich der maßlos verwöhnten Nachkommen? Vom Privatjet aus, bei Schampus und Kaviarhäppchen, sieht die Erde doch gar nicht so bedrohlich aus! Vielleicht sind sie aber wirklich nur so halb- oder so ungebildet, dass sie keine Ahnung vom Ende des sagenhaften Atlantis haben, wo *„die Reichen beim Ersaufen nach ihren Sklaven brüllten."* Oder träumen sie in herrlichen Ressorts genießerisch von einem Leben in Luxus unter gigantischen Glasdächern auf dem Mars? Für absolut unmöglich halte ich das wirklich nicht.

Dieser Text hat keinen optimistischen Schluss. Dafür gibt es weder einen Anlass noch gar einen Grund. Die Aussichten sind zu düster, als dass man darüber auch nur lächeln könnte. Vom Lachen ganz zu schweigen. Es ist Fünf nach Zwölf, vielleicht auch schon später. Und doch ist noch etwas zu retten. Jedenfalls so viel, dass es unter großen Anstrengungen, mit ungeheurer Mühe und letzter Not, unter bewusstem Verzicht (!) auf gewünschte Fülle und gewohnte Überfülle gerade noch erreicht werden kann. Natürlich nur für ein Weiterleben auf erträglichem Niveau. Die jungen Leute und die unerschütterlichen Optimisten versuchen, wenigstens das zu schaffen. Mehr ist nicht drin, ob man das nun weiss oder nicht, ob man es negiert oder aus bodenloser Überheblichkeit heraus als pure Angstmache verteufelt. Die Uhr tickt erbarmungslos. Weitere Warnschüsse wird es wohl kaum noch geben. Jedenfalls dürfen wir nicht tatenlos darauf warten.

Wir sollten das ernst nehmen und beachten, wenn wir im Supermarkt einkaufen, das Bier kastenweise kühlen, den Grill mit Holzkohle aus Tropenwäldern bestücken und die Flüchtlinge, *„die an allem schuld sind"*, zum Teufel wünschen. Tun wir stattdessen doch endlich alles, was in unseren Kräften steht, damit es nicht zu einer Katastrophe kommt, gegen die selbst Dantes glühende *„Neun Kreise der Hölle"* nur wie eine lächerliche Funzel anmuten.

31. Juli 2019

Hannelore Crostewitz Markranstädt

Fontane

Ach, der alte Theodor
Setzte mir 'nen Floh ins Ohr
Als da war ich noch ein Kind
John Maynard – rauschte es im Wind

Viele Dichter ich vernahm
Bis fester ich ins Leben kam
Wo der Weg gepflastert mit Irrrungen
Entgeht man schwerlich den Wirrungen

Jetzt zieht es mich bisweilen hin
Ins kleine Nest nah dem Stechlin
Vielleicht, dass sich die Effi Briest
An diesem Ort ganz anders liest

Da hat Freund Zufall mir gehaucht
Dass dereinst der Theo auch
Hier saß, dieses Haus, das wir gewählt
Von siebzehnhundert und … erzählt

Leise blättert sogar die Linde mir vor:
Genau unter ihr, nah diesem Tor
Da hatte er gesessen. Fontaneschmaus
Sich hier jetzt nennt, was damals er gegessen

Geh heut den Weg ich zum Stechlin
Ist Theo wieder mittendrin
Er hat wohl was von dem von Ribbeck
Dem niemals lief die Zeit je weg

Reina Darsen — Leipzig

Déjà vu

Manchmal ist es nur eine landschaftliche Besonderheit, die die Seele berührt.
Es war im Sommer 1943, ein Sommertag, wie ihn der Dichter beschreibt, wolkenlos, flimmernd und heiß. Die Ferien hatten noch nicht begonnen. Ich saß mit meinen Mitschülern des zweiten Schuljahres im Klassenzimmer, dessen Fenster weit geöffnet waren. Ein Lastauto hielt vor dem Schulhoftor. Nichts Ungewöhnliches, doch bald darauf wurde an eines der Fensterbretter geklopft und es erschien eine Hand mit einem Zettel. Die dazugehörige Person war nicht zu sehen. Unser verblüffter Lehrer holte sich die Botschaft, las sie auf dem Weg zum Pult und sagte dann: „Reina Darsen, pack' deine Sachen und geh' hinaus, dort wartet jemand auf dich." Alle Blicke richteten sich auf mich. Ich wagte es nicht, zu fragen, wer denn auf mich wartet, packte stumm meine Schulutensilien in meinen Tornister und verließ verwirrt und grußlos den Klassenraum, den Kopf voller Fragen, warum ich wohl als Einzige den Unterricht verlassen darf, oder gar muss?! Erwartet mich Strafe für irgendetwas? Ist was mit Mutti? Tausend Gedanken jagten durch meinen Kopf, während ich den langen Flur zum Ausgang durchschritt. Zögernd öffnete ich die große Schultür. Draußen empfingen mich die warme Sommerluft und – mein Onkel Heinrich, Mutters Schwager. Mit einem breiten Lächeln und ausgebreiteten Armen kam er auf mich zu. Da wusste ich, es kann nur was Gutes sein, das mich erwartet. Ich lief ihm entgegen, fühlte mich hochgehoben und herumgeschlenkert. Dann nahm er mich an die Hand. „Komm!" sagte er, „wir fahren nach Steegen." Steegen (heute Stegno), das war ein Zauberwort für mich, unser Badeort an der Ostsee in der Danziger Bucht. Ein Ausflug dorthin hatte für mich die Bedeutung eines Geschenks. Nun, in dieser außergewöhnlichen Situation des Bevorzugtseins, empfand auch ich mich wie

verzaubert. Das Lastauto chauffierte mein Onkel. Er fuhr Mehl für den Müller unserer Stadt in die Bäckereien der Umgebung. Mit Schwung hob er mich auf den Beifahrersitz der Fahrkabine und los ging's. Stolz thronte ich auf meinem Platz mit Blick nach vorn auf die Straßen vor mir durch die große Frontscheibe. Ich genoss die Fahrt und das Privileg, das mir dieser Morgen bescherte. Langsam fand ich auch meine Sprache wieder, die ich seit der Aufforderung meines Lehrers, die Klasse zu verlassen, verloren hatte und fragte meinen Onkel, wie alles so gekommen sei? Er müsse für den Bäcker in Steegen eine Fuhre Mehl fahren und habe sich von meiner Mutter eine schriftliche Genehmigung geholt, um mich mitnehmen zu können. Die habe er dann meinem Lehrer gegeben.

Nachdem er sein Mehl am Ziel abgeladen hatte, ging es seewärts durch den Kiefernwald, dessen Duft ich so liebte und der mir einen sinnlichen Vorgeschmack auf Dünen, Sand und Wasser gab. Nie ging es mir schnell genug bis zum Strand. Vernahm ich den Wellenschlag, rannte ich barfuß über die Dünen durch den weißen Sand bis hin zur Brandung. Mein Blick wanderte jedes Mal staunend über das weite Blau des Wassers bis hin zum Horizont, wo das Meer an den Himmel stößt.

Wir bauten eine Sandburg. Dann packte Onkel Heinrich den mitgebrachten Rucksack aus. Mutter hatte an alles gedacht, an belegte Stullen, Saft, ein großes Handtuch und natürlich an meine Badehose. Mit diesem Stück, das mir fast bis unter die Achseln reichte, lief ich ins Wasser, setzte mich auf eine nahe Sandbank und ließ, wie stets, die sachten Wellen über meinen Rücken rieseln. Onkel Heinrich schwamm ein ganzes Stück hinaus, ohne mich aus den Augen zu lassen. In armlanger Untiefe stakste ich mit den Händen über den Grund und tat, als schwimme ich, Nase und Mund hochgereckt, weil ich Wasser bis über meinem Scheitel nicht duldete. Tauchen hieß für mich Ertrinken. Aber die Natur fragt nicht danach. Ein Windstoß plusterte die Brandung auf. Eine höhere Welle stülpte sich über meinen Körper. Ich kullerte auf den Rücken und

– mit dem Kopf unter Wasser!! Salziges Meerwasser gelangte in meine Luftröhre. Fürchterlich hustend versuchte ich der nächsten Welle auszuweichen, aber da stand auch schon mein Onkel neben mir und verhinderte die Wiederholung meines „Untergangs", indem er mich auf die Beine stellte. Er lachte, während ich keuchend nach Luft schnappte. Vorerst hatte ich genug vom Baden. Hungrig war ich auch und nirgendwo ist das Essen ein so großer Genuss wie nach dem Baden, dazu in einer Sandburg am Strand.

Erst als die Sonne hinterm Wald verschwand, fuhren wir wieder heim. Über das Tauchmalheur wurde abends der Mutter ausschmückend und mit großer Gestik berichtet. Am nächsten Tag wurde ich von meinen Mitschülerinnen und Mitschülern neugierig fragend umringt. Es tat mir gut, auch einmal im Mittelpunkt zu stehen.
Es war das letzte Mal, dass ich ein geliebtes Stück Danziger Bucht so heimatlich verbunden und friedlich erleben durfte.

***

Zwei Jahre später, es war wohl Ende März, stand ich wieder an einem Strand in dieser Bucht, zusammen mit meiner Mutter und meinem einjährigen Bruder. Es war auf der Flucht von Danzig nach Oliva vor den Kampfhandlungen in der Stadt. Mutter hatte meinen Bruder auf den Arm genommen und starrte auf's Wasser. Ich schaute sie an und sah in ein entseeltes Gesicht. So hatte ich sie noch nie gesehen. Ihrem Blick folgend sah ich tote Leiber, die in der Brandung schaukelten, Frauen und Kinder. Ich fühlte, wie das Grauen meinen Körper packte und sah wieder zu meiner Mutter. Ohne ihren Blick von dieser schrecklichen Szene zu wenden, fragte sie mich: „Reina, wollen wir auch da rein?" Entsetzt sah ich sie an. Ich verstand damals noch nicht ihre Verzweiflung, ihre Ausweglosigkeit. Voller Panik griff ich nach ihrer freien Hand und zerrte sie und den Kinderwagen gewaltsam weg von diesem grausamen Ort. Willenlos folgte sie mir, immer noch den Jungen im Arm.

Dieses Erlebnis hat sich noch lange danach immer wieder in mein Gedächtnis gedrängt und die verzaubernde „Legende Steegen" ins Vergessen sinken lassen. Viel später erst begriff ich, welch seelischer Not meine Mutter ausgesetzt war. Hilflos dem Feind und dem Hunger ausgeliefert, dazu noch zwei Kinder an ihren Händen, eines davon noch so klein, war das Leben für sie nicht mehr ertragbar. Meine energische Reaktion hatte sie in ihre quälende Verantwortung zurückgeholt und das Fünkchen Hoffnung, das uns trotz allem immer begleitet hatte, wieder angenommen.

***

Die Nachkriegssituation verschlug uns als Umsiedler im Sommer 1947 nach Thüringen. Ich lernte eine neue Landschaft kennen und mich mit ihr anzufreunden. Sanfte Hügel, Buchenwälder, schmale Flüsse und klare Bäche entlang der Hainleite, waren es nun, welche das Milieu des Flachlandes ablösten. Die Erinnerung an die heimatliche Küstenlandschaft verblasste mit den Jahren, wie auch alles, was mit dem Krieg und der Nachkriegszeit im Verbindung stand. Doch irgendwann klopfte die Vergangenheit wieder an.

Wir schrieben das Jahr 1954. Ich stand kurz vor dem Abschluss meiner Facharbeiterprüfung, als eine Auszeichnung im Berufswettbewerb in mir die Sehnsucht nach der See wieder wachrief. Ich wurde mit einem vierzehntägigen Aufenthalt an der Ostsee auf der Insel Rügen belohnt. Vor Freude standen mir die Tränen in den Augen. Es enttäuschte mich nicht einmal, dass dieser Aufenthalt mit einer GST-Ausbildung* verbunden war.
Ich gab mich der Erinnerung an meinen letzten Sommerbesuch an unserem Badeort an der Danziger Bucht hin. „Elf Jahre liegt das zurück. Wie habe ich das nur aushalten können", fragte ich mich jetzt. Nun erst wurde mir bewusst, wie sehr ich doch mit dieser Art

* *GST = Gesellschaft für Sport und Technik – eine Organisation für vormilitärische Ausbildung in der ehemaligen DDR*

Landschaft verbunden war. Die Aussicht auf ein baldiges Wiedersehen mit der Ostseeküste beflügelten meine Erwartungen. Ende Juli, nach dem Abschluss der Prüfungen sollte es losgehen. Beflissen traf ich alle notwendigen Vorbereitungen und wartete fieberhaft auf den Tag der Abreise.

Dann war es so weit. Ich hatte mein letztes Lehrlingsgeld dafür aufgespart. Von meinen Eltern bekam ich noch einen Obolus, der aber schon für einen Badeanzug, der noch in meinem Koffer fehlte, drauf ging.
In Erfurt war der Sammelpunkt für alle Teilnehmerinnen und Teilnehmer aus den verschiedensten Teilen des Landes. Fremde Gesichter, vorsichtiges, gegenseitiges Abtasten mit den Augen, erste Kontakte. Mit der Bahn ging es in Richtung Nord-Osten mit dem Ziel Juliusruh im Kreis Bergen.

Im Lager angekommen, konnte ich es kaum erwarten, dem Rauschen des Wassers zu folgen. Ungeduldig ließ ich die Lagerinstruktionen über mich ergehen. Endlich hieß es: „Freizeit bis zum Abendessen."
Erwartungsfroh durchquerte ich den Kiefernwald, sog begierig seinen würzigen Duft ein. Weich und knisternd gab der Boden jedem meiner Schritte nach. Immer deutlicher vernahm ich den Wellenschlag der Brandung. Ein schmaler Weg führte durch die Dünen und gab den Blick auf die See frei. Da war es wieder, das Gefühl wie vor elf Jahren, als ich mit Onkel Heinrich über die Düne schritt, genauso! In mir kam so etwas wie Vertrautheit auf, an Heimat, wie ich sie aus meiner Kindheit kannte. Ich atmete den Duft von Salz und Tang, spürte den warmen Sand unter meinen nackten Füßen, den lauen Wind auf meiner Haut. Schmunzelnd sah ich mich auf einer Sandbank sitzen, mit dem Rücken zum Horizont, träumend, wie ich jetzt, in diesem Moment des Wiedersehens. Auch mein damaliges Taucherlebnis drängte sich auf, eine Erfahrung, die bis heute manchmal noch ihre peinliche Wirkung zeigt. „Warum nur", fragte ich mich, „habe ich so eine Abneigung gegenüber dem

Tauchen? Egal, jetzt bin ich hier, nicht mehr als Kind, aber ebenso unbeschwert und froh wie damals." Nur, heute beherrsche ich dazu noch die Schwimmkunst, um mich über Untiefen und Sandbänke dem Horizont zu nähern.

Meine Ansprüche an Ferien und Freizeit waren, gemessen an den kargen Lebensverhältnissen in meinem Elternhaus, bescheiden. Mit dieser Art Genügsamkeit fiel es mir nicht schwer, mich ungezwungen in den Tagesablauf der Ausbildung zu begeben. Es waren ja immer nur wenige Stunden an den Vormittagen. Nur einmal gab es eine Übung an einem Nachmittag. Ein Ereignis, in dem mich das Meer auch das Tauchen lehrte.

Es war ein schwüler, warmer Tag. Die Lagerleitung hatte zu einem Wettstreit im Kabelverlegen unter Wasser aufgerufen, wobei man auf Freiwilligkeit setzte. Je sechs Mädchen und sechs Jungen sollten eine Mannschaft bilden. Davon hatten je zwei die Kabelrolle an Bord zu bedienen und vier von außen das Schlauchboot an dem rundherum befestigten Seil bis zu den Bojen zu manövrieren. Skeptisch betrachtete ich die zwei Schlauchboote, die sich sacht in der Brandung wiegten. „Soll ich, oder soll ich lieber nicht?" Mein Kindheitserlebnis warnte mich. Dennoch wollte ich nicht als „Hasenfuß" gelten. Mit dem Vorhaben, mich als Kabelbedienerin „anzuheuern", meldete ich mich für die Teilnahme und spekulierte auf einen Platz im Gummischiff. Er schien mir sicherer als außen am Strick. Doch ich war nicht die Einzige mit dieser Idee und mein langes Zögern verwies mich, wie so oft, auf einen Platz „in der zweiten Reihe" – symbolisch gesehen. Zurücktreten wollte ich aber auch nicht. Es war mir fatal, zuzugeben, dass ich eine Tauchphobie habe, denn dass ich bei dieser Aktion nicht herum kam, eine erneute Erfahrung mit dem Kopf unter Wasser zu machen, schien mir ziemlich sicher.
Wütend auf mich selbst, packte ich backbordseitig das hintere linke Seilstück. Skeptisch betrachtete ich den Himmel. Dicke, schwarze Wolken zogen auf. Das Wasser färbte sich grau. Doch wir sollten es

bis zu den Bojen schaffen, bevor der Himmel seine Schleusen öffnet. Solange meine Füße noch auf Grund waren, hatte ich mit dem Buxieren keine Probleme. Ohne die pedale Fortbewegung aber, hieß es, das Schiff schwimmend zu befördern, wobei ich mich mutig auf meine drei Mitschwimmerinnen verließ. Allmählich wurde die See unruhig. Blitze zuckten, Wellen türmten sich auf und aus der Brise, mit der wir das Manöver begonnen hatten, entwickelte sich ein heftiger Sturm.

Das Boot schaukelte verdächtig. „Bloß nicht mit dem Kopf unter Wasser", flehte ich innig mein Schicksal an, bloß nicht mit dem Kopf unter Wasser und drückte ihn weit in den Nacken, die Nase steil gen Himmel gereckt. Das aber rächte sich bald darauf. Hohe Wellen überrollten die Außenbordmannschaft. Ich schnappte röchelnd nach Luft, noch ein Tauchgang, ich verschluckte mich, geriet in Panik. Verzweifelt klammerte ich mich mit beiden Händen an den Haltestrang und ignorierte rücksichtslos die Funktion, die ich mit ihm zu erfüllen hatte. Zum Glück bemerkte das niemand. Mein Platz befand sich ja am Heck. Zudem hatte jede mit sich selbst zu tun, der Naturgewalt zu trotzen. Von einer Boje war nichts mehr zu erkennen. – Endlich! – Ein lauter Ruf über das Megafon befahl uns zur Rückkehr.

Gottseidank! Brandung und Sturm waren dabei behilflich. Blitz und Donner begleiteten unser Gefecht gegen Wellen, Wind und Wasser von unten und von oben. Und ich stellte verwundert fest, dass ich inzwischen auch Übung im Tauchen hatte. Stattdessen verließ mich die Kraft. Meine Füße hangelten gierig nach dem Meeresgrund. Es dauerte noch eine Weile, bis sie ihn endlich fanden. Erleichtert nahm ich nun meine eigentliche Aufgabe am Seil wieder folgsam auf. Mit weichen Knien und wankend erreichte ich den Strand. Inzwischen goss es in Strömen. Niemand hatte mit einem so raschen Umschlagen des Wetters gerechnet.

Der folgende Tag zeigte sich mit einem Hoch, wie es schöner nicht sein konnte und ich war froh, dass dieser Wettstreit nicht wiederholt wurde.

Nach den vierzehn Tagen um einige schöne, aber auch abenteuerliche Erlebnisse reicher und braun gebrannt, rüsteten wir zur Heimreise. Noch einmal suchte ich den Strand auf. „Bald komm' ich wieder her", verabschiedete ich mich mit einem tiefen Seufzer. Es dauerte sieben Jahre, bis ich mein Versprechen einlösen konnte.

Wolfgang Dittrich Jessen / Schweinitz

Wie mir bereits als Kind der Glauben verlorenging

In den 50er Jahren war ein Hirte der Protestantenschäfchen in unserem Ort der Arbeitgeber meiner Großmutter. Großmutter wohnte im Gesindehaus, das an die Villa des Pfarrers angrenzte. Dahinter befand sich eine große Streuobstwiese mit Apfelbäumen, die ihre köstliche Last nicht mehr halten konnten.

Mit der Erlaubnis von unserer Großmutter durften meine ältere Schwester und ich diesen Garten betreten, um frischen Löwenzahn für Omas Kaninchen zu holen.

Als ich gerade einen von den heruntergefallenen Äpfeln aufhob, um genüsslich hinein zu beißen, sprach mich der Pfarrer – stillschweigend von hinten kommend – an, ob ich denn auch gefragt hätte!?

Ich legte daraufhin den Apfel wieder genau an der Stelle ab, wo ich ihn zuvor aufgehoben hatte. Wortlos kehrte ich dem Geizhals den Rücken und verließ den Garten.

Seitdem ist der Glaube an die „Schafhirten" der Kirche in mir verloren gegangen. Ich war damals gerade sechs Jahre alt.

Fundstück und Fingerzeig

Die kleine Episode vom geizigen Seelsorger habe ich einem mehrseitigen handschriftlichen Brief von Wolfgang Dittrich entnommen, der mich Ende August 2019, bei längst überfälligem Redaktionsschluss zu unserer neuen Großen Anthologie, in Dresden erreichte. So, als hätte ich darauf gerade noch gewartet. Dieses Fundstück war mir ein kräftiger Fingerzeig auf eine der schönsten Balladen von Theodor Fontane:

Herr von Ribbeck auf Ribbeck im Havelland

Herr von Ribbeck auf Ribbeck im Havelland,
Ein Birnbaum in seinem Garten stand,
Und kam die goldene Herbsteszeit
Und die Birnen leuchteten weit und breit,
Da stopfte, wenn's Mittag vom Turme scholl,
Der von Ribbeck sich beide Taschen voll.
Und kam in Pantinen ein Junge daher,
So rief er: „Junge, wiste 'ne Beer?"
Und kam ein Mädel, so rief er: „Lütt Dirn,
Kumm man röwer, ick hebb 'ne Birn."

So ging es viele Jahre, bis lobesam
Der von Ribbeck auf Ribbeck zu sterben kam.
Er fühlte sein Ende. 's war Herbsteszeit,
Wieder lachten die Birnen weit und breit;
Da sagte von Ribbeck: „Ich scheide nun ab,
Legt mir eine Birne mit ins Grab."
Und drei Tage drauf, aus dem Doppeldachhaus,
Trugen von Ribbeck sie hinaus.
Alle Bauern und Büdner mit Feiergesicht
Sangen „Jesus meine Zuversicht",
Und die Kinder klagten, das Herze schwer:
„He is dod nu. Wer giwt uns nu 'ne Beer?"

So klagten die Kinder. Das war nicht recht –
Ach, sie kannten den alten Ribbeck schlecht;
Der neue freilich, der knausert und spart,
Hält Park und Birnbaum strenge verwahrt.
Aber der alte, vorahnend schon
Und voll Misstrauen gegen den eigenen Sohn,
Der wusste genau, was er damals tat,
Als um eine Birn' ins Grab er bat,
Und im dritten Jahr aus dem stillen Haus
Ein Birnbaumsprössling sprosst heraus.

Und die Jahre gehen wohl auf und ab,
Längst wölbt sich ein Birnbaum über dem Grab,
Und in der goldenen Herbsteszeit
Leuchtet's wieder weit und breit.
Und kommt ein Jung' übern Kirchhof her,
So flüstert's im Baume: „Wiste 'ne Beer?"
Und kommt ein Mädel, so flüstert's: „Lütt Dirn,
Kumm man röwer, ick gew' di 'ne Birn."

So spendet Segen noch immer die Hand
Des von Ribbeck auf Ribbeck im Havelland.

Heinz Freiberg   Dresden

Ich hab' mein Herz in Wittenberg verloren!

Ja, wir konnten aus Sch ... Bonbons machen. Ich hatte in den 80er Jahren mehrere Vorschläge zur Herstellung zusätzlicher Konsumgüter eingereicht. Ganz besonders begehrt und beliebt war unser Produkt „Notizblock in Herzform".

Die Notizblätter wurden aus Papierresten ausgestanzt, zu einem Block zusammengetragen, mit einem Deckel und einer Unterlage versehen und schließlich am linken Rand verleimt. Fertig war der Notizblock in der so zu Herzen gehenden Form! Er fand Gefallen und guten Absatz.

Bei den Wittenberger Historischen Markttagen 1985 wollten wir natürlich auch unser nagelneues Konsumgut zum Kauf anbieten, das Stück für 1,00 Mark. Der Deckel des Notizblocks war in den historischen Farben der Lutherstadt, also in Gelb und Schwarz, gehalten. Neben dem abgebildeten Stadtwappen war auf dem gelben Karton in schwarz gedruckten Buchstaben zu lesen **„Ich hab' mein Herz in Wittenberg verloren!"**

Am Tag vor Beginn der Feierlichkeiten richteten wir auf dem Marktplatz unseren Druck- und Verkaufsstand ein. Abends würde dann, wie durchaus üblich, eine Kommission vorbeikommen, um sich vom letzten Stand der Dinge zu überzeugen.

„Und das geht schon gar nicht!", stellte der Leiter der Abnahmekommission fest, als ihm in unserer Auslage die Notizblöcke in Herzform ins Auge fielen. *„Wir machen doch hier keine Reklame für eine Stadt in der Bundesrepublik Deutschland, und Reisegelüste wecken wir schon gar nicht. Diese Notizblöcke müssen weg!"*

Wir packten unser neues Konsumgut wieder ein und fuhren in die Druckerei. Für uns war eine Nacht- und Sonderschicht angesagt, denn so leicht würden wir nicht aufgeben. Wir entfernten die ungeliebten Deckel von den Notizblöcken, druckten neue, stanzten sie aus und leimten sie neu an.

Auf rotem Grund war nun in großen schwarzen Lettern zu lesen: **„Ein Herz für unsere Republik! – Historische Markttage in Wittenberg."**

Dem Leiter der Abnahmekommission, der am nächsten Morgen aus „Sicherheitsgründen" noch einmal an unseren Stand gekommen war, schenkten wir den neuen Notizblock in Herzform mit rotem Deckel. Sichtbar zufrieden und mit Stolz erhobenem Haupt bedankte er sich bei uns, knapp und kühl, und hatte nichts weiter zu sagen als: *„Na, bitte, es geht doch!"*

05. Mai 2019

Ich hab' mein Herz
in Wittenberg
verloren!

*Ein Herz für
unsere Republik!*

*Historische Markttage
in Wittenberg*

Ostern, Wörlitz und Johann Wolfgang von Goethe

Impressionen bei einem Spaziergang durch den Wörlitzer Park

Ostern 1979. Sonne badet Menschen, Bäume und Häuser im Licht. Die ganze Republik scheint auf den Beinen zu sein, die halbe trifft sich im Wörlitzer Park. Menschen wohin das Auge auch schaut. Sie zwängen sich in ihren frischgewaschenen Autos durch das Nadelöhr am Gasthof „Zum Eichenkranz", bringen das Sommercafé fast zum Zerbersten und überschwemmen die Parkwege mit hemdsärmeligen Leben.

Wir kennen uns in diesem Städtchen schon ein wenig aus und finden schnell einen schattigen Parkplatz unmittelbar neben der Kirche. Sie ist auch unser erstes Ziel. Linksherum geht es 200 Stufen hinauf, kurze Rastpause nur bei „Gegenverkehr". Die Luft ist mild und klar, von hier oben geht der Blick weit ins Land. Der Park liegt uns tief zu Füßen. Silbern grüßen die Seenplatte und die verschlungenen Kanäle, die sattgrünen Wiesen und die Dächer der Stadt zu uns herauf.

Vom Eise befreit sind Strom und Bäche
durch des Frühlings holden, belebenden Blick,
im Tale grünet Hoffnungsglück;
der alte Winter, in seiner Schwäche,
zog sich in raue Berge zurück.

Vorbei an säuberlich zusammengeharkten Hügeln aus abgestorbenem Laub geht es zur Amtsfähre. Vögel singen, Bäume grünen, Knospen stoßen himmelwärts ins Blau. Ein buntes Menschenknäuel drängt sich am Anlegesteg. Fährmann hol über! Manchen geht es nicht schnell genug. Es sind die „Nah-Erholer" mit der Stoppuhr in der Hand. Auch wir lassen uns einmal verleiten und schauen – nachdem die Fährwinden die Seile straffen – auf den

Sekundenzeiger. Ganze zweieinhalb Minuten dauert die Überfahrt bis zur „Venus aus dem Bade".

Blick von der „Venus aus dem Bade" zur Synagoge.　　　Foto: Peter Kühn

Überall regt sich Bildung und Streben,
alles will sie (die Natur) mit Farben beleben;
doch an Blumen fehlt's im Revier,
sie nimmt geputzte Menschen dafür.

So ganz können wir an diesem Ostersonntag im 79er Jahr dem Dichterfürsten Johann Wolfgang von Goethe nicht zustimmen. Noch zeigt die Krokuswiese ihre blau-weiße Pracht, Seidelbastruten biegen sich erikafarben im sanften Wind, Veilchen duften unter Hecken, Osterglocken sind eingewebt ins Teppichgrün, Stiefmütterchen-Rabatten umsäumen die Wegeränder ... An einer der fünfzehn Brücken des Parks füttern wir muntere Rotfedern, ehe wir unseren Weg dorthin einschlagen, woher das Lachen kommt.

Zu allen Jahreszeiten ist die schwankende Kettenbrücke eine Attraktion und die Versuchung wert, dem sprichwörtlichen Grundsatz untreu zu werden: „Über diese Brücke gehe ich nicht!" Die routinierten Parkbesucher machen sich einen Jux daraus, während die „Erstbezwinger" der Kettenbrücke oft skeptisch sind und all ihren Mut zusammenraffen müssen, um nicht als Hasenfüße dazustehen.

Am Floratempel wird der Kiosk gestürmt, Fotoapparate werden mit Filmpatronen neu geladen. Es ist eben ärgerlich, mit nur einem Film nach Wörlitz zu kommen. Fotomotive finden sich geradezu auf Schritt und Tritt: Der „Alte Dessauer" im grünspanbezogenen Rock, das baumumkränzte Gotische Haus, Menschengruppen, Sitzecken, Schwanenpaare, und, und, und ...

Schließlich drängt der Pulk der Naherholungssuchenden den Parkplätzen zu, über denen ständig eine leichte Staubwolke schwebt. Auf Autodächern spiegeln sich hunderte gleißende Sonnen.

Ich höre schon des Dorfs Getümmel,
hier ist des Volkes wahrer Himmel;
zufrieden jauchzet Groß und Klein:
„Hier bin ich Mensch, hier darf ich's sein!"

Unser Spaziergang neigt sich seinem Ende zu. Am Sommercafé „Grüner Baum" finden wir gerade noch so ein schattiges Plätzchen. Wir ruhen uns aus, während sich das Personal der Freiluftgaststätte Schweißperlen von der Stirn wischt. Die Saison hat begonnen. Wörlitz wird wieder viele Besucher begrüßen, erfreuen, gut bedienen, und bilden.

29. April 1979

Drei schmackhafte Vierzeiler und ein „Sechser"

Freiberger Trüffelbücher

Die leckersten Bücher, die gibt's nur bei uns.
Sie schmecken Jedem, sind extra-fein.
Inzwischen wissen es Hinz und Kunz:
Ein Freiberger Trüffelbuch muss es sein!

28. Oktober 2015

Russisch Brot

Russisch Brot ist extra-fein,
schmeckt lecker, ist idyllisch.
Ich sah es immer in Latein,
noch niemals in Kyrillisch.

Süßer als ein Kuss

„Brocken-Splitter" in Zartbitter
sind ein Hochgenuss;
schmecken knackig – betucht und nackig –
noch süßer als ein Kuss.
09. Februar 2004

Halloren-Kugeln

Ist es 'mal wieder schwer im Leben,
musst du dir die Kugel geben!
Doch achte auf den Schuss!
Du bist noch lange nicht verloren,
erschießt du dich mit „Echt Halloren"!
Das ist ein Hochgenuss!

Im Januar 2004

Alle Freiberger „Trüffelbücher" erscheinen stets stark limitiert.

Literarische
LECKER-
Bissen

1749 1832
GOETHE
UND DER WEIN

Pfefferkuchen-
weisheiten

*Gegen Kummer,
gegen Schmerz*

*hilft ein
Pfefferkuchenherz!*

Gerhard Albert Fürst — Michigan (USA)

Theodor Fontane

ein besonders talentierter, hoch begabter, vielseitig engagierter
Schriftsteller, Dichter, Journalist, Auslandskorrespondent, Kriegsberichterstatter, Reisebeschreiber, Erzähler, Theaterkritiker,
anfänglich auch Apotheker, Pharmazist und Pillendreher,
ein wohlwollender Wortbewahrer, Lyriker und Literaturversteher,
ein kreativer, produktiver Literat, ein Repräsentant des poetischen
Realismus in Wort und Tat, der sich einst auch um das gesundheitliche, geistige, soziale Wohlergehen seiner Mitmenschen sorgte,
sei hiermit, anläßlich seines 200. Geburtstags, abermals durch das
nachhaltige Wirken seiner reichhaltigen Worte und Werke geehrt, gelesen, bedacht, respektiert, geachtet und mit gebührendem
Interesse gut reflektierend betrachtet. Als junger Mann war er in
unruhevollen, rebellischen Zeiten auch Revolutionär
und Barrikadenkämpfer.
Er hat in seinem Leben viel geleistet, viel erlebt, aber auch viel
erlitten. Viele seiner Worte sprechen direkt zu mir.

17. Februar 2019

Illustration: Gemälde aus dem Jahr 1883 von Carl Breitbach, 1833–1904.
Internetquelle: Wikipedia

Der echte Dichter

(Wie man sich früher ihn dachte)

Ein Dichter, ein echter, der Lyrik betreibt,
Mit einer Köchin ist er beweibt,
Seine Kinder sind schmuddlig und unerzogen,
Kommt der Mietszettelmann, so wird tüchtig gelogen,
Gelogen, gemogelt wird überhaupt viel,
»Fabulieren« ist ja Zweck und Ziel.

Und ist er gekämmt und gewaschen zuzeiten,
So schafft das nur Verlegenheiten,
Und ist er gar ohne Wechsel und Schulden
Und empfängt er pro Zeile 'nen halben Gulden
Oder pendeln ihm Orden am Frack hin und her,
So ist er gar kein Dichter mehr,
Eines echten Dichters eigenste Welt
Ist der Himmel und – ein Zigeunerzelt.

Theodor Fontane

Immer enger

Immer enger, leise, leise
Ziehen sich die Lebenskreise,
Schwindet hin, was prahlt und prunkt,
Schwindet hoffen, hassen, lieben,
Und ist nichts in Sicht geblieben
Als der letzte dunkle Punkt.

Theodor Fontane

Die Ehre dieser Welt

Es kann die Ehre dieser Welt,
Dir keine Ehre geben;
Was dich in Wahrheit hebt und hält,
Muß in dir selber leben.

Wenn's deinem Innersten gebricht
An echten Stolzes Stütze,
Ob dann die Welt dir Beifall spricht,
Ist all dir wenig nütze.

Das flücht'ge Lob, des Tages Ruhm,
Magst du dem Eitlen gönnen,
Das aber sei dein Heiligtum:
Vor dir bestehen können.

Theodor Fontane

Überlass es der Zeit

Erscheint dir etwas unerhört,
Bist du tiefsten Herzens empört,
Bäume nicht auf, versuch's nicht mit Streit,
Berühr es nicht, überlaß es der Zeit.
Am ersten Tag wirst du feige dich schelten,
Am zweiten läßt du dein Schweigen schon gelten,
Am dritten hast du's überwunden;
Alles ist wichtig nur auf Stunden,
Ärger ist Zehrer und Lebensvergifter,
Zeit ist Balsam und Friedensstifter.

Theodor Fontane

„Ich glaube an die Wahrheit.
Sie zu suchen, nach ihr zu
forschen in und um uns,
muß unser höchstes Ziel sein.

Damit dienen wir vor allem
dem Gestern und dem Heute.

Ohne Wahrheit gibt es keine
Sicherheit und keinen Bestand.

Fürchtet nicht, wenn die
ganze Meute aufschreit.

Denn nichts ist auf dieser Welt
so gehasst und gefürchtet wie die Wahrheit.

Letzten Endes wird jeder
Widerstand gegen die Wahrheit
zusammenbrechen wie
die Nacht vor dem Tag!"

Theodor Fontane
(1819 – 1898) • qpress.de

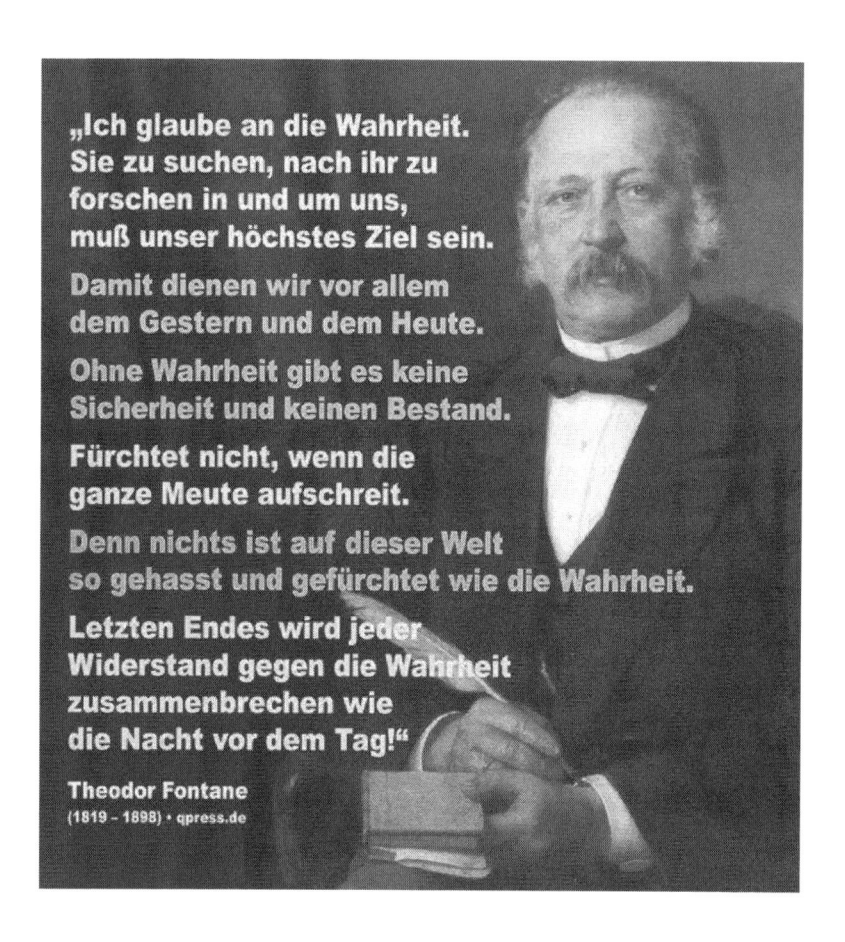

Gedanken über Wahrheit

Das wahre Wort, was ist das wohl?
Es wird heutzutage wieder einmal sehr viel
über Wahrheit geschrieben und gesagt.
Es wird sinniert, palavert, debattiert.
Was ist es denn, was man
unter dem Begriff Wahrheit
auch wirklich, unmißverständlich,
vollkommen klar und wahrhaftig versteht?
Sind es Worte von Wert, Sinn und Bedeutung,
oder sind sie inhaltlich hohl?

Außerdem wird auch noch unentwegt
über passionierte Wahrheitssager geklagt.
Warum ist man darüber so entsetzt und besorgt?
Was hat man denn von der Wahrheit
zu befürchten?
Wer fühlt sich durch die Wahrheit bedroht?
Und was ist einer, der Taten
bewusster Unwahrheiten begeht?
Ein Politiker? Ein Propagandist? Ein Polemiker?
Ein Opportunist? Ein Ausbeuter? Ein Erniedriger?
Ein Cleverer? Ein Gauner? Ein Krimineller?
Ein Plutokrat? Ein Oligarch?
Ein Ehrgeiziger? Ein Absolutist? Ein Tyrann?
Ein angeblicher Gelehrter?
Was ist Ehrlichkeit?
Was ist Wahrheit, und wann ist sie auch wirklich wahr?
Wann ist, was man hört, liest und sieht
nicht doch irgenwie manipuliert,
verdreht, degradiert, entartet, entstellt?
Wie und wann ist was einem gesagt wird
nichts andres als Lüge,
genau das Gegenteil von Wahrheit?
Was ist Vortäuschung? Was ist Gaukelei?
Was ist Verführung?
Was ist nichts andres als Zirkus und Zauberei?
Wem kann man noch vollkommen
vertrauensvoll glauben?

Will man uns nur maniplieren, misshandeln, verwirren,
zu Narren machen, und all unsrer
natürlichen Sinne berauben?
Was ist nichts andres als Polemik und Propganda?
Was ist erfunden, fabriziert, erlogen?
Was sind Fakten? Was ist verfälscht?

Wir wandern in unserm Leben
auf endlos weiten Wegen und windenden Pfaden.
Man sieht allerlei Wegweiser.
Kann man sich danach orientieren und richten?
Wann weiß man genau, man hat sein Ziel vefehlt,
man hat sich hoffnungslos verirrt?
Kann man Fehlerhaftes noch rechtzeitig korrigieren?
Man lasse sich nicht verleiten und verlenken!
Man muss in allem sehr vorsichtig sein,
sehr aktiv, sehr selbstkritisch mitdenken.

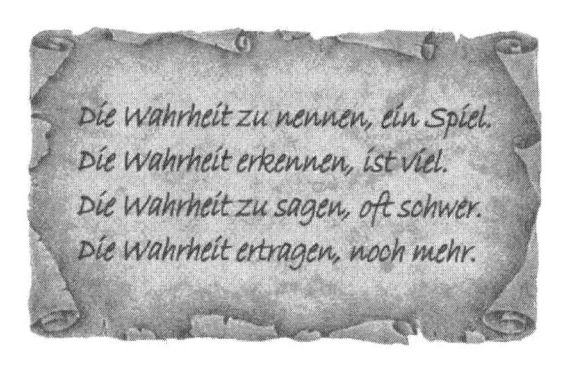

> Die Wahrheit zu nennen, ein Spiel.
> Die Wahrheit erkennen, ist viel.
> Die Wahrheit zu sagen, oft schwer.
> Die Wahrheit ertragen, noch mehr.

Als Autoren, Literaten, Lyriker,
und sogar auch als nur Gelegenheits- und Hobby-Poeten,
haben wir ganz besondre Aufgaben und noble Pflichten.
Solange wir die Schlüssel zur Öffnung
der wirklichen, wahrhaftigen, unverfälschten Wahrheit,
für die Erkundung des Richtigen, des Korrekten,
des Guten, des Echten, das Wertvollen, das Schönen,
des wirklich Bedeutungsvollen,
des Lernens-, Erstrebens-, Liebens-, Lobens-, und Lebenswerten,
in unsren Händen halten, können auch wir
mit unsrem Wirken, unsern Worten und Werken
behilflich sein für uns und unsre Mitmenschen,
für alle unser Nachkommen eine gut gesicherte Existenz
in einer bessren Welt zu gestalten.

Der wirkliche Sinn der Wahrheit,
von Gott geschaffen, geschenkt,
in großer Gnade und Güte gegeben
sei durch uns bewahrt, geachtet, geehrt,
nicht geschmälert, nicht reduziert, nicht bekämpft,
nicht verhindert, nicht vermindert,
sondern verteidigt, geschützt, geschätzt,
behütet, geschont und vermehrt,
und man fühle sich in diesem Sinne
auch durch weise Worte
unvergeßlich großer, erwiesener,
wohl verdienter, hoch verehrter Literaten wie
Theodor Fontane
in der gewährten Zeit unsres Lebens
gut begleitet und belehrt.

21. Februar 2019

Illustratoinen wurden dem Internet entnommen.

Was ist wahr, und was nicht?

Wo wird man nur verleitet, verlockt,
gezerrt, gezogen, und verführt,
wie ein Tier mit Nasenring,
wo man es besonders schmerzhaft spürt …
und wo man dann, gelenkt
und getrieben, auch „willigst" folgt?
Wie, wo, wann und warum
wird nur so getan als ob …
wo wird nur unehrlich gelockt und gebuhlt …
Wo wird man nur „trainiert" … wie ein Tier …
und man nennt das dann
belehrt, erzogen, unterrichtet und geschult?
Wie, wo und wann versinken wir denn dann
im stinkenden Morast der eigenen
oder aufoktroyierten Ignoranz?
Wie kann man sich befreien?
Wie kann man sich denn wirklich
von lästigen Lasten und Bürden entledigen?
Gibt es denn nur diese Art der Willkür
und der gezielten Verdummung …
die Geist und Gemüt anketten,
in Käfigen hinter Gittern gefangen halten,
für immer und alle Zeiten schädigen?
Gibt es nichts wirklich Wahres …
keine bleibenden Werte …
nichts Ehrhaftes und Gutes?
Ist alles nur Zirkus, Zauber,
Spektakel, Künstelei, Vernarrung,
Gaunerei, Gaukelei, Irritation und Illusion?
Füttert und fettet man uns
nur mit Erfindungen und Lügen …
Will man nur, dass wir uns
wie Sklaven erniedrigen lassen …

dass wir uns nur beugen und biegen ...
und all dem „Gebotenen"
„willigst" und gedankenlos fügen ...
Wie kam ich denn dann
auf die sich weitwindenen Wege und holprigen Pfade
meiner Rebellion ... meiner Grübelei,
meiner eigenen Gedanken?
Wem habe ich mein eigenes Denken,
meine eigenen Entscheidungen,
meinen eigenen Willen zu verdanken?
Wir alle machen doch nur das Allernötigste,
um die uns gegönnte Zeit
der Zappelei im Zirkus der Welt
zu überleben!
Ich widersetze mich
der gezielten, dirigierten, diktierten Verdummung
und der konsequenten Verdammung!

4. Mai 2018

Wühlmäuse, Maulwürfe, oder Wahlmenschen?

Was sind wir denn im Wesentlichen,
im Wirklichen, im Eigentlichen,
im bleibend Dauerhaften?

Wir wandern allzuoft, allzulang ...
nahezu blind in Düsternheit ...
in Dunkelheit, tappend, tastend ...
verirrt, verloren in dieser Welt,
lärmend, lustlos, lautlos,
verängstigt, sinnlos, geistlos,
willkürlich, wahllos,
in Wildnisssen, durch Wüsten, in Irrgärten
eines allzu verworrenen,
verwickelten, verstrickten,
verwebten, verwirrten Lebens ...
auf endloser Suche
nach wirklich menschlichem Wesen,
nach wahrhaftig menschlichen Werten
für gutes Wirken und Werken,
in wirklich menschlicher Weise,
auf wahrhaftig menschlichen Wegen,
und hinterlassend gut zu verfolgende Spuren ...
Einen Ausweg zu finden ist frustrierend,
erweist sich als maßlos mühevoll,
oft als nahezu vergebens ...

Was sind wird denn
für eine seltsame Mischung
von Geschöpfen und Kreaturen:
In Luxuslebende und total Verarmte ...
Kletterer, Steiger, Kriecher und Krabbler ...

Heiler und Helfer ...
Treiber, Vertriebene, Entflohene,
Frieden- und Sicherheitsuchende ...
Krieger und Bekriegte ... Sieger und Besiegte ...
mutig Voranschreitende sowie Überholte,
Nachhinkende, und weitaus Zurückgebliebene ...
Geliebte und Verhaßte ... Führer und Verführte ...
Gesuchte, Gefundene, Verlassene, Verlorene ...
Gefeierte, Verluderte, Verlotterte ...
Verfolgte und Erfaßte ... Mucker und Ducker ...
Weiner, Heuler, Meuchler, Heuchler ...
und ideologische Halunken ...
Verflucher und Verschmähte ...
Wohltäter und üble Händler ...
gezielt bequem Weit- und Weltreisende,
oder nur gezwungene Hin- und Herpendler ...
Manipulierer, Drangsalierer, Diktierer ...
Opportunisten, persönliche und plutokratische Profitierer ...
alles auf Kosten anderer ...
Tonangeber und Tontaube ... Griller und Groller ...
Bücker und Gebückte ... Quäler und Gequälte ...
Überbrücker oder Graben-, Gruben- und Tiefengräber ...
Lückenmacher und Lockerlasser ...
Lehrer und Wegbereiter ... Lernende und Belehrte ...
Verbrecher und Gebrochene ...
Käufer und Gekaufte ... Räuber und Beraubte ...
Friedliebende und Militante ...
Fanatiker, Faschisten ... Randalierer und Revolutionäre ...
Kontrahenden der Kontraste ... Manipulierer und Mistmacher ...
Bankerbanditen und Monetenmafiosi ...
Sklavenhalter und Versklavte ...
Friedenstifter und Widersacher ...
Schlächter und Geschlachtete ...
Verantwortliche und Verschwender ...
Schinder, Schänder und Geschundene ...

Kreative, Erfinder, Könner, Künstler und Komponisten ...
Musiker, Musikliebende, Chorsänger und Solisten ...
Sammler, Wertebewahrer und Archivisten ...
Kramer, Krämer, Kriminelle ...
Politiker, Parlametarier, Palverer und Populisten ...
Extremisten des absolut Extremen,
Wildernde, Wütende,
Willkürliche, Wahnsinnige und ihre auserwählten Opfer ...
Fäller und Fallensteller ... Fleißige und Faule ...
Obrigkeiten und Untertanen ...
Bewohner von Mansarden und Campierer in Kellern ...
Vollkommen Erfüllte, Beiträger und Gestillte ...
Wahrhaftig Wissende und wirkliche Gelehrte ...
Verdienstvoll Repektierte und Verehrte ...
eine Mischung aus Appellierung und Applaudierung ...
Ermöglichung, Ausbeutung, Verpflichtung ...
Verhinderung, Erniedrigung, Verwirrung, Verwehrung
Ein Sammelsurium von Verachtung und Verehrung,
von Versprochenem und Widersprüchlichem ...
Von Geplantem und total Ignoriertem
Ist das wirklich wahrhaftiges Menschsein,
eine Seltenheit, ein Wunder,
oder eine Vortäuschung falscher Tatsachen?
Nichts als Zirkus, Zauber, verzettelter Zunder?
Ist es die Regel, oder nur die Ausnahme?
Was sind wir denn in Wirklichkeit?
Wühlmäuse, Maulwürfe,
oder nur gelegentliche Wahlmenschen?

**Faktotum ... reductio ad absurdum,
ad corruptum, ad infinitum, ad nauseam ...**

Man entscheide sich!
Was wird die Hinterlassenschaft?
Was sind unsere wirklichen Taten …
bleibend wertvoll, wohlgeraten?
Wie werden wir von der Nachwelt bewertet?
Die Zeit verrinnt, entschwindet!
Sind wir überfordert, überwältigt, überrannt?

Abermals wüten und wildern global
kriegstreibende Dämonen,
die alles wieder verwüsten wollen …
nichts schützen und schonen …

Ist es bereits zu spät
für pazifistische Patrioten und Poeten,
für mahnende Dichter und Denker,
für lebensliebende, lebensbegrüßende
lebensbestätigende Philosophen?

1. Februar 2019

Ich bedanke mich ganz besonders bei
Dr. Karl Corino, Autor und Literaturkritiker,
für seine sehr freundlichen, hilfreichen Hinweise,
Kommentare und Korrekturen!
☺

Gedanken am Tag der Unabhängigkeit

Ja, das ist leider so ein Ding
mit diesen Typen in Brüssel ...
diese Schnüffler und Schnupperer
mit allzu langem Riecher = Rüssel ...
die angeblich meinen ... man müsse sich forciert ver-„einen" ...
die aber dann auch allzu viele Dinge ...
die vollkommen richtig und berechtigt sind
verwurschteln, verwirren, vermasseln,
vernichten und verneinen ...
die diktierend der widerlichen, willkürlichen „Meinung" sind
sie seien die „Allmächtigen" & „Großen" ...
und alle andern werden abrupt gezwungen
sich zu fügen, sich „willig" zu unterwerfen,
als die herumzubeordneten „Kleinen" ...

Da gilt nur das eine, um auch weiterhin
zu existieren und zu überleben:
Man muss fürsorglich, vorsichtig und vorsorglich sein ...
um auch weiterhin das Beste zu machen ...
aus Dingen ... so wie nun vorgegeben ...
Man darf sich nicht unterdrücken lassen ...
um sich auch weiterhin in relativer „Freiheit"
auch relativ „frei" zu bewegen ...
Ich hoffe also, dass man sich hierbei
auch weiterhin gegenseitig gut unterstützt ...
und alle Gegebenheiten für sich selbst
sehr sinnvoll, richtig, und erfolgreich nützt ...
Es lebe diese Gemeinsamkeit ...
Es lebe diese Verbundenheit ...
Es lebe ein jeder sein eigenes Leben ...
Es lebe die Edition Freiberg ...

Man hat ja bereits viel durchgemacht ...
Man hat keine eigenen Feuer entfacht ...
Man hat dabei auch viel gelernt ...
Man hat sich entfernt von der Diktatur ...
Es lebe auch weiterhin der freie Gedanke ...
Es lebe auch weiterhin die Liebe der Lyrik ...
Es lebe die Liebe aller Arten von Literatur ...
Es lebe das freie Wort und das freie Buch ...
gut konzipiert, gut formuliert
gut geschrieben, gut verfasst,
gut gedruckt, gut gebunden ...
gut vermarktet, gut verkauft, gut gelesen,
und als bleibend gut befunden ...
So mache man es auch weiterhin ...
und man folge einer frei zu wählenden ...
gut gesicherten, gut zu verfolgenden Spur ...

Die Freiheit meinen andere
einzuschränken und zu regulieren ...
vor allem Typen mit nicht wohlgesinnten
und wahrhaft freiheitlichen Manieren ...
Die Freiheit aber sei hiermit nicht zu Ende ...
Man sorge für eine gut gesicherte Hinterlassenschaft ...
und dadurch gerät sie, prinzipiell praktiziert,
sehr positiv und progressiv handelnd
über kurz oder lang nicht in „Vergessenheit"
und wird nicht zur „Legende" reduziert.

Man bewahre auch weiterhin
der Vergangenheit und der Gegenwart
gute Geister und literarische Meister ...
Man ehre und achte ihre Worte und Werke ...
So sei es auch mit dieser Anthologie ...

Man erfreue sich an der Freiheit …
man widerstehe und widerspreche nicht
dem freien Gedanken, der freien Äußerung …
dem wirklich freien
Was … Wann … Warum … Wo … und Wie …
Man darf sich nicht entmutigen lassen …
Man darf nicht verzagen …
Man darf nicht nur jammern und klagen …
Man muss frei denken … frei schreiben … frei handeln …
frei veröffentlichen … frei drucken …
und freie Gedanken als freie Worte in Freiheit verwandeln,
sehr fürsorglich und verantworlich sprechen
und ich bin mir sicher,
auch Theodor Fontane
würde dies in gleicher Weise
sehr bleibend und bedeutsam sagen.

4. Juli 2019

Gedanken am Tag der Unabhängigkeit,
der Befreiung der Vereinigten Staaten von Amerika
aus kolonialer Gebundenheit,
in Ehrung und Achtung der Freiheit
mit gutem Inhalt, in guter Gestalt,
im Kampf und Widerstand gegen Diktatur,
vor allem auch gegenwärtiger Willkür
und wahnsinniger Gewalt.

Ist Wandern wirklich eines Müllers "Lust?"

Ist er sich denn vollkommen
seiner wahren Sachlage bewusst?
Wie sieht er denn die Fakten,
die vollkommen unbekleideten,
die unbefrackten, die absolut nackten,
aus eigener, scharfer, selbstkritischer Sicht?
Ist das unentwegt gleichsame Mahlen
an gleichem Ort, an gleicher Stelle
mit nur gelegenlicher Windeskraft
oder notwendig raschfließender Stromesschnelle,
um die Mühlräder anzutreiben ...
um die Mühlsteine zu ermutigen
zu ewig verstaubtem Mehlmahlen
mit notwendigem Körnerzerreiben ...
des Müllers endlose Mühe und Plage,
der eigentliche Grund
und Ursache zur Klage?
Ist er des vielen Mahlens müde?
Soll er gehen ... oder hier bleiben ...?
Was zwingt ihn zur Wanderung?
Wie kann er sein Trübsal vertreiben?
Welche Gründe hat er denn
als besonders bewegend,
als gültig überzeugend
mit gutem Gewicht?
Das muss auch gar kein schlechter Müller sein,
dem so gelegentlich fällt das Wandern ein!
Ist es aber wirklich eine Lust,
oder will er sich nur entledigen
einer endlos gleichsamen Last?
Gab es Zwist und Zankerei

mit seiner erwartungvollen Müller-Gemahlin?
Oder hat er etwas Listigeres, Lustigeres
und Verlockenderes in ferner Sicht?
Die Mühlräder drehen sich zu langsam?
Die Mühlsteine sind zu schwer und träge?
Der Wind ist nicht kräftig genug?
Das Wasser fließt nicht flott und zu wenig?
Das Geld ist viel zu gering?
Er kann die Kosten nicht begleichen.
Die Kasse ist leer, und die Müllerin will mehr?
Viele Müller sind frustriert und verdrossen.
Schon viele Mühlen wurden
aus wirtschaftlichen Gründen geschlossen.
Was macht denn dann so ein Müller
den ganzen Tag ohne Mühle?
Er kann sie ja nicht mit
auf den Wanderweg nehmen.
Er muss sich eines Bessren besinnen,
sich mit anderen Wahrheiten „bequemen",
und andre Wirklichkeiten
realistisch anpassend akzeptieren, annehmen.
So manch fleißigem inländischem Müller
wurde die einstige Mahl-Lust
und der redliche Verdienst weggenommen,
denn allzu viele seiner ehemaligen Kunden
können heutzutage billigeres Importmehl bekommen,
oder sogar mittels Internet bestellen und kaufen.
Wie wäre es denn mit einem Beweis
von wirklich patriotischen Gedanken und Gefühlen,
und man unterstütze wieder bewusst
das Mahlen in heimatlichen Mühlen?
Wer macht denn nun aus eigenem Getreide
für gute Backwaren das Mehl,
so ganz ohne eigene Anweisungen,
ganz ohne der Notwendigkeit Berufung und Befehl?

Singt denn der Müller nur so „lustvoll" ...
oder ist es nichts andres als ein lustloses,
langweiliges Lamento, eine langwierige Litanei,
vollkommen ohne Ton und Emotion?
Hoffentlich wird er bald wieder
seine Liebe und Lust für das Mahlen empfinden,
und wird abermals den Weg
zur altvertrauten Mühle zurückfinden.
Vielleicht begegnet er auch
auf seiner weltweiten Wanderschaft
irgendwann, irgendwo einmal
sogar dem Wanderpoeten und grossen Literaten
Heinrich Theodor Fontane,
und sie genießen nicht nur
gute Geselligkeit, gemeiname Interessen,
örtliche Kost, gegebene Gastlichkeit,
sondern auch in Hülle und Fülle
sehr gut trinkbaren Rebensaft.
Vielleicht können die beiden auch
so ganz nebenbei gute Gedanken vergleichen
betreff poetischer, lyrischer, literarischer,
und wundersamer Wortmahlerei ...
und sie gehen hernach wieder,
wohl gesättigt, gut gefüllt, wohl befriedigt
(in die Vergangenheit blickend)
über Berg und Tal, durchdringen
dichtes Gestrüpp und Gehege,
hoffnungsvoll und erfolgreich
in die Zukunft schreitend
ihre eigenen Wege ...

9. Juli 2019

Eine poetische Phantasterei heute verfasst
an meinem 83. Geburtstag.

Notiz: Der Orginaltext des sehr beliebten Volkslieds
„Das Wandern ist des Müllers Lust"
entstammt dem Dessauer Dichter

Johann Ludwig Wilhelm Müller, 1794 – 1827,
und wurde vertont von

Carl Friedrich Zöllner, 1800 – 1860.

Fakten übernommen aus dem Internet.

Regine Gebhardt Dessau-Roßlau

Frei nach Fontane

Bei Herrn von Ribbeck in Ribbeck im Havelland
ein Birnbaum auf seinem Grabe stand.
Schaute der Maler Herbst in die Stuben,
verschenkte er Früchte an Mädchen und Buben.
Es erfüllte sich sein Wunsch sodann,
was von Ribbeck jedes Jahr im Leben getan.

Doch wurde auch aus Birnensaft
ein hochprozentiges Getränk gemacht.
Tropfen für Tropfen kam aus der Destille.
Sie zu verkosten, war Männerwille.
Abends, in der Kneipe, nach dem Malochen,
kam der Birnengeist in die Köpfe gekrochen.

Umnebelt sahn sie Herrn von Ribbeck winken.
Ja, Birne kann man nicht nur essen,
sondern auch trinken.

Blütenzauber

In vielen Wäldern wogt im Lenz
ein Meer von Anemonen.
Wenn der Wind die Blüten küsst,
ist's als würd' er ihr Blühen belohnen.

Sonnengold drängt durch Blattfiltergrün,
umspielt Zartrosa mit Lichtern.
Sternblütentrunken steh ich still
in der Welt mit Blumengesichtern.

Grab keines aus, wie einst ich es las,
würde fahl in meinem Garten.
Lass es wachsen, wohin Gott es warf.
Dies Glück kann auch and're erwarten.

Zum Wiegenfest

Ich schenke dir den Baum des Lebens,
der sich dem Himmel entgegen reckt
und mit jeder Frühlingssonne
Blätter und Blüten wieder erweckt.
Der den Vögeln in seinen Zweigen
Schutz bietet, ihre Nester zu bau'n.
Den die Winde biegen, denen er trotzt,
dem Halt seiner Wurzeln kann er vertrau'n.
Boten des Lebens, Wärme und Wasser,
machen ihn stark in fruchtbarer Erde.
Dass, wenn die Zeit dafür reif ist,
zu ihm noch ein kleines Bäumchen werde.

Zur Jugendweihe

Zwei Blicke nach vorn,
einer zurück.
Leben, geborgen in Liebe,
ist Glück.

Zukunft sind Berge
und Täler weit.
Ein Griff nach den Sternen,
Horizont ist weit.

Aus dem Schlaf erwacht

Wenn aus Knospen Blüten werden,
weckt der Frühling die Natur.
Farben, Düfte, Vogelsänge
beleben wieder Wald und Flur.

Unterm Himmelszelt die Lerche
singt sehnsuchtsvoll ihr schönstes Lied.
Mir ist, als wolle ihr Gesang,
dass Trübsal aus den Herzen flieht.

Und die warmen Sonnenstrahlen
streicheln sanft mir meine Haut.
All dieses Werden scheinet neu,
und doch ist es so vertraut.

Stehe still und schau und lausche,
bin betört von diesem Glück.
Das, was im Verborgenen ruhte,
kehrt nach des Winters Schlaf zurück.

Zum Leopoldsfest

Das Heer aus dem Lande Anhalt-Dessau
lenkte Fürst Leopold einst ganz schlau.
Er machte den Haufen
geordnet beim Laufen
durch Gleichschritt. Das war eine Schau.

Dessaus Rekruten im Waffenrock
schossen schneller durch den Landestock.
Gedanke, ein neuer,
er war gar nicht teuer,
doch auf Krieg hatte nicht jeder Bock.

(Bild)Betrachtungen

Ein Dino mit Loriots Konterfei
steht plump vor uns auf allen Vieren.
Stützt sich auf einen kräftigen Schwanz.
Daran soll man sich orientieren.

Nach und nach richtet er sich auf
aus dieser gebückten Haltung.
Auf jedem Bild jedoch immer noch
mit der hinteren Schwanzgestaltung.

Als er dann sinnend vor uns steht,
hat, wie der Froschlurch, ihn verloren?
Er war nach vorn ins Höschen gerutscht.
Ein aufrechter Mann ward geboren.

In der Kabine meiner Physiotherapeutin war ein Cartoon von Loriot an die Wand gepinnt worden. So also hatte sich der Meister des feinsinnigen Humors die „Mann-Mensch-Werdung" vorgestellt.

Mit Bravour auf Tour

Als ich heut unterm Kirschbaum saß,
geruhsam meine Zeitung las,
hat ein Spätzchen, ganz beflissen,
einfach auf mein Blatt ...
Und die Erkenntnis nach dem Schreck:
Der Klecks war auf dem rechten Fleck.

Traf 'ne Werbung zu „Steimles Welt".
Tourt durch Sachsen, das mir gefällt,
mit Meißen und dem Königstein.
Pillnitz lädt zum Verweilen ein.
Am Elbelauf Romantik pur.
Mein Ziel war, ich geh mit auf Tour.
Bildbeiträge interessant,
Dialoge flau, wie ich fand.
Es kam dann, wie es kommen muss,
die Pointe steht meist am Schluss.

Er sprach vom Nobelpreis, ich hörte nur noch halb hin,
denn es kam mir sogleich Bob Dylan in den Sinn,
der durch den Preis wurde geehrt.
Anerkennung für sein Lebenswerk.
Doch nun wunderte ich mich sehr,
er sprach vom Nobelpreis für's Mittelmeer.
Ich hörte weiter, mir wurde beklommen:
„Es hat die meisten Flüchtlinge aufgenommen."
Es müsste sich das Mittelmeer
mit dem Atlantik vermischen.
Nur so kann es dann nach Norden entwischen,
zu bekommen den begehrten Preis.
Recht hast du, Spätzchen,
das ist doch ein Sch ...

Silke Geilert   Chemnitz

Verspielt

Um
Fesseln
Perlenspiele,
Schaumkronen
lockend,
da
Bande
verfangen
tief.
Saphirblau
auf
Grund,
Augenblicke
pulsieren.

Besonnen

Sinnessplitter
auf klare Meere
hinters Flimmern,
Strudel grundlos,
wo Ruhe treibt.

Kostbar

Gleißend
Abendmonde
unter
Balkone
Blätter Zweige
kosen um
Hände
zart
malst Trauben
auf Satin

Ungewiss

In der Glaskugel
die Zukunft suchen
sie beschwören
von Magiern
geführt
nicht
des
Ungewissen
vertraut

Malvenrot

Swinge leise Melodien
in den Kaffeeduft,
perlgetränkt weiches Haar
an fliehende Tücher,
Malvenrot auf Lilienweiß.

Swinge leise Melodien
in den Kaffeeduft,
hauchst Schritte verloren
unter Piniendächer,
Blicke kosen behutsam.

Bewahrt

Vergangenes
in eine Kammer
stellen, durch
das Fenster
spähen,
ab und zu
wiederkehren,
es betrachten
in anderem
Licht.

Michael Gerlach Dresden

Wenn die Dinge reden könnten ...

Ein alter Notenständer erzählt

Mein alter Notenständer ist, so glaube ich, ein ganz besonderes, sehr altes Teil. was mag der so alles gesehen und erlebt haben? Nun – einen großen Teil seines Notenständer Lebens, etwa 40 Jahre, durfte ich ihn begleiten. Oder er mich? Was er in dieser Zeit so alles gesehen und ‚erlebt' hat, weiß folglich ich zu berichten und ein wenig möchte ich den geneigten Leser daran teilhaben lassen.

Illustration: Anke Hoffmann

Sehen wir uns das gute Stück erst einmal etwas näher oder besser genau an. Es handelt sich um einen Messing-Notenständer. Seine Oberfläche ist vernickelt und durch den vielen Gebrauch unterschiedlich abgenutzt und abgewetzt. Daraus resultiert sein unregelmäßiges, messing- und nickelfarbiges, geschecktes Aussehen.
Den Mittelteil des Ständers bildet ein längeres Rohr für die Aufnahme einer herausziehbaren, massiven Stange aus dem gleichen Metall wie das Rohr, die oben einige Zentimeter um 45° umgebogen und halbrund einseitig abgeplattet wurde. Dieser umgebogene Teil läuft am oberen Ende spitz zu und dient der Aufnahme des separaten, eigentlichen, zusammenklappbaren Notenpultes mit seinen beweglichen Streben zum Halten der Notenblätter. Für besonders große Partituren gibt es oben an den Seiten zwei weitere flache Metallstreben, die bei Bedarf zusätzlich schräg nach oben

aufgestellt werden können. Im oberen Teil der breiten Mittelstrebe des Pultes wurde die Nummer 16 eingeschlagen. Offensichtlich befand sich mein alter Notenständer einmal in persönlicher Obhut eines Orchester- oder Kollektivmusikers, der für ihn persönlich verantwortlich war. Den Abschluss des Pultes bildet ganz oben eine kleine, flache, angedeutete Harfe.

Der 45°-Winkel des aufgestellten Pultes lässt darauf schließen, dass der Ständer für ihr musikalisches Handwerk vorwiegend stehend ausübende Musikanten gebaut wurde, vielleicht für Bläser. Beim Sitzen auf einem Stuhl ergibt sich ein ungünstiger Betrachtungswinkel der Notenblätter.

Unten befindet sich ein aufspannbares Dreibein aus massiven, langen, dünnen Metallstangen gleicher Beschaffenheit wie der übrige Ständer. Alle mechanischen Verbindungen der beweglichen Teile von Dreibein und Pult sind Nietverbindungen. Zum Feststellen des Dreifußes für einen sicheren Stand und zur Höheneinstellung der Stange im Rohr dienen zwei Gewindeschraubstücke mit zu kleinen Dreiecken umgebogenen Enden zur Oberflächenvergrößerung für die Kraftübertragung beim Festdrehen. Somit ergibt sich ein sicherer Stand.

Eine nicht ganz ungefährliche Besonderheit, ja Schwachstelle meines in die Jahre gekommenen Notenständers muss ich noch erwähnen. Von der Spitze der abgewinkelten Metallstange geht beim Transport im demontierten Zustand eine nicht unerhebliche Verletzungs- und Beschädigungsgefahr für Dinge aus. Dem wirke ich aktiv durch Aufstecken eines Weinkorkens entgegen.

Ob mein Ständer nun vor oder nach dem letzten großen Krieg des vergangenen Jahrhunderts hergestellt wurde, vermag ich nicht zu sagen. Schließlich bin ich kein Experte aus der TV-Sendung ‚Bares für Rares'. Auch weiß ich nicht, welche und wie viele Musikanten mit was für Instrumenten und zu welchen Anlässen vor meiner Zeit vor bzw. hinter dem Ständer gestanden und ihre Noten vom Blatt abgespielt haben. Waren es Trompeter, Tenorhornspieler, Tubisten, Akkordeonisten oder Flötenspieler? Waren vielleicht Streicher dabei? Trugen die Musiker Uniformen oder handelte es sich

um Auftritte zu zivilen Zwecken? Wurden gar Soldaten mit Pauken und Trompeten verabschiedet? Wie viele Tränen der Trauer auf Begräbnissen oder Tränen des Glücks, geweint auf Hochzeiten, Kindstaufen, Konfirmationen, Polterabenden, Kirmesveranstaltungen, Dorftanzabenden und Jubiläen mag mein Notenständer gesehen haben? Welche Mengen an Bier oder Schnäpsen mögen die früheren Musikanten in der Nähe des Ständers konsumiert haben? Wem wurde dabei zugeprostet? Wie viel Liebe gestand man sich während der Veranstaltungen oder heimlich danach? Wurden vielleicht junge Musikanten hinter dem Notenpult mit dem Rohrstock geschlagen oder anderweitig bestraft, weil sich falsche Töne unter die richtigen gemischt hatten? Gab es gar Schlägereien?
Die wahrscheinliche Herkunft meines Notenständers, er stammt wohl aus einer ehemaligen Brandenburger Dorfschule, gib mir noch mehr Fragen auf. Hat mein Notenständer noch klassenstufenübergreifenden Unterricht erlebt? Kennt er den Unterschied zwischen einem Lehrer der Nazizeit und einem Neulehrer nach dem Krieg, der sich bemühte, die Gedanken „nie wieder Krieg" und „nie wieder Faschismus" in die Köpfe der Jugend zu pflanzen? Hat mein Notenpult mehr Marschmusiknoten oder mehr Volksliedernoten und -texte zu halten bekommen? Ist er gar in schlechten Tagen oder Jahren mangels Gelegenheiten zum Gebrauch auf einen verstaubten Boden verbannt worden? Wie viele Sommer und Winter mag er vielleicht dort so dahingedämmert haben? Hat mein Notenhalter damals schon einmal von Flucht und Vertreibung hören müssen? Wer war der Erlöser von seinem Dornröschenschlaf? Spannend ist auch, was mein Notenständer in der Rock'n'Roll-Zeit der 50er Jahre so alles trieb! Hat er Petticoats und stylische, verrückte Tanzfiguren statt Walzer- und Foxtrott-Schritte zu sehen bekommen? Was bekam er von der Zeit der verrückten Pilzköpfe aus Liverpool und dem musikalischen Aufbruch der 60er Jahre mit? Ich weiß es nicht! Aber meine Phantasie, die wurde und wird immer wieder aufs Neue angeregt, sehe ich meinen geschichtsträchtigen oder zumindest Geschichten tragenden Notenständer vor mir. Geht es ihnen ebenso?

Kleine Radios

Warum mein Vater kleine, tragbare Radios so geliebt hat? Sicher aus ähnlichen Gründen wie ich. Taschenempfänger hatten für ihn eine große Anziehungskraft und er besaß einen vom Typ RFT G 1030 FM. Im Unterhaltungselektronikbereich standen hauseigene DDR-Produkte in Punkto Qualität und Lebensdauer eigentlich ganz gut da, so auch jene kleinen Radios. Es gab kein Rauschen, kein Pfeifen, keine Schwankungen aber eine hohe Senderdichte und Trennschärfe beim Empfang. Auch der Klang war für so kleine Quetschen ganz passabel. Ich sehe meinen Vater heute noch mit seinem kleinen Radio in der Wohnung umher wandeln oder über den Hof in seine Garage gehen, wo er eine alte RT (Motorrad aus frühen DDR-Zeiten) aus mühsam zusammengetragenen Einzelteilen zusammenbaute und auf Hochglanz polierte. Auch einen uralten Sturzhelm renovierte er liebevoll und aufwändig. Er war mit seiner wenig eleganten, altmodischen Topfform und der leuchtend grünen Farbe ein wunderbar zum Motorrad passendes Schmuckstück geworden. Stilecht. Ein Hingucker, wenn er in seinem langen, grünen Lodenmantel mit der alten Doppelflinte auf dem Rücken in den Wald fuhr und unser Dackel oben zum umgeschnallten, schon etwas verblichenen, blass grünen Jagdrucksack herausschaute. Sein Stoff war grob gewebt und breite Ledergurte hielten ihn fest. Jette blickte munter in die Welt und freute sich auf den Jagd-Gang wie ihr Herrchen. „Guckt euch den Siegfried an!", sagten die Leute, wenn sie ihm auf der Straße hinterher blickten. „Sieht er nicht wirklich zünftig aus, wenn er auf seine geliebte Jagd fährt?"
Mein Vater baute sein Motorrad nicht nur zum Selbstzweck auf, nein, als Weidmann wollte er kostensparend und umweltschonend in seinen geliebten Wald, sein Jagdrevier, kommen, um sein Haupthobby intensiv auszuüben und den Familienetat dabei zu schonen. Den stinkenden Trabbi konnte er somit bei gutem Wetter stehen lassen. Das kleine Radio meines Vaters fuhr wohl auch so manches Mal im Rucksack mit in den Wald. So war er stets aktuell infor-

miert. Ob er auch mal zwischendurch ein paar Takte Musik hörte, weiß ich nicht. Einen kleinen Ohrhörer besaß er auch.

Zur Wendezeit war ich als Abteilungsleiter einer kleinen Konstruktionsabteilung in einem Kombinatsbetrieb des VEM (volkseigener Elektromaschinenbau; Kombinat = einem heutigen Konzern ähnliche Wirtschaftsstruktur in der DDR) tätig und damit beschäftigt, meine Arbeitsaufgaben zum Wohle des Betriebes und der damaligen Volkswirtschaft zu erfüllen.

Nach von mir geäußerter Kritik an den Abläufen im volkseigenen Betrieb, hatte mir die Leitung des Werks angetragen, doch selbst Verantwortung zu übernehmen und einen Beitrag zur Verbesserung der Zustände zu leisten, es besser zu machen. Diese Herausforderung nahm ich als junger Ingenieur an. In der Praxis gestaltete sich das schwieriger als angenommen. Aber die Flinte ins Korn werfen? Nein.

So war ich engagiert mit der Lösung meiner betrieblichen Aufgaben beschäftigt, als mir ein Kollege, der sogar ein SED-Genosse war, einen Passierschein unter die Nase hielt und mich bat, schnell mal zu unterschreiben. Er müsse mal eben den Betrieb verlassen und wolle sofort nach Westberlin fahren.

„Hat man so etwas schon gehört? Nach Westberlin?", dachte ich, blickte auf und fragte nach: „Du willst mich wohl verscheißern?" „Nein, nein!" beteuerte der Kollege." Mach schnell, ich will gleich los! Die Grenzen zum Westen sind offen. Sag' bloß, das weißt du noch nicht?", fuhr er aufgeregt fort. „Hä?" war meine wenig qualifizierte Antwort. „Na der lehnt sich aber weit aus dem Fenster", dachte ich weiter. „Gut, dass er nur mir das Ansinnen vorträgt. Da wird es nicht gleich an die große Glocke gehängt." „Mach' hin, sonst fahr' ich ohne Unterschrift", drängte mein Kollege.

Illustration: Anke Hoffmann

Nach Feierabend verließ ich den Betrieb in Richtung Innenstadt zur RFT-Filiale der HO (RFT = Herstellerverbund für Rundfunk- und Fernmeldetechnik; HO = Handelsorganisation, in der DDR). Dort kaufte ich mir ein kleines Radio, wie das meines Vaters, vom Typ RFT G 1030 FM. Es war mir ja bereits bekannt. Ich kam dann noch rechtzeitig zu Hause an, um so gegen 17:30 Uhr Herrn Schabowski in einer Wiederholungssendung des DDR-Fernsehens sagen zu hören: „ ... gilt ab sofort, meiner Kenntnis nach sofort. Unverzüglich ... (ist die Grenze zur Bundesrepublik offen)". Man hatte ihm einen kleinen Zettel zugesteckt. „So einfach wird Geschichte geschrieben", dachte ich. Was nun folgen würde, war mir augenblicklich klar. Ob das wohl zu etwas Gutem führt? Ich fragte mich, ob das der Anfang eines Neubeginns oder der Anfang vom Ende sein wird? Können wir Ostdeutschen in der sich anbahnenden neuen Zeit bestehen?

Am Folgetag stellte ich auf meinem Schreibtisch im Betrieb als erste Amtshandlung mein neues, kleines Radio auf. Fortan war ich bezüglich der aktuellen Nachrichtenlage, die sich stündlich änderte, nie wieder uninformiert. Das damals gekaufte Radio tat mir gute Dienste und hatte ein wirklich sehr langes Radioleben. Inzwischen besitze ich seinen dritten Nachfolger. Das aktuelle Gerät arbeitet immer noch analog, steht im Badezimmer und spielt ähnlich gut wie das damalige. Allerdings kostete es nur einen Bruchteil seines Preises.

Den Hang zu kleinen Radios habe ich mir gewissermaßen von meinem Vater abgeschaut. Aktuell informiert zu sein, ist mir ein Grundbedürfnis und die kritische Hinterfragung von Inhalten auch heute noch wichtig. Leute informiert euch! Wenn nötig, auch mittels kleiner Radios, beim Zähneputzen, Baden, auf Reisen oder sonst wo. Zieht die richtigen Lehren aus dem Gehörten und unserer Geschichte und wählt.

Zuerst lächeln

Morgens siehst du in den Spiegel, vom zeit'gen Aufsteh'n ist dir übel.
Dein verzerrtes Spiegelbild macht dich eigentlich nur wild.
Doch du striegelst es ganz sacht, wirst dabei dann langsam wach.
Kaffeeduft dich bald erreicht, versöhnlich um die Nase streift.

Und du eilst dann ins Büro, kurze Elle so wie so.
Startest hektisch in den Tag auf die nicht so feine Art.
Blickt dein Chef schon auf die Uhr, was will der schon wieder nur?
Möchtest schießen ihn zum Mond, aber ob sich das wohl lohnt?

    Ein freundlicher Blick kehrt sofort zu dir zurück.
    Strahle aus Dankbarkeit, erntest Du Zufriedenheit.
    Lebe hier und im Heute und mag and're Leute.
    Viel mehr jeder von dir hält, lächelst du in uns're Welt.

Dein Kollege in der Pause, stiert nur stur in seine Brause.
Muffelt einfach vor sich hin, das ist wahrlich kein Gewinn.
Hat er Stress mit seiner Frau oder war er gestern blau?
Ist sein Leben nur noch trübe oder ist er einfach müde?

    Ein freundlicher Blick kehrt sofort zu dir zurück.
    Strahle aus Dankbarkeit, erntest Du Zufriedenheit.
    Lebe hier und im Heute und mag and're Leute.
    Viel mehr jeder von dir hält, lächelst du in uns're Welt.

Kaufst dann ein im Supermarkt abends Butter, Brot und Quark,
musst du in der Schlange steh'n, kannst die and'ren Leute seh'n.
Eine Dame zerrt ihr Kind, denn es geht nicht so geschwind.
Und dich faucht sie böse an: „Rücken sie doch schneller ran!"

Ein freundlicher Blick kehrt sofort zu dir zurück.
Strahle aus Dankbarkeit, erntest Du Zufriedenheit.
Lebe hier und im Heute und mag and're Leute.
Viel mehr jeder von dir hält, lächelst du in uns're Welt.

Deine Liebe dann zu Haus' tischt 'ne Gemeinheit vielleicht auf.
Hatte keinen leichten Tag, ein Stein ihr noch im Magen lag.
Meint sie am Ende gar nicht dich, ist verärgert über sich?
Oder kam ihr etwas quer und das beschäftigt sie noch sehr?

Ein freundlicher Blick kehrt sofort zu dir zurück.
Strahle aus Dankbarkeit, erntest Du Zufriedenheit.
Lebe hier und im Heute und mag and're Leute.
Viel mehr jeder von dir hält, lächelst du in uns're Welt.

Rügen-Urlaub, ganz

Wir liegen am Meer und tanken Kraft,
die das Jahr uns abverlangt.
Wie weit sie reicht, das weiß man nicht und hoffen,
wir werden nicht krank.
Die Tage am Meer, die Tage am Strand
sind kurz im Arbeitsjahr.
Zähfließend die Zeit mit Müh und Plag
bis ich mal wieder wegfahr.

Die erste Zeit Urlaub ich resümiere,
wie das letzte Jahr so gelaufen ist.
Hab ich alles gegeben, alles getan,
Meine Ziele erreicht, was war Mist?
Hör auf zu grübeln, lass die Arbeit zu Haus,
weist mein Schatz mich darauf hin.
Füll dein Herz jetzt mit Sonne, nutze die Zeit!
Sonst ist sie für uns kein Gewinn.

Illustration: Anke Hoffmann

Wir spazieren am Meer, finden Hühnergötter,
kommen gebadet aus Wellen an Land.
Interessieren uns fürs morgige Ferienwetter,
sehen nach buddelnden Kindern am Strand.
Weiße Häuser und Dampflockromantik pur,
die Schmalspurbahn zischt, faucht, Dampf spuckt.
Im Feriendorf jedermann glücklich ist,
wenn er durch sein Fotoobjektiv guckt.

Im Auto beim Ausflug das Radio
spricht von der Kanzlerin Zitterpartie.
Kann nachts sie noch schlafen, wo führt sie uns hin?
Macht Europa ihr Sorgen wie nie?
Schalt das Radio ab, meine Liebste spricht.
Lass Parteiengezänk außen vor.
Leg lieber ein eine „Truckstop"-CD!
Schenk im Urlaub Politik nicht dein Ohr.

Rote Sonne den Tag auf dem Meer begrüßt,
Schiffsromantik, Kombüse an Bord.
Wenn am Horizont Himmel und Meer verschmelzen,
kommt ein Traum von fernem Ort.
Baumwipfel-Pfad im Buchenwald grün,
das Highlight am folgenden Tag.
Der Blick erspäht Bodden, Hafen, Sonne und Meer.
Jeder diese Ausblicke mag.

Neigt der Urlaub sich dem Ende, so denke ich schon
an die Arbeit und Aufgaben danach.
Spiel schnellen Start vorab, optimiere Prozesse.
Keine Zeit liegt bei der Arbeit dann brach.
Hör auf jetzt schon zu grübeln, tu hinterher erst deinen Job!
Weist mein Schatz mich darauf hin.
Füll dein Herz jetzt mit Sonne, nutze die Zeit!
Sonst ist sie für uns kein Gewinn.

Juli 2019

/ *Kai Gudel* Dresden

Die Geschichte von Albert und Saskia

EIN MÄRCHEN

Vor vielen hundert Jahren herrschte König Heinrich über ein Reich, das damals Bajuwarien hieß und sich von der Mosel bis zum Beginn der Alpen erstreckte. Ein grünes, fruchtbares Land, und die Untertanen von König Heinrich waren rechtschaffene Bauern, Handwerker oder Kaufleute. Heinrich und seine Frau Elisabeth hatten einen einzigen Sohn, der Albert hieß. Ein gescheiter, wohlgeratener Mann, der aber auch im Alter von fast 35 Jahren noch keine Frau gefunden hatte. Bewerberinnen für die künftige Rolle als Ehefrau eines Königs von Bajuwarien gab es freilich genug, aber keine von ihnen konnte das Herz von Albert entflammen.
König Heinrich plagten mit zunehmendem Alter schlimme Krankheiten wie Keuchhusten, Gicht und Magenbeschwerden, so dass er bald abdanken wollte, und die Herrschaft über Bajuwarien sollte dann auf seinen Sohn Albert übertragen werden. Nur sollte Albert vor einer Krönung in den heiligen Stand der Ehe treten, und so rief Heinrich seinen Sohn eines Tages zu sich. „Mein Sohn, du weißt ja, dass ich nicht bei guter Gesundheit bin und die Regierungsgeschäfte noch in diesem Jahr an dich übertragen möchte. Ich werde aber nur abdanken und dich zu meinem Nachfolger ernennen, sobald du endlich eine passende Frau gefunden hast. Wenn dir dies nicht bald gelungen ist, wird stattdessen meine Nichte Eugenie, die Herzogin von Auerland, zur Königin gekrönt werden." Da wurde Prinz Albert recht mulmig zumute; auf keinen Fall wollte er die Aussicht auf eine Thronfolge verlieren, und für den Rest seines Lebens bei den Einwohnern von Bajuwarien zum Gespött werden. „Ja, lieber Herr Vater, noch vor meinem 35. Geburtstag werde ich eine Herzensdame gefunden haben!" versprach Albert notgedrungen.

Gleich am nächsten Tag begab er sich zur Wahrsagerin Ophelia, bei der er sich schon so manches Mal Rat geholt hatte. „Liebe Frau Ophelia, wie soll ich es bloß schaffen, so schnell eine Herzensdame zu finden?" fragte Albert voller Sorge. „Woran erkenne ich, ob sie auch die richtige für mich ist?" Ophelia schaute eine Weile in ihre Kristallkugel. „Edler Prinz, dafür müsst Ihr eine weite Reise machen und dabei immer in Richtung Norden reiten. So werdet ihr der Frau begegnen, die eure Braut sein wird." „Aber sag, Ophelia, wie werde ich sie erkennen?"

Es dauerte eine Zeitlang, bis Ophelia antwortete, und sie sprach: „Auch in drei Sprachen kann man singen, dazu kann fein die Laute klingen, und im Schein des Feuers werden kleine, rote Steine hell funkeln." Mit diesen rätselhaften Worten entließ sie Albert. Diese Vorhersage war ihm ein sehr rätselhaftes Orakel vor seiner Reise. Aber er hatte es oft genug erlebt, dass dann haargenau eintraf, was sie ihm vorhergesagt hatte, auch wenn er den Sinn ihrer klugen Worte erst zum Schluss verstand. „Was um alles in der Welt soll das bedeuten – in drei Sprachen zu singen, und auf einer Laute zu spielen? Ich kann doch weder singen noch ein Instrument spielen, und was für rote Steine sollen in einem Feuer funkeln? Etwa geschliffene Edelsteine?" grübelte er. Aber bisher waren die Vorhersagen von Ophelia immer eingetroffen. Trotzdem beschäftigte ihn dies alles in der Nacht noch lange.

Gleich am nächsten Tag wies Albert zwei Männer aus der königlichen Leibgarde an, vier Pferde zu satteln und genügend Proviant für die Reise vorzubereiten. Sie ritten zügig los, immer in Richtung Norden. Nach drei Tagen waren sie in einem Landesteil angekommen, der nur ganz dünn besiedelt und dicht mit Wäldern bewachsen war. Albert und seine beiden Begleiter waren mittlerweile überhaupt nicht mehr guten Mutes. Wo, um alles in der Welt, sollte hier in dieser einsamen Gegend eine Herzensdame auf Prinz Albert warten?

Als sie in der Nacht einen Platz zum Übernachten suchten, mussten sie feststellen, dass sie sich verlaufen hatten. Dann aber war plötzlich ein Licht zwischen den Bäumen zu sehen. Sie tasteten sich vorsichtig durch das Unterholz. Als sie schließlich zu einem Waldstück kamen, von dem aus das Licht zu sehen war, roch es plötzlich nach glühender Holzkohle. Sie schauten sich vorsichtig um und sahen drei schwarze Meiler auf dem Waldboden, gut mit Erde bedeckt, in denen offensichtlich Holzkohle glimmte. Albert und seine beiden Begleiter gingen ein Stück weiter zu einem Platz, wo das Feuer brannte. Dort saßen schweigend drei Köhler im Kreis; vor sich Krüge mit Metwein und dazu Tabakspfeifen. Die Köhler wiesen Albert und den drei Männern mit einem Kopfnicken einen Platz am Feuer zu und hielten ihnen einen Krug mit Honigwein hin. Außerdem boten sie Fladenbrot mit Ziegenkäse und Trockenfrüchte an.

Anscheinend wunderten sich die drei Köhler überhaupt nicht, dass Albert und seine beiden Begleiter plötzlich aus der Dunkelheit an ihrem Lagerplatz aufgetaucht waren. „Habt herzlichen Dank für eure Gastfreundschaft!" sprach Albert die drei Köhler an. Die aber nickten nur, und so saßen alle schweigsam am Feuer, aßen Brot und tranken Met. Die Situation hatte zuerst etwas völlig Unwirkliches. Die drei fühlten sich aber trotzdem von den Köhlern gut aufgenommen. Endlich Menschen in diesem einsamen Wald, und nicht nur dieses immerzu geheimnisvolle Knistern aus dem düsteren Unterholz!

Dann aber waren plötzlich andere Stimmen zu hören. Es näherten sich, jeweils mit Fackeln in der Hand, drei schattenhafte Gestalten dem Feuer. Die Köhler waren hiervon überhaupt nicht überrascht; auch diese drei Menschen schienen hier ihre Heimstätte zu haben. Im Fackelschein war zu sehen, dass es zwei junge Männer und eine Frau waren, die sich dem Feuer genähert hatten, um sich ebenfalls dort in den Kreis mit hinzusetzen. Und auch diese drei schienen überhaupt nicht erstaunt über den Besuch von Albert und seinen beiden Begleitern zu sein. Niemand fragte die drei Männer, wer sie denn seien, woher sie kommen und warum sie überhaupt nachts in dem dunklen, unwegsamen Wald unterwegs sind.

Es waren in der Gruppe zwei stattliche, bärtige Männer, beide mit freundlichen Gesichtern. Die Frau war schlank, hatte eine sehr schöne Figur sowie schwarze, lange Haare, dazu wache Augen und strahlendes Lächeln auf dem Gesicht. Sie schaute die drei Gäste, und vor allem Albert, immer wieder aufmerksam an. Ebenso hatte Albert ab diesem Zeitpunkt nur noch Augen für diese Frau. Alle anderen am Feuer hatten das sehr wohl bemerkt und schmunzelten manchmal still, aber niemand schien deswegen auf Albert eifersüchtig zu sein. Die Frau sah den beiden Männern sehr ähnlich; ganz offensichtlich waren die drei Geschwister. Albert hatte schnell mitbekommen, dass sie von allen Saskia genannt wurde, und er hat ihr ebenso seinen Namen gesagt. Beide saßen schweigend nebeneinander am Feuer und strahlten sich an.

Dann aber erhob sich Saskia und ging ein paar Schritte zurück in die Dunkelheit. Als sie nach ein paar Minuten wiederkam, hielt sie eine kleine Laute in der Hand. Alle sahen Saskia erwartungsvoll an.

Sie begann mit dem Lautenspiel und stimmte mit sanfter, zarter Stimme ein Lied mit einer eingehenden Melodie an. Erst in einer Sprache, die Albert so nicht kannte, dann aber meinte, dass es wohl französisch sei. Und danach, mit genau derselben Melodie, in einer Sprache, die Albert als tschechisch erkannte. Er hatte dieses Lied schon im Musikunterricht gelernt: „Kde domov muj, kde domov muj, voda huci po lucinach, … " Und dann sang sie, mit genau derselben schönen Melodie die nächste Strophe auf bajuwarisch: „Wo meine Heimat ist, wo meine Heimat ist … " Alle klatschten, als Saskia ihr Singen und das Lautenspiel beendet hatte, und sie setzte sich wieder zu Albert ans Feuer.

Der strahlte sie an und nahm vorsichtig ihre rechte Hand. Dies ließ Saskia gern mit sich geschehen, und Albert fühlte, das Saskia am kleinen Finger ihrer rechten Hand einen kleinen Ring trug. Sie hielt die Hand nahe zum flackernden Schein des Feuers, und Albert konnte sehen, dass der Ring mit drei kleinen Rubinen besetzt war, die rot im Schein der Flammen funkelten. Und in diesem Moment wusste Albert, dass er mit Saskia seine Herzensdame gefunden hatte. Dies also hatte Ophelia mit ihrer zunächst für ihn rätselhaften Vorhersage gemeint: Nämlich, dass seine zukünftige

Braut in drei Sprachen singen, dazu herrlich die Laute spielen kann und dass drei rote Edelsteine an ihrem kleinen Ring im Feuer funkeln werden.

Und bis zum Schlafengehen tauschten sie sich vorsichtig aus, wer sie beide sind und woher sie kamen. Saskia's Familie stammte ursprünglich aus Nordfrankreich, wo viele Menschen wegen der schlimmen Hugenottenverfolgung fliehen mussten und in ganz Europa zerstreut wurden. Saskia und ihre beiden Brüder waren so schließlich zu den drei Köhlern gekommen, wo sie auch dauerhaft blieben. Die Brüder halfen den Köhlern beim Sammeln des Holzes für die Meiler und verdingten sich bei den Bauern aus der Umgebung für Arbeit auf den Feldern oder im Stall. Saskia wusch und kochte für sie alle, die Nahrungsmittel hierfür bekam sie von den umliegenden Bauernhöfen sowie vom Müller im Dorf. Sie spann außerdem Wolle und fertigte daraus und auch aus Linnen Kleidung, Socken und Decken. Und so hatten alle ihr zwar bescheidenes, aber auch gutes und regelmäßiges Auskommen.

Saskia und Albert haben sich auf Anhieb gegenseitig ins Herz geschlossen. Sie kamen überein, dass Saskia mit ihm zu dem elterlichen Königsschloss in Bajuwarien kommt, um dort mit Albert Hochzeit halten.

Die beiden Brüder von Saskia würden später dorthin nachkommen und möglichst bald eigene Familien gründen. Ganz sicherlich würden sie dafür von König Heinrich ein gutes Stück Land sowie Pferde und Kühe bekommen. Die Köhler würden von Albert drei stattliche Beutel mit Goldmünzen erhalten, damit sie sich immer bei den Bauern Korn, Gemüse und Fleisch kaufen könnten, wenn einmal die Erlöse aus dem Verkauf ihrer Holzkohle nicht ausreichen würde. Und so konnte Albert kurz darauf mit Saskia und seinen beiden Begleitern den Heimweg zum Königsschloss antreten. Die beiden Brüder würden später von Reitern der königlichen Leibgarde abgeholt werden.

König Heinrich staunte nicht schlecht, als ihm Albert einige Tage später seine Braut Saskia vorstellte. Er war sofort damit einverstanden, dass die beiden heiraten, und ebenso mochte seine Frau

Elisabeth ihre künftige Schwiegertochter Saskia auf Anhieb. Der Hochzeitstag war auch für alle Einwohner von Bajuwarien ein großes Fest, von dem noch lange gesprochen wurde. Albert wurde kurz darauf zum König gekrönt, und Saskia gebar ihm nach neun Monaten ihr erstes von insgesamt fünf Kindern, und zwar einen Sohn.

Und wenn sie nicht gestorben sind, dann leben sie noch heute!

Christine Heyne   Chemnitz

Ich wollte einfach nur schreiben

*Interview mit Theodor Fontane anlässlich seines
200. Geburtstages am 30. Dezember 2019*

Interviewer:
*Sehr verehrter Herr Fontane,
Sie feiern in diesem Jahr Ihren 200. Geburtstag. Ich freue mich, dass Sie meiner Einladung zu diesem Interview gefolgt sind, das ich auf Anregung der Edition Freiberg aus Dresden gern mit Ihnen führen möchte. Herr Freiberg widmet seine 12. Große Anthologie, die im Jahr 2019 unter dem Titel „Wer schaffen will, muss fröhlich sein" erscheinen wird, ganz Ihrem Lebenswerk.
Schon allein Ihre Person, sehr verehrter Herr Fontane, wird wieder viele Autorinnen und Autoren zur Mitwirkung herausfordern. Durchaus können dann auch Schreibende aus der Mark Brandenburg dabei sein.
Und sollten Sie am 5. Oktober 2019 nicht gerade angestrengt an der Fertigstellung eines neuen Romans arbeiten, dann darf ich Ihnen die Einladung zur 13. Autoren-Verleger-Konferenz der Edition Freiberg in Dresden übermitteln. Dort können Sie nicht nur in Augenschein nehmen, wie das Werk gelungen ist, sondern auch das Verlegerehepaar sowie die Autorinnen und Autoren persönlich kennenlernen. Wer weiß, vielleicht schöpfen Sie dann daraus wieder Stoff für einen neuen Roman, denn auf die Beziehungen der Menschen untereinander und im Wechselspiel zur gesellschaftlichen Umwelt kam es Ihnen ja immer besonders an. Aber hüten Sie sich vor den Frauen der heutigen Zeit. Da siecht keine mehr wegen der gescheiterten Beziehung zu einem Mannsbild dahin oder bringt sich gar um.
Auch wenn man Sie, verehrter Herr Fontane, auf den alten Abbildungen nur mit Notizbuch und Schreibfeder sieht, werden Sie doch jetzt im Alter einem Gläschen Rotwein nicht abgeneigt sein.*

Stoßen wir also an auf die nächsten zwei Stunden, die wir als eine Art gemütliche Salonplauderei verstehen wollen und beginnen üblicherweise mit Ihrer Kindheit und Jugend.

Theodor Fontane:
Dazu muss ich etwas weiter ausholen. Meine Vorfahren waren keine Hiesigen, sondern französische Protestanten. Bereits im 16. Jahrhundert wurden diese in Frankreich, als Hugenotten aus der Geschichte bekannt, stark unterdrückt. Unter Ludwig XIV. waren sie ab 1685 regelrechter Verfolgung ausgesetzt. Mit einem Toleranzedikt von Potsdam im Jahre 1685 gewährte der Große Kurfürst, Friedrich Wilhelm von Brandenburg, fast 14.000 französischen Glaubensflüchtlingen in Brandenburg Aufnahme und wirtschaftliche Vergünstigungen. Um 1694 ließ sich auch mein Vorfahr, Jacques Fontane, Strumpfwirker aus Nîmes, in Berlin nieder und heiratete hier. Der Familienname wurde damals noch Fontan ausgesprochen, später aus Dankbarkeit zur neuen Heimat in Fontane eingedeutscht.

Interviewer:
Dann haben wir also den Preußen einen unserer großen deutschen Dichter zu verdanken.

Theodor Fontane:
Vorläufig war es noch nicht soweit. Vor meiner Geburt am 30. Dezember 1819 in Neuruppin bedurfte es natürlich mehrere Generationen nach Jacques erst einmal Vater und Mutter.

Ich will sie mal so beschreiben: „Mein Vater war ein großer stattlicher Gascogner voll Bonhomie, dabei Phantast und Humorist, Plauderer und Geschichtenerzähler [...]; meine Mutter andererseits war ein Kind der südlichen Cevennen [...] von so großer Leidenschaftlichkeit, dass mein Vater, halb ernst-, halb scherzhaft von ihr zu sagen liebte: „Wäre sie im Lande geblieben, so tobten die Cevennenkriege noch." (aus „Meine Kinderjahre")

Die beiden also, Louis Henry Fontane und Emilie Labry, heirateten am 24. März 1819, erwarben die Löwenapotheke in Neuruppin, die sie nach der Geburt weiterer drei meiner Geschwister (Rudolf, Jenny, Max) wegen angehäufter Schulden wieder verkaufen mussten und siedelten im Jahre 1827 nach Swinemünde über, um dort die kleinere Adler-Apotheke zu betreiben.

Interviewer:
Ihre Herkunft, verehrter Herr Fontane, ist damit schon ein bisschen außergewöhnlich. Glauben Sie, daher auch das spätere besondere Talent oder eine hervorragende Intelligenz mitgebracht zu haben?

Theodor Fontane:
Na, ja …? Ich besuchte in Neuruppin eine private Klippschule und dann zwei Monate die Volksschule in Swinemünde. 1828 bis 1832 wurde ich zuerst privat von den Eltern unterrichtet und dann im Hause eines Swinemünder Kommerzienrates mit dessen Kindern von einem Privatlehrer.
„Dr. Lau, so hieß der neue Hauslehrer, war ein vorzüglicher Pädagog, weil er ein vorzüglicher Mensch war […]. Dieser verstand es auch, einem allerlei kleine Geschichten, woran eine Kinderseele hängt, zu vermitteln […], das bisschen Rückgrat, was mein Wissen hat, verdanke ich ihm." (aus „Meine Kinderjahre")
Ab 1833 besuchte ich die Friedrichswerdersche Gewerbeschule in Berlin, wohnte zuerst in einer Schülerpension und ab 1834, mit vielen Freiheiten ausgestattet, bei meinem lebenslustigen Onkel August, einem Halbbruder meines Vaters. Dort begegnete ich 1835 meiner späteren Ehefrau, Emilie Rouanet-Kummer, einem damals ziemlich verwilderten Kind.
Am 1. April 1836 begann ich eine Apothekerlehre: „Der Egoismus meines Vaters, der immer Geld hatte für Wein und Spiel, und nie für Erziehung und Zukunft seiner Kinder, hat schlimme Frucht getragen, weil man das Geld verprassen wollte, was zur Ausbildung der Kinder hätte verwendet werden müssen […]. (aus einem Brief an Bernhard von Lepel 1849)

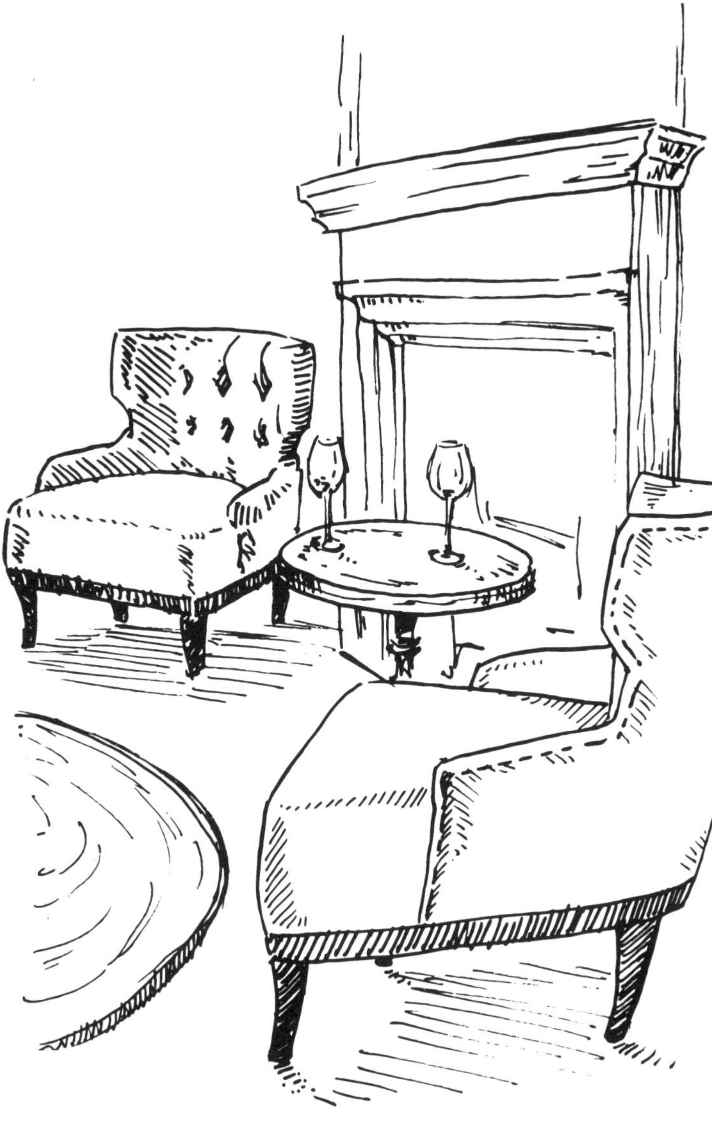

Parallel zur Apothekerlehre, der Tätigkeit als Apothekergehilfe und Rezeptar von 1836 bis 1849 schrieb ich Gedichte und meine erste Novelle „Geschwisterliebe", die auch in Zeitungen und Unterhaltungsblättern erschienen, wurde Mitglied in verschiedenen literarischen Cafés und Vereinen. Der Offizier und Schriftsteller Bernhard von Lepel war mir dabei Unterstützer und Freund.
Am 1. April 1844 trat ich meinen Militärdienst als Einjähriger Freiwilliger beim Kaiser Franz Garde-Grenadier-Regiment Nr. 2 an.

Interviewer:
Man könnte fast meinen, lieber Herr Fontane, die Welt hatte sich mit allerlei Widrigkeiten gegen den Schriftsteller in Ihnen verschworen. Doch wo Schatten ist, da ist auch Licht.
Nun möchten wir gern nicht nur etwas über Ihre Familiengründung erfahren, sondern auch etwas über Ihre dann doch beginnende Epoche als Scheibender.

Theodor Fontane:
Kurz vor meinem Militärdienst begegnete ich Emilie wieder. Die Verlobung am 8. Dezember 1845 und fünf Jahre später die Heirat am 16. Oktober 1850 folgten. Bis 1864 wurden uns sechs Söhne, wovon nur drei überlebten, und eine Tochter geboren.
Nach Jahren der Suche, der Fehlleitung in den Apothekerberuf, aber auch stetiger literarischer Erfolge, begann ich 1849 mein Schaffen als freier Schriftsteller.
Davon konnte ich mit meiner Familie schlicht und einfach nicht leben.
Ich wurde Privatlehrer, Journalist in London, Lektor im Kabinett des preußischen Innenministeriums, arbeitslos, Angestellter für Preßangelegenheiten der preußischen Regierung, Redakteur, Theaterkritiker, Kriegsberichterstatter in Schleswig-Holstein, Dänemark und Frankreich, kam dort in Kriegsgefangenschaft und Internierung.

Im Jahre 1876 trat ich die Stelle des Sekretärs der Akademie der Künste in Berlin an. Die Berufungsurkunde unterschrieb Kaiser Wilhelm der I. persönlich. Bereits kurz nach Dienstantritt erkannte ich, dass es sich schlecht dient mit sechsundfünfzig unter einem jungen Herrn von zweiunddreißig. Bereits im Mai desselben Jahres reichte ich mein Entlassungsgesuch ein.

Interviewer:
Sie kündigten einen sicheren Beamtenposten?

Theodor Fontane:
Ja, damals verurteilte mich alle Welt, hielt mich für kindisch, verdreht und hochfahrend. Dass ich einfach nur schreiben wollte, verstand niemand.

Interviewer:
Um schreiben zu können, muss man auch leben können, noch dazu mit Familie.

Theodor Fontane:
Das wurde mir nur allzu bald von meiner Frau Emilie bewusst gemacht, obwohl sie damit nicht ganz im Recht war.
Als ich im Jahre 1856 von meiner ersten großen Reise in England nach London zurückkehrte, fasste ich einen Plan, den ich im Jahr 1859 verwirklichte. Ich verwies in zehn Aufsätzen zu „Jenseits des Tweed" auf die Havel mit Städten, Schlössern und Persönlichkeiten aus der Mark Brandenburg. 1861 gab ich den ersten Band der „Wanderungen durch die Mark Brandenburg" heraus. Dem folgten 1862 „Das Oderland", 1872 „Havelland", 1881 „Spreeland", 1888 „Fünf Schlösser". In den Folgeauflagen hat man hier und da noch einiges aus Spezialaufsätzen eingefügt, so dass sie auch heute noch interessant daherkommen.
Ich kann jedem natur- und geschichtsverbundenem Menschen nur raten, meinen „Wanderungen ..." selbst nachzuspüren. Auch wenn die damaligen Personen, denen ich leibhaftig begegnet bin,

nur noch in Geschichtsbüchern, Museen oder meinen Romanen vorkommen, lohnt der besondere Reiz der Landschaft, die erhaltenen Schlösser und Klöster, die alten Dorfkirchen oder hier und dort einfach nur überwachsene Ruinen, sich einfach auf den Weg zu machen. Dazu brauchen Sie nicht einmal alle meine „Wanderbücher" mitzuschleppen, dazu genügt die Broschüre „Auf den Spuren von Theodor Fontane durch die Mark Brandenburg" mit allen wichtigen Fontane-Orten von A bis Z, die Georg Jung im Jahr 2018 über den Ellert & Richter Verlag herausgebracht hat.

Interviewer:
Die „Wanderungen ..." waren damals für Sie ein sicherer Broterwerb und auch die Grundlage für Ihre späteren Romane. Und sogar heute können „Nachautoren" noch davon profitieren.
Sie reisten als Tourist, was für die damalige Zeit nicht eben einfach war. Sie hatten den erforderlichen Natur- und Landschaftssinn, erkannten den Reiz alter Dorfkirchen ebenso, wie den von Heidengräbern. Das Beste aber, was Sie dabei kennenlernten, das waren die Menschen. Dem allem begegnen wir noch heute wieder, nicht nur in Ihren „Wanderungen ...", sondern auch sehr prosaisch umgesetzt in Ihren Romanen, Erzählungen, Novellen, Balladen und Gedichten, wie zum Beispiel „Irrungen, Wirrungen", „Frau Jenny Treibel", „Die Poggenpuhls", „Der Stechlin" oder „Cècil".

Theodor Fontane:
Warum erwähnen Sie „Effi Briest" nicht?
„Wissen Sie, Liebesgeschichten haben etwas Langweiliges, aber der Gesellschaftszustand, das Sittenbildliche, das versteckt und gefährlich Politische, das diese Dinge haben, das ist es, was mich so sehr daran interessiert."
(aus „An F. Stephany", 2.7.1894)

Interviewer:
Deshalb, verehrter Meister, zählt Ihr Roman „Effi Briest" von 1895 noch heute zur Weltliteratur.

Theodor Fontane:
Dabei wären die „Effi" und auch die beiden folgenden Romane, „Die Poggenpuhls" und „Der Stechlin" beinahe gar nicht mehr entstanden. Im Jahre 1892 erkrankte ich an einer schweren Gehirnischämie, die zum Glück ohne Folgen für das minderdurchblutete Gewebe blieb.
Um mich abzulenken, schrieb ich während dieser Zeit meine Kindheitserinnerungen auf. Das hat mir geholfen, nicht so viel zu grübeln und wieder gesund zu werden. Und auch nach meiner Genesung noch Wesentliches aufzuschreiben.
So ist aus mir wohl doch noch ein passabler Schriftsteller geworden. Oder?

Interviewer:
Sehr verehrter Herr Fontane, da kann ich Ihnen voll zustimmen. Wir sehen Sie heute als einen Vertreter des poetischen Realismus in Deutschland, indem Sie vor allem in Ihren Romanen, die Sie erst nach Ihrem 60. Geburtstag geschrieben haben, also mit reichlicher Lebenserfahrung, ihre Figuren und deren Umgebung mit einer kritisch-liebevollen Distanz beschreiben. Sie wagten Gesellschaftskritik in einer Zeit, da Ehefrauen nicht einmal ihren Ehemann und Versorger kritisieren durften.
Doch selbst, wenn wir diesen beiden Stunden noch die ganze Nacht hinzufügen würden, reichte das nicht aus, Ihr gesamtes Werk zu würdigen.

Theodor Fontane:
Ja, ich war wohl ganz schön umtriebig. Hatte noch viel vor, als der Tod mich am Abend des 24. September 1898 aus dem Schaffen riss. Seitdem ruhe ich nun, wenn ich nicht gerade Interviews gebe, auf dem Friedhof der Französisch-Reformierten Gemeinde zu Berlin. Neben mir seit 1902 meine Frau Emilie, die mir treu zur Seite stand als Frau, Mutter unserer Kinder und die meine Manuskripte ins Reine schrieb, sonst hätten sie wohl schwerlich gedruckt werden können.

Alles in allem blicke ich zufrieden auf mein Schaffen zurück, trotz oder gerade wegen der mir anfänglich aufgezwungenen Pillendreherei. Es war wohl alles zu etwas gut!

Interviewer:
Am Ende unserer entzückenden Plauderei, sehr verehrter Theodor Fontane, sei mir ein Zitat von Thomas Mann aus dem Jahre 1910 erlaubt:
„Es ist etwas unbedingt Zauberhaftes um seinen Stil und namentlich um den seiner alten Tage [...]. Mir persönlich jedenfalls sei das Bekenntnis erlaubt, dass kein Schriftsteller der Vergangenheit oder Gegenwart mir die Sympathie und Dankbarkeit, dieses unmittelbare und instinktmäßige Entzücken, diese unmittelbare Erheiterung, Erwärmung, Befriedigung erweckt, die ich bei jedem Vers, jeder Briefzeile, jedem Dialogfetzchen von ihm empfinde."

Verwendete Literatur:

Machner, Bettina	„Theodor Fontane – Stationen eines Lebens" Stapp Verlag Berlin, 2012
Jung, Georg	„Auf den Spuren von Theodor Fontane durch die Mark Brandenburg" Ellert & Richter Verlag, Hamburg, 2018
Liersch, Werner	„Dichterland Brandenburg" Patmos Verlage GmbH & Co. KG, 2004
Fontane, Theodor	„Balladen und Erzählungen" EURUBUCH 1998
Fontane, Theodor	„Gesammelte Werke" Anaconda Verlag GmbH, 2014
Wikipedia	„Wanderungen durch die Mark Brandenburg", 2019 „Theodor Fontane", 2019

Isa Höhne — Berlin

„*Aber wenn du vielleicht einen Stuhl zum Leimen hättest ...*"

Aus den Anfangsjahren meiner Ehe gab es so einige Episoden über die wir, wenn sie wieder einmal erzählt wurden, uns immer köstlich amüsierten. Sogar mein Mann machte ein fröhliches Gesicht, obwohl ihm sicher nicht nach Lachen zu Mute war.

Als ich ihn kennenlernte war er ein „studierter Kissenpuper", sprich, ein Schreibtischarbeitender mit Diplom. Seine handwerklichen Fähigkeiten waren durchaus überschaubar. Das hinderte ihn allerdings nicht, sich an alle möglichen Reparaturen selbst heran zu machen. Noch heute wundert es mich wenn er eine Lampe umhängte, dass er die Leiter im normalen Abgang verlassen konnte, ohne durch einen eventuellen Stromschlag durch die Luft zu segeln.

Kurioser Weise war er auf dem Parkplatz ein gefragter Ideengeber, wenn mal wieder ein Auto seiner Nachbarn den Dienst aufgeben wollte. Da ihm Sachverstand fehlte, er aber logisch denken konnte, kam er immer auf die entscheidenden Handgriffe, um das Gefährt wieder zum Laufen bringen zu können.

Wir hatten das große Glück schon zu unserer Hochzeit zu wissen, dass wir demnächst eine Neubauwohnung beziehen würden. Ich war Mitglied in einer Arbeiterwohnungsbaugenossenschaft und der Magistrat von Berlin stellte vorfristig einen Wohnblock zur Verfügung.

Die Wohnung, die man damals als Luxus bezeichnen konnte, war zentralbeheizt, mit einer Einbauküche versehen, mit PVC-Bodenbelag ausgestattet und wurde schon tapeziert übergeben. Was zu dieser Zeit kein Standard war.

Die Küche war klein. Es gab aber genügend Stauraum, doch ein Essplatz oder ein Küchentisch war nicht zu stellen. Meiner Schwiegermutter gefiel es gar nicht, dass ich, hochschwanger, alle Uten-

silien ins Zimmer tragen musste, um dort den Tisch zum Essen zu decken. Eines Tages kam sie mit einem Holzhocker an, damit ich wenigstens bei der Küchenarbeit entspannt sitzen sollte.
Die Sitzfläche des Hockers war hochklappbar, um eine Schüssel einhängen zu können. Was war ich froh, ein Bad zu haben und nicht diese Waschgelegenheit benutzen zu müssen.
Nur ein paar Tage hatte ich Freude an dieser Erleichterung, wobei auch meine Küchenarbeit wie von selbst von der Hand ging. Eines Morgens konnte ich mich geistesgegenwärtig schnell am Schrank festhalten, um nicht zu stürzen. Unter mir war der Hocker zusammengebrochen. Die Zentralheizungsluft hatte die Stabilität beeinträchtigt. Das Holz begann auszutrocknen.
Ein paar Tage später zog sich mein Mann nach dem Abendessen in den Sessel im Wohnzimmer zurück. Leim und Zwingen hatte er bereit gelegt. Nach gefühlten Stunden durfte ich sein Werk bewundern und bekam ganz eindringlich gesagt, dass ich unbedingt dem Holz ein paar Tage Zeit geben muss, damit ohne Gewichtsbelastung eine haltbare Verbindung der Teile entstehen kann.
Gesagt getan. Die Zwingen wurden nach 3 Tagen entfernt und der Hocker machte einen zum Sitzen geeigneten Eindruck. Leider nur bis zum nächsten Morgen. Das traurige Häuflein Holz auf dem Küchenfußboden reizte unsere Lachmuskeln, wir konnten uns kaum halten. Erst als mir bewusst wurde eventuell eine Frühgeburt zu riskieren, bremste ich unsere Heiterkeit. Den Haufen Nutzloses deponierte ich später im Schlafzimmer hinter der Tür.
Nach etlichen Wochen war unser Sohn geboren. An das stuhllose Arbeiten in der Küche hatte mich gewöhnt.
Bevor mein Mann eines Morgens zur Arbeit ging, rief er mir kurz zu: „Lass Wasser in die Badewanne einlaufen und leg die Holzteile des Hockers rein!" Ich fragte noch: „Soll ich die nur abspülen und dann wieder rausnehmen?" Die Badezeit unseres Sohnes stand ja an. Das Kind inmitten schwimmender Holzteile, das konnte ja nicht gut sein. Da kam auch schon seine Antwort mit etwas unwirschem Unterton: „Nein, ein paar Stunden müssen die schon wässern!"

Mir ging es durch den Sinn, er wird sich schon was dabei denken! Und so wurde der Sohn dann später von mir im Handwaschbecken „notgebadet"!

Nach Dienstschluss folgte meistens ein gemütliches Abendessen. Von mir sehr geschätzt, denn so konnte ich am Arbeitsleben meines Mannes teilhaben. An einem Tag war es anders. Ich bemerkte gleich seine Eile. Bevor er sich zum Essen setzte, ließ er das Wasser aus der Wanne, trocknete mit einem griffbereiten Frotteetuch die Holzteile ab und deponierte sie an der Heizung. Ich dachte nur, wenn er wirklich vorhat die Teile wieder zusammenzuleimen, können sie ja nicht so nass sein. Aber muss er dazu eines meiner geliebten und so schwer angeschafften Handtücher nehmen? Im Interesse der Sache hielt ich meine Klappe!

Die Geschwindigkeit mit der er sein Essen einnahm verwunderte mich sehr. Aber noch viel mehr, dass er ohne seine „Hausklamotten", nur die Krawatte hatte er abgelegt, sich in seinen Sessel setzte und das Handwerkzeug auf dem Tisch ablegte, ohne vorher die Tischdecke abgenommen zu haben. Fröhlich pfiff mein Göttergatte vor sich hin.

Argwöhnisch besah ich mir sein Tun, wurde dann aber versöhnt, weil ich ihm die feuchten Holzteile ins Zimmer bringen durfte.

Zum Glück meldete sich unser Sohn und durch dessen Versorgung blieb es mir erspart, meinen Mann bei seiner Arbeit zu beobachten. Mein bescheidenes Hausfrauenwissen hätte mich bestimmt nicht ruhig zusehen lassen.

Später überließ er mir mit fast gönnerhafter Miene das Chaos im Zimmer. Besonders „freute" es mich, die Späne, die in Massen angefallen waren, vom Teppich herauszuklauben. Wir waren so stolz auf diesen Teppich, der einen hohen Flor hatte und den wir als sogenannte „Bückware" erstanden hatten.

Bückware, in der DDR ein Ausdruck für einen erschwerten Kauf. Verknappte Ware wurde nicht über dem Ladentisch verkauft, also sichtbar für andere Kunden, sondern geheimnisvoll darunter!

Der Holzleim sollte an den richtigen Stellen wirksam werden und so arbeitete mein Mann mit Beitel und Messer, um die Leisten an den richtigen Stellen wieder passrecht zusammenfügen zu können. Das Wunderwerk überstand nicht mal den nächsten Tag. Als ich vom Einkaufen zurück kam lag in der Küche ein kläglicher Haufen Holz, auf dem die Zwingen wie zur Mahnung hervor stachen! Schnell packte ich meinen Sohn mit samt seiner Ausgehkleidung zu seiner Sicherheit ins Bett, klaubte die Teile zusammen und entsorgte alles sofort im Müllcontainer.

Das Thema Sitzplatz in der Küche war somit für zirka 30 Jahre erledigt.

Oft hörte ich meinen Mann später sagen, wenn er um Hilfe oder um einen Rat gebeten wurde: „Da kann ich nicht helfen. Aber wenn du vielleicht einen Stuhl zum Leimen hättest …!"

Nach so vielen Jahren bin ich immer noch stolz auf ihn. Durch seinen unerschütterlichen Glauben an sein Können, oder war es Selbstüberschätzung, wagte er sich an alles heran, was nach Reparatur aussah. Nicht immer stand am Ende der Erfolg. Aber als sein Leben beendet war, da begruben wir meinen hochbegabten, allseitig handwerklich geschickten Ehemann.

Dr. Gisela Hunger   Dresden

Ach, das ist ein weites Feld!

Sehr geehrte, lesefreudige Damen und Herren,

Sie haben Interesse an der Literatur. Darüber freue ich mich. Lassen Sie uns fröhlich sein und nehmen Sie teil an meiner kurzen Unterhaltung mit Herrn Fontane:

Sehr geschätzter Herr Heinrich Theodor Fontane,

1884 haben Sie in einem Ihrer Briefe an den schlesischen Amtsrichter und vertrauten Briefpartner Georg Friedländer geschrieben: *„Die große Stadt hat nicht Zeit zum Denken und, was noch schlimmer ist, sie hat auch nicht Zeit zum Glück."* Sie bezogen sich dabei auf Berlin. Sehr wohl kann ich das verstehen, habe ich doch die ersten Jahre meines Lebens in einer sächsischen Kleinstadt verbracht und später im Brandenburgischen gelebt, gearbeitet und jene Städte besucht, in denen Sie Ihre Lebenszeit zugebracht und so vielfältig gewirkt haben. Ich liebe die Natur und die Idylle genauso wie Sie jene in Neuruppin, Swinemünde, der Mark Brandenburg oder andernorts. Und doch sind mir auch große Städte vertraut, in denen ich meine Studienzeit zugebracht habe, die dem Denken und meiner Bildung förderlich waren und in denen ich glücklich war. In Berlin habe ich sogar geheiratet. Dennoch ist das Schicksal ein ambivalentes Ding, orakelhaft und oft undurchsichtig.
Nun haben sich die Zeiten und die Gesellschaftsordnungen wieder einmal geändert. Und doch ähneln alte Themen den neuen wie auch die Verhaltensweisen der Menschen. Berichterstattung wird vielerorts blockiert. In Zeiten der Deutschen Demokratischen Republik war mir das bereits bekannt, denn ich habe es eigens zur Kenntnis nehmen müssen. Konzertkritiken, die ich im Auftrag von Interpreten verfasst hatte, sind von Zeitungsredakteuren zu-

rückgewiesen und nicht zum Druck freigegeben worden, wenn das sogenannte „*demokratische Schwänzchen*" fehlte, wie manche Bürger der DDR es nannten. Es bedeutete, dass am Ende eines Artikels ein Lobgesang auf die Kulturpolitik des sozialistischen Vaterlandes gewünscht und erforderlich war.

Einmal schickte mir ein Mitarbeiter des Berliner Aufbau Verlages ein von mir eingereichtes Skript zu einem Lyrikband mit dem Vermerk zurück „*Ihre Gedichte sind gut. Leider können wir sie nicht drucken. Es fehlt der Bezug zu unserem sozialistischen Staat. Arbeiten Sie an sich und schreiben Sie weiter.*" Das tat ich, und ich danke dem Dresdner Verlag EDITION FREIBERG, der in einer veränderten Gesellschaftsordnung meine Worte nunmehr gedruckt zu Papier und zu den Menschen kommen lässt.

In einer Hinsicht geht es mir allerdings wie Ihnen, sehr verehrter Herr Fontane: Sie haben geschrieben: „*... das einzige bewährte Mittel zum Absatz meiner Bücher – ich muß sie selber kaufen.*" Aber, und auch das sind Ihre Worte: „*Die Welt ist einmal, wie sie ist, und die Dinge verlaufen nicht, wie wir wollen, sondern wie andere wollen.*" Ich versuche fröhlich zu sein, bei allem, was ich tue, wenn auch manchmal bittere Tränen in meinem Leben geflossen sind. „*Luft und Licht heilen ...*" und „*Luft und Bewegung sind die eigentlichen Geheimen Sanitätsräte.*" Diese Ihre Worte mögen sich nicht nur mir, sondern auch der verehrten Leserschaft einprägen und zur Vorsorge für die Gesundheit eines jeden Einzelnen und des Volkes beitragen.

Aus diesen Gedanken heraus entstand der folgende Beitrag. Lesen Sie ihn mit Bedacht und bilden Sie sich Ihr eigenes Urteil. Um einigen noch lebenden Protagonisten und Verantwortlichen auf Grund ihrer fehlerhaften oder schlimmer noch unverantwortlichen Handlungsweise kein seelischen Leid zuzufügen oder zumindest kein schlechtes Gewissen, vorausgesetzt sie haben überhaupt eins, zu hinterlassen, wurden ihre Namen durch Pseudonyme ersetzt.

Mit Hochachtung grüßt Sie herzlich   Ihre Gisela Hunger

Abgewickelt

„Die Kraft eines jeden Volkes liegt in seiner Jugend."
Dieser Satz steht mit großen Lettern an der Eingangsfront des Pestalozzigymnasiums in Dresden-Pieschen. Jedes Mal, wenn ich in den altehrwürdigen Erlweinbau hineingehe, lese ich diese Worte und bei jedem Lesen geben sie mir Hoffnung und Zuversicht, ermuntern mich, dass wir gemeinsam, meine mir anbefohlenen Schützlinge und ich, meine Kolleginnen und Kollegen, die Pädagogen unseres Gymnasiums und anderer Einrichtungen mit Freude fachlich und erzieherisch mitwirken können, diese Kraft zu gestalten. Vor wenigen Tagen nun flatterte mir mit der Post ein Brief ins Haus von Herrn Lamm, dem Landtagsabgeordneten und wirtschaftspolitischen Sprecher der Fraktion einer Partei, die im Stadtrat ein bedeutendes Mitspracherecht hat. In diesem Schriftstück steht unter anderem: *„Die pauschalen Zahlungen für die Kinderbetreuung pro Kind an die Städte und Gemeinden werden ab nächstes Jahr erhöht! ... Dies bedeutet letztendlich eine Erhöhung der Qualität von Schule ..."*
Abgesehen davon, dass es heißen muss „ab nächstem Jahr", weil es sich grammatisch um den Dativ handelt, dachte ich: *„Na endlich, es wird also schulpolitisch besser."* Mein Optimismus erhielt jedoch zur gleichen Zeit einen Dämpfer, der nicht nur bei mir, sondern auch bei „meinen" Kindern und Jugendlichen am Pestalozzigymnasium und sicher auch andernorts Traurigkeit, Unverständnis, Frust, ja, Wut auslöste und unsere Ohnmacht gegenüber dieser Art Demokratie bewusst werden ließ. Nun traf uns eine Nachricht, die eine nahezu groteske Negation der Negation darstellt: Restitution einmal andersherum und doch todgeweiht.

Ab 1910 hatte sich der Dresdner Kommerzienrat Gustav Heinrich Sackmann für Erholungsmöglichkeiten für Dresdner Stadtkinder in gesunder, frischer und klarer, besonders jodhaltiger Luft auf der Nordseeinsel Norderney eingesetzt. 1924 erwarb die Stadt Dresden 3.303 Quadratmeter Fläche, auf der ein Kinderkurheim errichtet wurde, das ausschließlich zur Herberge für jene Dresdner Kinder werden sollte, die der hiesigen sehr schlechten Luft ausgesetzt waren.

Ab dem 8. Mai 1945, dem Ende des Zweiten Weltkrieges, war die Gebietskörperschaft Dresden Eigentümer des Grundbesitzes sowie des Gebäudes. Das Bundesministerium des Innern beauftragte nach dem Krieg zum Glück für die Dresdner Jugend die Deutsche Ausgleichsbank mit der treuhänderischen Verwaltung bis zu dem Zeitpunkt, von dem an die Stadt Dresden wieder handlungsfähig sein würde. Das Ministerium erkannte die DDR-Kommune Dresden nicht als Rechtsnachfolgerin an.

40 Jahre hat sich der nordrhein-westfälische Kreis Wesel um den Erhalt des Schullandheimes gekümmert. Nahezu eine Million D-Mark sind allein nach der Wende vom Kreis Wesel in das Kinderkurheim investiert worden. Die Küche und die Sanitäranlagen konnten auf den neuesten Stand gebracht werden. An dieser Stelle möchte ich stellvertretend für alle Dresdner Kinder, die nach der Wende dank dieser geflossenen Gelder schöne Tage auf Norderney verbringen konnten, den Verantwortlichen in Nordrhein-Westfalen mein Dankeschön aussprechen.

1992 trafen sich der Kreisdirektor von Wesel Dr. Carl Kutsch, der Dresdner Oberbürgermeister Dr. Herbert Wagner und der Dresdner Dezernent für Bildung, Jugend und Sport Jürgen Löffler nach gelungener Restitution von West nach Ost zur Schlüsselübergabe auf Norderney, beseelt vom festen Glauben, dass die Zukunft eine gute Zusammenarbeit bringen wird und dass Nutzungs- und Bildungsrechte auch fernerhin für den Kreis Wesel in Absprache mit dem Hausherrn gesichert sein werden.

Inzwischen sind Jahre vergangen, in denen Pädagogen in vielen außerschulischen Arbeitsstunden für das Regionalschulamt in Dresden pädagogische Konzepte erarbeitet haben, um die Wichtigkeit der erzieherischen und bildungspolitischen Arbeit in ihrer

Vielfalt auf Norderney zu dokumentieren. Biologisch geführte Wattwanderungen und Wissenserwerb über Vogelarten und ihre Fluglinien unter Leitung des Meeresbiologen Dr. Manfred Temme, das Kennenlernen der Arbeit der Seenotretter auf der Station Norderney und des Lebens auf der Insel durch den Besuch des Fischerhausmuseums, Leuchtturmbesteigungen und vieles andere mehr konnte den jungen Menschen in unmittelbarer, einprägender Freiheit an Ort und Stelle vermittelt werden. Auf dem schullandheimeigenen Sportplatz spielten sie Fußball oder nutzten die Turnhalle des Schullandheimes zu weiteren sportlichen Aktivitäten oder bei schlechtem Wetter und in den Abendstunden zu Tischtennisspielen.

Die Leiterin des Schullandheimes Almut Schulz und ihr Team als Angestellte der Stadt Dresden waren stets mit liebevoller Fürsorge für die jungen Leute da. Frische Luft, viel Bewegung und eine vorzügliche Verpflegung haben allen gut getan.

Ebenso haben die Kinder und Jugendlichen des Pestalozzigymnasiums Dresden auf ihre besondere Weise Fröhlichkeit und Gutes, wie zum Beispiel literarisch-musikalisches Erleben sogar mit artistischen Einlagen nach Norderney gebracht. Nicht nur Klassenfahrten, sondern auch Chor- und Instrumentallager wurden im Schullandheim durchgeführt und wir sind in jedem Jahr zur Freude aller im Seniorenheim „Inselfrieden" und im Kinderkurheim „Seehospiz" aufgetreten. Wir haben Theaterkulissen, Kostüme und Instrumente mitgeschleppt, haben im Schullandheim geprobt und keine Mühe gescheut, den Menschen auf Norderney Freude zu bringen, zu ihnen ein Stück Dresdner Lebenskultur zu tragen und auf jugendlich charmante Art und Weise auch vielen Touristen, die in Norderney hauptsächlich aus den alten Bundesländern weilen, durch unser Musizieren auf Straßen und Plätzen das Dresdner Flair nahe zu bringen ... bis ..., ja bis uns der Tatbestand erreichte, dass das Schullandheim der Landeshauptstadt Dresden geschlossen, verkauft, veräußert werden soll.

Seit dem 1. Januar 2003 ist es für die Dresdner Jugend geschlossen. Wo sind die historischen Aufnahmen und gemalten Bilder von Dresden, die im Schullandheim die Wände schmückten und von den jungen Menschen interessiert betrachtet und die Erwachsenen darüber ausgefragt worden sind, geblieben? Wo stehen heute die alten, restaurierten Möbel der 1920er Jahre? Sind sie missachtet, etwa zersägt, verbrannt, vernichtet worden?

Arbeitsplätze wurden wegrationalisiert, denn die deutsche Einheit kostet ja. Alles dreht sich nur noch ums Geld. Schon Fontane schrieb: *„Geld regiert die Welt. Oder auch Geld behält das Feld."* Wer denkt da schon an ethische Werte!? Nicht einmal dieser mein Grabgesang auf das Schullandheim ist erwünscht, sonst hätten die Verantwortlichen der Dresdner Zeitung meinen eingereichten Beitrag darüber gedruckt und nicht die Veröffentlichung desselben im Jahr der Schließung der Norderneyer Einrichtung abgelehnt.

Eine Lebensader wurde durchschnitten. Eine Geschichte, die so hoffnungsvoll begonnen und die einschneidende, gesellschaftliche Umstrukturierung um 1990 überstanden hat, ist zu Ende gegangen, weil es Sachverwalter oder besser Befehlshaber so wollten. Millionen wurden für den Erwerb des Grundbesitzes geboten. Vielleicht will ein Herr Pferdekopf diese Summe in jenen Strumpf stecken, der so viele Löcher hat. Hängt er den „Pferkopp" dann über die Tür, um sinnbildlich zu verdeutlichen, dass sein Geschäft Pleite gegangen ist und er nichts mehr zu vergeben hat? Vielleicht fährt er auch einmal mit seinen Kumpanen in ein Hotel, dorthin, wo einst das Dresdner Schullandheim stand. Zu hoffen bleibt nur, dass die Tankstelle für die Kraft, die der Dresdner Jugend genommen worden ist, ihm nicht eines Tages zum Verhängnis wird oder auch jenes Kraftpotential sich entlädt, das sich in stickiger Luft einer großen Stadt entwickelt.

Dresdner Chormusik in Altenheim

Auszug aus einem Artikel in der sogenannten
„Norderneyer Badezeitung":

„Im Altenheim „Inselfrieden" herrscht immer große Freude, wenn es Musikdarbietungen gibt. Alljährlich kommt auch der Chor des Dresdener Pestalozzi-Gymnasiums ins Haus. Dann wird musiziert und gesungen. Übrigens auch für die Patienten des Rehabilitationskrankenhauses „Seehospiz".
Vor einigen Tagen war es wieder einmal soweit. Rund 30 Schülerinnen und Schüler der sechsten Klassen verbringen seit sechs Jahren auf der Insel eine Schulfreizeit im Landschulheim Dresden. Begleitet und auch unterrichtet werden die Sechsklässler von Gisela und Gerhard Hunger."

Auf die Veröffentlichung der in der Zeitung abgebildeten Fotos muss an dieser Stelle auf Grund der neuen Datenschutzrichtlinien verzichtet werden.

Inselmusik

Täglich nach dem Frühstück wurde instrumental und gesanglich in Gruppen geprobt. Eines Tages, an einem wunderschönen, sonnigen, warmen Vormittag kommt Christiane, eine Schülerin, mit ihrer Geige zu ihrer Musiklehrerin und sagt: „*Es ist so herrliches Wetter draußen und die Luft ist so rein. Bitte schließen Sie die Tür von der Veranda zum Fußweg auf! Ich möchte so gerne im Freien üben. Ich spiele leise und störe niemanden.*"

Der Zugang wurde geöffnet. Doch schon nach kurzer Zeit kommt das Mädchen freudestrahlend zurück: „Soeben ist eine Frau vor mir stehen geblieben und hat gesagt: *„Du spielst aber schön. Wo ist denn deine Mama?"* Da habe ich geantwortet: *„Meine Mama ist in Dresden."* Da hat sie mich bedauert und erwidert: *„Ach, du armes Kind. Du tust mir so leid. Deine Mama muss doch bei dir sein."* Und dann hat sie mir zehn Euro in die Hand gedrückt und ist kopfschüttelnd weitergegangen."

Natürlich durfte die fleißige Geigenspielerin diese Banknote behalten und ihr Taschengeld damit aufbessern. Ähnlich ist es einigen Jungen ergangen, die auf der Promenade in einer kleinen Gruppe ihren Gesangspart ertönen ließen und ihnen daraufhin vorübergehende Urlauber Münzen vor die Füße warfen. Um mit Fontane zu resümieren, auch *„Dies ist ein weites Feld."*

Gertraud Kasten — Dresden

Vom frohen Schaffen

Tief hängen die Wolken. Der Regen schlägt gegen die Fenster an diesem kühlen Märztag im Jahr 1992. Missmutig und depressiv sind so viele Menschen in meiner Umgebung, da bin ich keine Ausnahme.

Theodor Fontane schrieb einmal: *„Wer schaffen will, muss fröhlich sein."* Ob er wohl ahnte, dass man erst dann fröhlich wird, wenn man auch schaffen darf?

Vor mir liegt ein Brief vom Deutschen Wetterdienst Offenbach. Darin lese ich zum wiederholten Mal *„Wir freuen uns, dass Sie sich für die Mitarbeit im phänologischen Beobachtungsdienst des Deutschen Wetterdienstes interessieren und mitarbeiten wollen."*

Ärzte, Imker und viele Menschen benötigen die genauen Daten der Entwicklungserscheinungen im Jahreslauf.
Zuvor beginnt noch eine Schulung, welche dem scheinbar eintönigen Dasein mit einem folgenden Tätigsein ein Ende bereitet. Mein Alltag hat wieder Sinn.
Mit meiner topografischen Karte für zirka fünf Quadratkilometer Waldfläche 174 Meter über dem Meeresspiegel, einem Notizbuch, einem Taschenmesser und festem Schuhwerk geht es los.
Es macht Sinn loszugehen. Einzelne Wolken ziehen am Himmel. Im Januar ist es noch kalt und ungemütlich. Mit kleinen Schritten kommt man seitlich am Hang gut voran. Die Bäume hier verankern sich und bilden dadurch mehr Holz. Man nennt das Reaktionsholz.
Die Wintersonne scheint flach durch die Bäume; still ist's. Ganz entfernt klopft ein Specht. Erstaunlich – aus dem gestürzten Baum vor mir wächst ein kleiner Zweig.

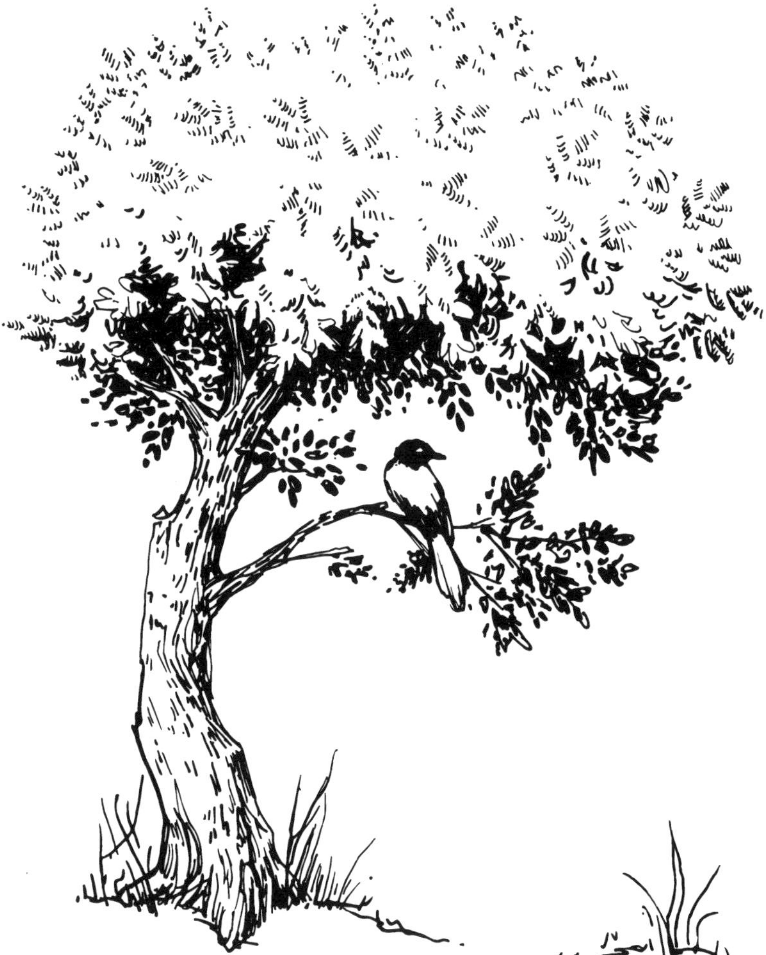

An einem sonnigen, sandigen Platz wächst die Hasel. Ihre männlichen und weiblichen Kätzchen sind schon angelegt. Sie blühen lange vor der Blattentfaltung.
Diese Pollen verursachen tropfende Nasen, entzündete Augen und Hustenreiz. Leider bin ich auch nicht verschont davon.
Imker, Ärzte, Gärtner brauchen diese Kenntnis. Sie erhalten dieselbe über meine schriftliche Meldung an den Deutschen Wetterdienst.
Bis zum Blätterfall werde ich diese hohe Hasel noch öfter aufsuchen.

Insgesamt 36 Arten von Sträuchern und Bäumen sind nun in meiner jährlichen Obhut. Von mir werden 58 Phasen – vom Austrieb, über die Blattbildung, die Blüte, die Reife der Früchte, die herbstliche Färbung bis hin zum Blätterfall – beobachtet und aufgezeichnet. Baumfreundschaften – Birke und Fichte aneinander gelehnt – streben gemeinsam zum Licht. Die Nadelbäume entwickeln Druckholz, das den Baum nach oben drückt. Der Mai-Wuchs der Fichte und Kiefer ist bis zu 30 cm lang.

Ich lege meine Hand an die Rinde einer Eiche, spüre ihre auffälligen Narben von abgestoßenen Ästen.
Ihre Blätter sind teils grau befallen. Unter der Lupe zu Hause entdecke ich Schädlinge. Im Botanischen Garten unserer Stadt hole ich mir darüber Auskunft. Schließlich kann ich anschließend die vorbereiteten Briefumschläge an den Wetterdienst senden.
An den Baumkronen suchen sich Sonnenstrahlen ihren Weg. Winzige Insekten krabbeln langsam und schwerfällig, die Ameisen sind schneller. Käfer, Spinnen, Vögel finden das ganze Jahr Schutz bei der Eiche. Die Jungeichen um die alte knorrige Eiche herum hatten es schwer, sich durchzusetzen. Über die Jahre erhalten auch sie eine dicke Borke, welche sie vor Waldbränden schützt.
Sieht man den Eichenstamm etwas gedreht, ist im tiefen Boden sicher eine Wasserader. Ist ein Baum gespalten, vermutet man tiefe Erdstrahlen oder Blitzschlag.

Im Herbst treiben die Blätter bunt durch den Wald, bevor sie loslassen und zur Erde fallen. Der Wald riecht gut nach Erde und Blättern.

Drei Mal wöchentlich durchstreife ich bei jedem Wetter den Wald, schaue, beobachte, notiere und freue mich. Alles Geschehene konnte ich nicht fassen, fand nur die Anziehungskraft.

In den 24 Jahren neu orientiert fand ich durch diese Tätigkeit Freude, Harmonie, manchmal auch Antwort. Die Jahreszeiten mit ihrem Ineinander-Gehen ähneln uns Menschen.
Einmalig war das Betrachten eines Blattes, das Biegen eines Astes, der nicht bricht.

Dichter und Denker fanden schöne, zarte Beschreibungen und Träumereien. Jeder sollte sie einmal lesen.
Es gilt, die Bäume zu schonen, sie zu pflegen und zu erhalten; sie machen fröhlich und zuversichtlich.
Kinder, Enkel und Urenkel sollen sich noch lange daran erfreuen.

Aufgeschrieben im Mai 2019

Gunter Kießling — Dresden

Auf Posten in der Schorfheide

Meinen ersten Wachaufzug hatte ich Ende Januar. Wie mir vom Gruppenführer mitgeteilt wurde, sollte ich mit nach Dölln. Alles begann mit der Vergatterung auf dem Exerzierplatz. Die Wachmannschaften der einzelnen Wachobjekte waren in Reih und Glied angetreten. Der diensthabende Offizier des Regimentsstabes, meist war es Hauptmann Meyer, gab die Wachschwerpunkte bekannt. Dabei wurden auch besondere Vorkommnisse auf den Wachobjekten oder kriminelle Fälle im Großraum vom Berlin angesprochen. So wurde in meiner Dienstzeit mehrfach auf desertierte Sowjetsoldaten aufmerksam gemacht. In diesen Zusammenhang wurde immer angegeben, welche Munitionsbestände sie mit sich führten. Oft waren das bis zu tausend Schuss, ja sogar Handgranaten wurden von ihnen mitgeführt. Ich selbst habe keinen zu Gesicht bekommen. Vielmals wurden auch „Wachvergehen" angesprochen, welche aus unbeabsichtigtem Schusswaffengebrauch der eigenen Wachkräfte resultierten. So kam es vor, dass beim unsachgemäßen Entladen der Pistolen vom Typ Makarow ein Schuss in den Sandkasten ging. Das wurde dann zum „Vergehen" hochstilisiert und kostete den Verursacher die nächste Beförderung. Nach dieser Einweisung kam es dann zur Vergatterung, welcher sich ein Vorbeimarsch an dem diensthabenden Offizier anschloss. Nach der Parade, die im Exerzierschritt abgehalten wurde, schwenkten die einzelnen Wachen zum Aufsitzen hinter die Mannschaftstransportwagen ein. Auf Kommando „Aufsitzen" kletterte alles auf die Fahrzeuge, und die Motoren der W 50 wurden angeworfen. Dann ging es in Kolonnenfahrt durch Adlershof, Schöneweide und Treptow, bis sich die Fahrzeuge trennten, da ja alle Wachsoldaten in eine andere Richtung mussten. Wir kutschten quer durch Berlin über die Warschauer Straße zur Prenzlauer Allee und weiter auf die Fernverkehrsstraße 109. Im Berliner Norden ging es dann über die Ortschaften Basdorf, Klosterfelde, Zerpenschleuse und Groß-Schönebeck ins Wachobjekt „Groß-Dölln".

Das Objekt lag unmittelbar an der F 109 (jetzt L 100) und war von Wald und See umgeben. Der LKW fuhr auf einer betonierten Straße bis zum Einlassposten. Nachdem unser Wachhabender den Posten das Kennwort genannt hatte, durften wir passieren. Der Posten meldete uns fernmündlich (über Feldtelefon) in der Wache an. Unser Wachhabender begab sich, nachdem wir an einem Flachbau vorgefahren waren, in das Wachgebäude, um die Ablösung vorzubereiten. Nach Austausch der Formalitäten saßen wir auf Kommando vom Fahrzeug ab und rückten ins Wachgebäude ein. Der erste Wachaufzug machte sich sofort fertig und löste unter dem Befehl des Aufführenden die Posten im Objekt ab. Ich selbst sollte erst nach zwei Stunden mit der nächsten Ablösung als Posten aufziehen. Bis dahin musste ich mich als „Neuer" mit den Gegebenheiten des Objektes vertraut machen. Wichtig war dabei, sich den Lageplan des Objektes einzuprägen und schwerpunktmäßig zu wissen, was für ein Objekt zu sichern war.
Genutzt wurde „Groß-Dölln" als Gästehaus der Regierung. Der Vorsitzende des Staatsrates und Erster Sekretär der SED, Genosse Walter Ulbricht, hielt sich mit seiner Frau oft hier auf. Das Objekt, welches ursprünglich als Gästehaus von Görings prunkvollem Jagdschloss Carinhall diente, war in zwei Hauptbereiche unterteilt. Im südlichen Bereich befand sich das Gästehaus, auch kleines Schloss genannt, mit Anbau sowie die PS-Wache, der Schießstand und ein Tennisplatz. Unmittelbar am See stand das Bootshaus, ein Holzgebäude mit Bootssteg. Von hier fuhr Walter Ulbricht mit seiner Ehefrau Lotte oder auch allein im Ruderboot über den See. Dabei wurde er in angemessenem Abstand von einem Boot des Personenschutzes begleitet. Mehrfach sah ich Genossen Ulbricht und seine Frau beim Begehen des „Promenadenweges". Gern saßen sie dann auf einer Bank oberhalb des Großdöllner Sees und ließen die Schönheit der Natur auf sich wirken. In Erinnerung ist auch folgendes Ereignis. Walter und Lotte spielten Federball auf der

Betonstraße, und der Federball blieb im Astwerk eines Baumes hängen. Da nahm Walter den Schläger und warf ihn mehrfach nach oben und fing ihn jedes Mal geschickt wieder auf, bis sich der Ball aus dem Geäst löste. Der schön angelegte Tennisplatz als auch der Schießstand wurden von beiden nicht benutzt. Als Posten hatten wir Weisung, uns möglichst nicht sehen zu lassen. Ansonsten waren wir angehalten, dem Staatsratsvorsitzenden Meldung zu machen. Wie ich von anderen Posten hörte, winkte Walter Ulbricht in der Regel ab, so dass die Meldung unterblieb und der Posten im Stillgestanden verharrte, bis Genosse Ulbricht weiterging. Im nördlichen Teil des Objektes, welcher durch einen Wildzaun vom südlichen getrennt war, standen das Heizhaus, die Wache, mehrere Garagen und das Gewächshaus. Das gesamte Objekt war von einem mannshohen Wildzaun umgeben, der im Frühjahr 68 noch mit einer elektronischen Antenne, welche auf Annäherung reagierte, ausgestattet wurde. Nachts leuchteten elektrische Scheinwerfer die Sicherungsanlage einigermaßen aus. In jedem Postenbereich stand ein Postenpilz zum Unterstellen bei Starkregen. Hier war auch der Kasten mit dem Feldtelefon, von welchem aus die Übernahme der Postenbereiche an die Wache gemeldet wurde, installiert. Im Objekt gab es drei betonierte Straßen, wovon zwei von West nach Ost den Wald durchschnitten und eine von Süd nach Nord die Verbindung herstellte. Eine Besonderheit war, dass sich im Norden außerhalb des Objektes das Wohnhaus des Gärtners befand, welcher durch eine kleine Tür das Objekt jederzeit betreten durfte. Notwendig war es auch, sich mit den vielfältigen Dokumenten, welche das Betreten des Objektes erlaubten, vertraut zu machen. Als erstes gab es sogenannte Freifahrtscheine, bei welchen die Insassen eines Fahrzeuges nicht kontrolliert werden durften. Fahrzeuge mit diesem Ausweis wurden der Wache nach dem Passieren des Kontrollpostens nur fernmündlich über das Feldtelefon avisiert. Die Inhaber von anderen Dokumenten waren dem Wachhabenden zu melden, eine Ausnahme war der Gärtner, welcher entgegen jeglicher Vorschrift nur vom Angesicht kontrolliert wurde. Ein Kontrollposten, so wurde es uns gelehrt, sollte immer drei Merkmale prüfen. Erstens: ist das Dokument für das Objekt gültig. Zweitens: stimmt das Passbild mit der Person überein. Und drittens: hat der Ausweis den richtigen Quartalsstempel. Mehr ist bei einer Personenkontrolle nicht möglich. Im Zweifelsfall sollte die Wache verständigt werden, welche ihrerseits Meldung an die PS-Wache (Personenschutz) machte. Bei meinem ersten Wachaufzug versuchte ich, mir den Verlauf der Postenwege einzuprägen, was mir aber nicht gelang. Schmal schlängelten sie sich entlang der Zäune. In Reihe hintereinander gehend, stolperte man über Baumstümpfe und Wurzeln, immer vorbei an Büschen inmitten des Hochwaldes. Ich stand Turmposten am See. Der Turm war in Holzbauweise auf einer Halbinsel im Süden des Objektes errichtet und sicherte den See weiträumig ab. Im Winter 67 zu 68 war der See durch strengen Frost zugefroren. Auf dem Turm, welcher mit aufklappbaren Glasfenstern versehen war, wirkte die Kälte besonders unangenehm. Obwohl wir im Winter Filzstiefel, Wattekombi und Tschapka trugen, merkte man in den Nächten die Kälte bis auf die Knochen. In einer Nachtwache waren die Minustemperaturen so krass, dass der Tee, welchen uns der Wachhabende in die Postenbereiche brachte, schon im Thermobehälter kalt geworden war. Ich bekam den Befehl, den Postenturm zu verlassen und die Halbinsel als Streifenposten zu sichern. Weiterhin durfte ich die Ohrenklappen der Pelzmütze herunterlassen. Einen derartigen Befehl gab es über die gesamten drei Jahre nicht wieder. Groß-Dölln sollte neben Liebenberg über Jahre hin für mich zum hauptsächlichen Wachobjekt werden. Nach einiger Zeit kannte man jede Gegebenheit aus dem ff. Jeder Weg, jede Wurzel, jeder Baumstumpf waren im Unterbewusstsein registriert. Veränderungen im Postenbereich wurden sofort wahrgenommen. Auch die Bewegungsarten der Tiere lernte man, zu unterscheiden und zuzuordnen. Im Wachobjekt „Groß-Dölln" gab es sieben Postenbereiche. Alle waren mit Einzelposten besetzt. Nicht alle Soldaten konnten sich an den Wald und die Geräusche in der freien Natur, und das besonders bei Nacht, gewöhnen. So zeigte manch einer schwache Nerven, was sich in einer entsicherten Maschinenpistole verdeutlichte. Gestundet war diese Ängstlichkeit Einzelner auch der immerwährenden Argumentation von Seiten der Führung, gegnerische Elemente könnten in die Wachbereiche eindringen oder die Posten direkt angreifen. Einige Witzbolde hatten daraus den Spruch hergeleitet: „Links ein Agent, rechts ein Agent, in der Mitte einer vom Wachregiment." Die Maschinenpistole zu entsichern, war verpönt und schädigte das Ansehen im Kameradenkreis. Auch in unserem Zug hatte ein Genosse die Gewohnheit, seine Waffe regelmäßig zu entsichern. Bei Annäherung an dessen Postenbereich begann die Ablösung, besonderen Lärm zu machen, um aufzufallen. So quakte ein Genosse lautstark: „Quak, quak, quak!" Damit hatte der Genosse Zeit, seine Waffe in aller Ruhe zu sichern. Oft wurden wir auch durch Wachoffiziere hinsichtlich der Wachsamkeit auf die Probe gestellt. Unser Kompaniechef, ein passionierter Jäger, pirschte sich von außen kommend an das Postenbereich an und beobachtete uns mit dem Nachtglas. Im Winter nutzte er sogar einen weißen Umhang, um sich gegenüber den Wachen „unsichtbar" zu machen. Hatte ein Posten ihn bei einer seiner Aktionen erspäht und die Annäherung an die Wache gemeldet, gab es Belobigungen aller Art. Einige Wachhabende warnten aber auch ihre Untergebenen über Rundruf, wenn der Oberleutnant unterwegs war. Das kam besonders dann vor, wenn die Wachhabenden im Objekt von Unteroffiziersdienstgraden gestellt wurden.

In kurzer Zeit war es nach jedem Wachaufzug zur Gewohnheit geworden, eine Kanne Kaffee zu trinken. Im Wachobjekt „Dölln" war der Kaffee besonders vorzüglich. Er wurde vom Koch des Objektes in der kleinen Mitropakanne gebrüht und im Speiseraum voller Genuss zu sich genommen. Nachts ging es danach in den Ruheraum. Die Stiefel blieben vor dem Feldbett stehen. Die Uniformjacke hing über einem Stuhl in Griffweite neben der Schlafgelegenheit, ansonsten blieben die Klamotten am Leib. Aus hygienischen Gründen wurde noch ein eigenes Handtuch unter den Kopf gelegt und schon wurde gepennt. Ich hatte den Schlafzyklus so verinnerlicht, dass ich noch lange nach meiner Dienstzeit nächstens alle drei Stunden kurz aufwachte, aber auch sofort wieder einschlief. Einzelne Genossen konnten sich nicht an diese Gegebenheiten anpassen und bekamen nervliche Probleme. Das ging so weit, dass sie aus dem Wachdienst herausgenommen wurden. Ein Genosse wurde vom Wachhabenden beobachtet, wie er sich während des Postendienstes lautstark mit einer Krähe „unterhielt", indem er der Krähe ein Stück Brot zeigte und rief: „Das bekommst du nicht, dass fresse ich selber!" Der Genosse wurde dann, nach mehrfacher Auffälligkeit, aus dem aktiven Postendienst herausgenommen und nur noch im Innendienst eingesetzt.

Das Haus am See

Im „Haus am See" stand ich mehrfach auf Posten. Dieses Objekt, gelegen am Wandlitzsee in der Ortslage von Wandlitz, wurde nur in Abwesenheit des sowjetischen Botschafters, Genossen Abrassimow, gesichert. Es handelte sich um eine kleine einstöckige Villa mit Terrasse, Wintergarten und Garage. Zum See hinunter führten Wege, unterbrochen von Stufenfolgen. Im Garten war ein kleiner künstlicher Teich angelegt. Zur Seeseite hin gab es einen Bootssteg mit einseitigem Geländer. Das Objekt war mit einem Wildzaun sowie straßenseitig mit Mauersetzungen und Eingangstor abgegrenzt. Um das Haus herum wohnten ganz normale Wandlitzer Bürger. Im Haus zur linken Seite wurde in den Sommermonaten immer bis in die Nacht hinein gefeiert, was man als Posten natürlich ungewollt mitbekam. Eine Episode möchte ich in diesen Zusammenhang berichten. Abrassimow war ein leidenschaftlicher Hobbygärtner. Eines Tages kam ein Kübelwagen der sowjetischen Streitkräfte auf der Straße vor dem Wassergrundstück vorgefahren. Ein Offizier in Begleitung zweier Soldaten meldete sich bei mir. Sie wollten Tomatenpflanzen, welche ihnen ein General aus Potsdam mitgegeben hatte, zum Botschafter bringen. Mir fiel in diesem Zusammenhang aber gleich ein, dass keine unbekannten Personen das Postenbereich betreten und auch keine Gegenstände am oder im Postenbereich abgestellt werden durften. Nachdem mir der sowjetische Offizier sein Anliegen vorgetragen hatte, bat ich ihn zu warten, da ich erst meine Wache verständigen müsse. Das sah er ein und verkrümelte sich mit seinen Leuten in den Geländewagen. Mein Wachhabender gab mir fernmündlich zu verstehen, dass er den Sachverhalt mit der PS-Wache (MfS) abklären müsste. Ungefähr eine Stunde passierte gar nichts, dann dachte ich, nochmals nachfragen zu müssen, was denn los sei, denn der Offizier und seine Mannschaft wurden ungeduldig. Mein Wachhabender tat erstaunt, warum noch niemand bei mir auf Posten angekommen sei. Er versprach mir, sofort nochmals die PS-Wache zu verständigen. Nach kurzer Zeit klingelte mein Feldtelefon und der Wachhabende teilte mir mit: „Die PS-Leute sind zum falschen Posten gefahren, nämlich zur Badestelle, er würde aber sofort jemanden schicken." Inzwischen waren gut eineinhalb Stunden ins Land gegangen. Der sowjetische Offizier ging schon auf der Straße vor der Gartenmauer auf und ab, was mir wiederum peinlich war. Ich zog nur den Riemen meiner Maschinenpistole an und lief im Objektinneren den Gartenweg auf und nieder. Endlich kam der W 50 mit einem Wachhabenden der WR-Wache, einem Unterfeldwebel, vorgefahren. Ich machte Meldung, und der Unterfeldwebel ließ sich vom sowjetischen Offizier nochmals das Anliegen darlegen, um zu dem Schluss zu kommen: im Objekt dürfen keine Gegenstände abgestellt werden. Der Offizier fuhr jedenfalls, ohne mit der Wimper zu zucken, mit den Tomatenpflanzen nach Potsdam zurück. Die neupreußische Gründlichkeit hatte gesiegt.

Am Lankesee

Im Herbst 1969 wurde ich zur Sicherung des Wachobjektes „Liebenberg" eingesetzt. Nach der Vergatterung ging die Fahrt über die Schönhauser Allee nach Oranienburg und von dort weiter nach Löwenberg. Zwischen Neu-Löwenberg und Liebenberg, am Lankesee auf einem größeren Hügel gelegen, stand das Schloss, heute auch Seehaus genannt. Beim ersten Wachaufzug, welchen wir nachts absolvierten, waren wir mit Verstärkung angerückt. Uns wurde mitgeteilt, dass auf dem Schloss ein Treffen von Partei- und Staatsfunktionären stattfand. Unser W 50 passierte nach dem Austausch des Kennwortes den Einlassposten. Dieser schwenkte per Hand ein großes schmiedeeisernes Tor auf. Wir fuhren in einen kleinen Talkessel und saßen ab. Dann ging es im Dunkeln einen Weg mit Holzstufen hinauf zum Wachgebäude. Mit dem ersten Aufzug musste ich raus auf Seeposten. Nach kurzer Einweisung ging es über einen schmalen Pfad hinunter zum See. Mein Postenbereich war in dieser Nacht ein ungefähr 300 Meter langer Knüppeldamm längs des Seeufers. Das Schloss lag hell erleuchtet über mir auf einer Anhöhe. Die Postenübernahme lief reibungslos ab. Ich prüfte das Feldtelefon und meldete die Übernahme an den Wachhabenden. Nachdem die Truppe im Dunkel der Nacht verschwunden war, versuchte ich, mir ein Bild vom zu sichernden Bereich zu machen. Zu diesem Zweck lief ich den Knüppeldamm nochmals ab. Im Süden befand sich die Objektbegrenzung in Form eines Zaunes. Im Westen lag der See, welchen ich von verschiedenen Standorten aus gut übersehen konnte. Über mir, in nordöstlicher Richtung, stand das gut ausgeleuchtete Schloss. Ungewöhnlich war, dass der Postenweg stellenweise durch einen hohen Schilfgrasgürtel ging, was an diesen Stellen die Beobachtung erschwerte. Auch die Geräuschkulisse war eine andere als auf „Groß-Dölln". Nach drei Stunden kam meine Ablösung, ein Genosse meines Zuges, welchen ich schon etwas genauer einweisen konnte als das bei mir der Fall war. Große Wachaufzüge und Festlichkeiten waren, wie ich bald feststellen sollte, auf diesem Wachobjekt eher selten. Das Objekt wurde von Alfred Neumann, dem 1. Stellvertreter des Vorsitzenden des Ministerrates, einem ehemaligen Spanienkämpfer und Mitglied des Politbüros der SED, zur Erholung aufgesucht. Auch der Vorsitzende der Sozialistischen Einheitspartei Westberlins verbrachte hier seine Urlaubstage. Mehrfach erlebte ich, nachdem ich Einlassposten geworden war, dass die Genossen im Kübelwagen zur Jagd fuhren. Immer, wenn sie mit „Beute" beladen zurückkehrten, gab es für das gesamte Personal des Objektes Wild zum Essen. Auch solche

Gesten verbanden uns mit den Genossen aus der Führungsspitze. Wie mir bekannt wurde, soll das Schloss auch den „Reichsjägermeister" und zuvor andere Hoheiten beherbergt haben. Danach hatte es in den fünfziger Jahren die Aufgabe, die zentralen Einrichtungen der Partei mit Grundnahrungsmitteln zu versorgen. Dafür sprechen auch die gärtnerischen Anlagen und die Felder im Osten des Schlosses. Später, so wurde berichtet, war es Erholungsort der Parteispitze. Das Objekt wurde im Regelfall von einem Wachhabenden, dessen Stellvertreter und sechs Mann abgesichert. Die Objektbegrenzungen bestanden aus dem unter Denkmalsschutz stehenden alten Eisentor mit Mauereinfassung an der Südseite. Um das Areal herum zog sich ein Maschendrahtzaun, welcher an Betonsäulen gehaltert war. Im Norden befand sich ein weiteres Tor, welches aber nie geöffnet wurde. Das Schlosspersonal hatte einen Schlüssel für einen kleinen Nebeneingang, hinter welchem sich ein Feldweg in Richtung Liebenberg schlängelte. Die Seeseite war offen. Hier befand sich ein kleines Bootshaus mit Steg, auf welchem eine Holzbank stand. Im Wachgebäude gab es ein Zimmer mit Schreibtisch und Funkgerät für den Wachhabenden. An der Wand hing eine Karte des Objektes und der näheren Umgebung. Ein wuchtiger alter Panzerschrank stand in der Ecke hinter dem Schreibtisch. In diesem befanden sich Kisten mit Munition und Handgranaten. Ein Sonderfach enthielt versiegelte Kuverts mit Anweisungen für besondere Fälle und Vorkommnisse. Der Schlafraum befand sich im Obergeschoß und die Fenster gaben einen freien Blick über den gesamten Lankesee. Die Umgebung, bestehend aus Wäldern, Feldern und See, animierte die Wachmannschaften, sich wie im Urlaub zu fühlen. So kam es mehrfach zu Wachvergehen. Die Genossen aus Erkner, eigentlich Artilleristen, fielen dabei besonders auf. So saßen sie gemeinschaftlich am Lagerfeuer in der Wendeschleife für LKW und hatten alle Posten eingezogen. Als ablösende Mannschaft war man dann in der Klemme. Dann hieß es, Meldung zu machen oder alles auf sich beruhen zu lassen. Die zweite Variante wurde vorgezogen. Hier wirkte das ungeschriebene Gesetz, dass da hieß: „Kein Soldat scheißt einen Soldaten an."

Für die ablösende Wache bedeutete es aber das Risiko von einem Kontrolloffizier beobachtet und zur Meldung gebracht zu werden, oder einen Einbruch ins Objekt nicht wahrgenommen zu haben, auf sich zu nehmen und mit allen Konsequenzen zu verantworten. Das Objekt musste nach einem solchen Vorfall nach bestem Wissen und Gewissen wieder gesichert werden. Dazu waren die unterschiedlichsten Maßnahmen, wie Objektbegehung, Kontrolle der Gebäude (von außen), Kontrolle der Einfriedung der Feldtelefone und der Postenbereiche, notwendig. Dadurch war die Wache über einen bestimmten Zeitraum natürlich nicht voll einsatzfähig. Deshalb hatten wir so manches Mal die Nase voll, wenn wir wussten, eine Einheit aus Erkner war abzulösen. Mir selbst ist es vorgekommen, dass ein Oberleutnant der Artillerie bei der Einfahrt ins Objekt das Kennwort verweigerte.
Ich stand gerade Einlassposten, und der W 50 fuhr die leichte Steigung zum Haupttor empor. Ich trat, nachdem das Fahrzeug hielt, an die Beifahrertür heran und fragte: „Kennwort!" Die Antwort war: „Wenn Du ein Kennwort willst, haue ich mit meinen Leuten wieder ab!" Da ich dem Offizier schon mehrfach begegnet war und von Angesicht kannte, rief ich laut: „Passieren!" und der Mannschaftstransportwagen fuhr, ohne Kennwort, durch das von mir geöffnete Tor. Die ganze Sache war ein Vabanquespiel, aber das ungeschriebene Gesetz tat seine Schuldigkeit, nichts wurde ruchbar.

Heidrun Kligge Dessau-Roßlau

Leb Wohl „Tante" JU 52!

Nun sehn wir dich nicht mehr fliegen.
Jeder kannte dein Gebrumm.
Und nach allen deinen Siegen,
bleibt die Frage uns: „Warum?"

So tauften wir dich „Dessau",
du gehörtest zu unserer Stadt.
Hier wo einst im Flugzeugbau,
deine Wiege gestanden hat.

Drehtest für uns so manche Runde,
kommst fliegend nach Dessau nicht zurück.
Doch bleiben wird uns deine Kunde
und der Erinnerung fernes Glück.

100 Jahre solltest du fliegen.
Ein Unglück änderte den Plan.
Siebenundachtzig sind's geblieben.
Deine Arbeit ist nun getan.

Ohne dich, die Junkers-Feste,
locken Gäste nicht genug.
Denn der Clou, das Allerbeste,
war stets dein sonorer Flug.

Danke, liebe JU 52,
wir vermissen dich nun umso mehr.
Bleibst im Herzen für uns lebendig,
für unsre Kinder, in aller Ehr.

Vorbei ist die Legende nun,
im Museum sollst du ruh'n.
Dort lebt die Geschichte fort,
keiner weiß, an welchem Ort.

Das Bauhaus und ich

Mein Leben ist mit dem Bauhaus eng verbunden. Diese Hochschule der Moderne, welche 1926 hier in Dessau ihre Pforten erneut öffnete, nachdem sie von Weimar hierhergekommen war. Viel wurde an diesem Haus geforscht und entwickelt. Der soziale Wohnungsbau erhielt durch Gropius ein neues Gesicht. Es entstanden in unserer Stadt ganze Siedlungen, in Törten, Ziebigk und Kleinkühnau, die sich auch heute noch großer Beliebtheit erfreuen.
Die „Bauhäusler" suchten für ihren Ausgleich, zur Erholung, Entspannung und für künstlerische Anregungen Anlaufpunkte in der Dessauer Natur. So badeten sie regelmäßig am Rehsumpf, in der Flussbadeanstalt, wo Hugo Junkers ein Badehaus hatte und in der 1930 gegründeten Badeanstalt am Großkühnauer See. Zu Letzterer hatten sie eine besondere Beziehung und liebten die alljährlichen Sonnenwendfeiern. Bauhausdirektor Mies van der Rohe wollte die Badeanstalt erweitern und vergab Entwurfsarbeiten an seine Studenten, im Zusammenhang mit dem großen Siedlungsvorhaben für die Arbeiter und Angestellten der Junkerswerke, zwischen Groß- und Kleinkühnau, Ziebigk und der Siedlung. 1932 lag der Diplom-Entwurf von Noward Dearstyne vor und der Höhepunkt für das Vorhaben „Badeanstalt am Kühnauer See" war der Entwurf von van der Rohe für die Stahlrohrliege (K-Liege). Durch ihr zeitloses, einfaches Design, stellte sie alle bis dahin entworfenen Stahlrohrmöbel in den Schatten, mit achtzehn Varianten, bis zur Patentreife.
Doch die Nationalsozialisten duldeten keine modernen Tendenzen und schlossen die Schule 1932 in Dessau. So wurde das gesamte kreative Projekt verhindert. Später entdeckten noch viele Künstler, wie der Bauhausmaler Carl Marx, Maler Heinz Rammelt, Landschaftsmaler Paul Schwerdtner, Zeichner und Fotografen die Idylle des Sees für ihre Inspirationen.
Gropius ging nach Berlin, später emigrierte er in die USA. Im zweiten Weltkrieg wurde das Bauhaus beschädigt, nach dem Krieg wiederhergerichtet. Aber die Schule hatte keine gesellschaftliche

Bedeutung mehr. Das Gebäude verwaiste in der DDR, der Putz begann zu bröckeln. Anfang der 60er Jahre wurde es sogar bei der Ruhr-Epidemie als Ersatzkrankenhaus genutzt, da die vorhandenen Kliniken nicht ausreichten, für die vielen erkrankten Menschen.
Später in den 70er und 80er Jahren wurde es als Berufsschule genutzt, für gewerbliche Berufe, wie Verkäuferinnen, Köche, Hotelberufe und Kaufmännische Ausbildungen. Ich erlernte hier den Beruf des Sparkassen-/Bankkaufmannes. Im großen vorderen Gebäude hatten wir über dem Restaurant in einem großen Saal Sportunterricht. Die Klassenräume waren in dem Anbau, hinter der Bauhausbühne. Inzwischen war die Straße, die durch das Bauhaus zum Bahnhof führte, einem Platz gewichen.
Nach der Wende kam die Hochschule für Architektur und Design zurück an das geschichtsträchtige Gebäude. Es wurde saniert und es entstanden neue Bauten, die den Hochschulstandort erweiterten. Ich durfte das Bauhaus noch einmal aktiv erleben, in der Zeit, als meine Tochter Sylvia dort Architektur studierte. Ich traf in dieser Zeit intelligente, junge Menschen aus aller Welt, die dem Ruf des Bauhauses gefolgt waren, um hier zu lernen.
Zum Farb-Fest erstrahlt das komplexe Gebäude jedes Jahr in einem ganz besonderen Licht und zieht viele Besucher aus aller Welt nach Dessau.
Leider entstanden auch rechte Tendenzen, die es zu bekämpfen gilt. Niemals darf das Bauhaus wieder gefährdet werden.
Ich habe eine lustige Begebenheit an das Bauhaus in Erinnerung. Es geschah in den 90er Jahren, nach der Wende. Es war gegen 19.30 Uhr, da hielt ein LKW vor dem Bauhaus. Der Fahrer stieg aus, wischte sich mit einem Taschentuch über sein verschwitztes Gesicht und kam auf mich zu. „Wo ist das Bauhaus?", fragte er mich. „Ich suche schon eine ganze Weile und mein Navi sagt, es sei genau hier." Erst sah ich ihn verwundert an. Dann zeigte ich auf das markante Gebäude. „Sie stehen genau davor." Er blickte mich ungläubig an. „Ich muss bis 20.00 Uhr ausliefern, dann schließt der Markt."

Er zeigte mir einen Lieferschein. Ich erblickte das Logo und mir wurde sofort klar. Er suchte den Baumarkt mit gleichem Namen. Ich erklärte ihm seinen Irrtum. Er hatte in sein Navi nur Bauhaus eingegeben. Das hatte ihn natürlich zu unserem Bauhaus geleitet. Ich beschrieb ihm den Weg zu seinem Ziel. Hastig bedankte er sich und brauste los, denn er wollte die Ladung ja noch loswerden. Erst als er außer Reichweite war, musste ich schmunzeln. Sicher würde die Namensgleichheit noch öfter zu Irrtümern führen. Für uns gibt es halt nur das eine „Bauhaus"!

Barbara Kocourek — Freital

Das Kind, das keiner wollte

Renee Lewetid wurde geboren als Sohn eines dünnhaarigen, mäßig begabten blonden Opernsängers und einer jungen Frau ohne Beruf, mit einer Fülle blonder Locken auf dem zierlichen Köpfchen, welches aber außer diesen keine weiteren Vorzüge besaß. Diese Frau verschwand dann auch bald aus dem Leben des kleinen Jungen und des Sängers, welcher in der törichten Hoffnung von einem Termin zum anderen jagte, dass er, gerade er doch einmal die große Karriere machen müsste, dass ihm, und nur ihm die Bühnen der Welt offen stehen würden, wenn er jetzt nur ja keine Gelegenheit verpasste, sich in Erscheinung zu bringen. Der Knabe blieb allein in der verlassenen Wohnung, allein mit einer Barrikade von Spielzeug. Stets verließ der Mann sein Kind mit der Versicherung, er müsse fort, um die Mutter zu suchen, doch brachte er die Mutter niemals mit, wohl aber andere Frauen in größerer Zahl.

Was dachte, was empfand der Dreijährige in den häufig wiederkehrenden Stunden der Einsamkeit? Verpflegte er sich selbstständig aus dem Kühlschrank, zog er sich die Kleidung aus, um sich ins Bett zu legen? Schlief er ein, oder blieb er wach, in Angst und Traurigkeit? Niemand kümmerte sich darum, und ihm blieb keine Erinnerung daran. Die Nachbarn wohnten Wand an Wand und nahmen doch nur den Sänger und seine verschiedenen Besuche wahr, kein Gedanke wurde an den kleinen Jungen verschwendet, der bei jedem zufälligen Klingeln an der Wohnungstür oder des Telefons lautlos weinend in eine Ecke gedrückt lauschte, der nicht wagte, in den Abendstunden das Licht einzuschalten und sich doch im Dunkeln fürchtete. Er war allein und wartete hilflos, er drückte wahrscheinlich irgendein Spielzeug an sich, doch sprach er nicht mit seinen Puppen und Plüschtieren; der dreijährige Renee sprach überhaupt noch nicht, und es war unklar, was er denken mochte. Der Sänger verschloss vor ihm sorgfältig Medikamente,

Streichhölzer und Messer, mit denen der Kleine gar nicht hantieren konnte. Renee starrte in der Wohnung vor sich hin und merkte nicht, dass er am hellen Tag ebenso wenig von seiner Umgebung wahrnahm wie an den dunklen Abenden, sein Sehvermögen war von Geburt an schwach oder hatte nachgelassen, seine Haut war blass und seine großen schönen Augen trübe. Den Frauen des Sängers gefiel er nicht, und einmal sagte ihm eine, die er ernsthaft als Nachfolgerin der Blondlockigen ins Auge gefasst hatte, dass sie dieses Kind nicht wollte; sie stellte ihm ein Ultimatum: er oder ich. Diesen Kampf konnte der kleine Junge nur verlieren, sodass am Ende dieser Frist zwei Mitarbeiterinnen des Jugendamtes in die Wohnung kamen, den Jungen und sein umfangreiches Gepäck mit sich nahmen und alles in einen seltsam violetten Transporter verluden. Am Ende der ziemlich langen Fahrt fiel Renee einer kleinen, rundlichen Frau in die Arme, die ihn abküsste und streichelte und ihn Schnäuzchen und Schnucki nannte. Die Welt, bisher begrenzt auf die Wohnung, die Abends undurchdringlich dunkel und tagsüber verschwommen dämmrig war, erweiterte sich und wurde hell und schön, und nachdem der Kleine die passende Brille erhalten hatte, vermochte er zum ersten Mal die Grashalme auf der Wiese und die Blätter am Baum zu unterscheiden; die Brillengläser waren bedenklich stark, aber er sah .

Noch hatte er sich kaum besinnen können, noch war er fremd und hilflos, doch schon regnete es Forderungen auf ihn herab: Schnäuzchen, Schnucki, ruh dich nicht auf deinen Spielsachen aus, es ist genug zu tun für einen kleinen Jungen – du kannst noch gar nichts; lerne sprechen, male, rechne, du musst in den Kindergarten gehen, willst du denn dort der Dümmste sein?

Er lernte sprechen, er rechnete, malte, er wurde in einem gewaltigen Audi in den Kindergarten gebracht, die neuen Eltern hatten ein Haus, machten mit ihm Flugreisen in fremde Länder, zeigten ihm Sehenswürdigkeiten, die ihn gar nicht interessierten, lehrten ihn schwimmen und fast auch reiten. Der Kleine sah hübsch und klug aus, und die Eltern zeigten sich voll Stolz mit ihrem schönen Kind …

Schön war der Kleine mit seinen dichten blonden Locken und dem zarten Gesichtchen, dem die starke Brille einen Anschein von großer Klugheit gaben. Sie kleideten ihn in wunderschöne Sachen – nur Markenware!! Und so kam der Junge in die Schule. Seine Pflegemutter arbeitete wieder in ihrem Beruf als Krankenschwester, sorgfältig und liebevoll, immer gut gelaunt, und ihre gute Laune übertrug sich auch auf die Patienten, man hatte sie gern. Das war nicht immer so gewesen. Sie konnte keine Kinder bekommen. Sie war bedrückt und verdrießlich gewesen, eine unleidliche, mit dem Schicksal hadernde Frau. Zur rechten Zeit hatte sie den kleinen Renee erhalten, das hübsche, gesunde Kind. Waren sie glücklich? Die kleine, rundliche Frau und ihr Mann, Ingenieur in einem Metallbetrieb, waren glücklich. Sie waren Eltern, sie hatten ein Kind, schon meldeten sie sich für ein weiteres an, ein kleines Mädchen sollte es dieses Mal sein. Große Pläne hatten sie mit ihren Kindern. Leider verzögerte das Jugendamt die Namensänderung, zum Glück war der Sänger Lewetid in diesem Bundesland gänzlich unbekannt. Der Junge ging zur Schule, er war anfangs ein guter, stets ruhiger und unffälliger Schüler, doch stellte sich bald heraus, dass er nicht lesen lernen konnte. Die kleine rundliche Frau büffelte mit ihm und erklärte, bis beide in Tränen ausbrachen, alles umsonst; sie schlug mit der Faust auf den Tisch und schrie: begreif doch, warum verstehst du denn nicht, so lies doch, lies doch!! Sie erreichte nicht alles, was ein Kind in Renees Alter normalerweise beherrschen muss, aber mit ihrem unermüdlichen, gnadenlosen Einsatz erreichte sie, dass er wenigstens in die zweite Klasse rutschte. Eine Weile hatte sie das Gefühl des Erfolges; der Junge war doch nicht dumm, vielleicht ein Spätentwickler, das Lesen kommt schon noch, und alles andere hängt nur davon ab! – Im zweiten Schuljahr war seine Versetzung gefährdet. Die kleine rundliche Frau musterte ihren Pflegesohn nun mit Blicken, in denen nicht mehr die frühere Zuneigung lag. Sie meinte zu sehen, dass der Blick des Jungen hinter den starken Gläsern stumpf und ausdruckslos war. Sie glaubte wahrzunehmen, dass sein Hinterkopf nicht voll ausgebildet war. Was für Anlagen hatte der Junge ererbt, vor allem von seiner unbekannten Mutter? – Renee absolvierte die zweite Klasse im Spezialunterricht mit mäßigem Erfolg, er wurde doch in die dritte versetzt, aber plötzlich ergaben sich auch Schwierigkeiten im Rechnen. Die kleine energische Frau entschloss sich, nicht aufzugeben. Konnte man etwas tun? Man konnte. Renee erhielt Nachhilfeunterricht und kam in die Behandlung eines Kinderneurologen. Er ehielt teure Medikamente, doch die Lernprobleme wurde nicht aus der Welt geschafft. Am Ende des Schuljahres wurde entschieden, dass der Junge eine Förderschule besuchen müsse. Am Vortag seines Wechsels in die Förderschule gaben sie ihn zurück.

Wieder kamen zwei Mitarbeiterinnen des Jugendamtes, dieses Mal mit einem anderen Auto, der Junge war nicht besonders aufgeregt. Das konnte doch nichts bedeuten: oft, wenn er ungezogen oder liederlich gewesen war, hatte ihm die kleine Frau mit dem Jugendamt gedroht, in letzter Zeit besonders oft. Nun waren sie also gekommen, nun nahmen sie ihn mit, aber seine Eltern würden ihn doch bald wieder abholen, er war doch ihr geliebtes Kind, er selber liebte sie, sie würden ihn nicht im Stich lassen …

Alle meinten, ihm sei der Abschied nicht nahe gegangen, so stand es auch im Bericht, der in seine Akte kam. Er trug sein Los tapfer, freilich, es war bitter, er war in ein Kinderheim gekommen, aber ewig konnten sie ihn doch nicht festhalten, seine Eltern würden kommen, seine Eltern hatten ihn lieb, wie konnten sie ohne ihn weiter leben. Sie hatten es selber so oft gesagt, wie sehr ihnen stets ein Kind gefehlt hatte!

Man schüttelte lächelnd den Kopf zu seinen Klagen, aber Besuch erhielt er niemals, er solle sich erst eingewöhnen, die Eltern hätten jetzt auch viel zu tun. Ein andermal war das Auto kaputt, dann musste das Haus repariert werden. Er versuchte seinen Eltern zu schreiben, klägliche Briefe, die seine Pflegemutter ganz gewiss nicht umgestimmt hätten, er erhielt nie eine Antwort. Renee wurde in die vierte Klasse versetzt, schwer fand er sich durch den Unterrichtsstoff, da war es schon besser, erst gar nicht zuzuhören und die Wolken und die Blätter vor den Fenstern zu betrachten.

Allmählich verstand der Knabe, begriff, dass sich seine Eltern von ihm getrennt hatten, dass sie nicht wieder erscheinen würden und aus seinem Leben verschwunden waren wie die blondlockige Frau und der Sänger, dass er allein war, dass das Kinderheim sein Zuhause sein musste, und zwar aus der Sicht des Elfjährigen noch auf endlose Zeit. Verzweiflung ergriff ihn, Angst und Traurigkeit, es belastete ihn schwer, inmitten einer Meute Anderer leben zu müssen, er fühlte sich ausgeliefert. Nicht einmal die Nächte schienen ihm zu gehören, das war am schwersten zu ertragen. Sein Traum war, das Zimmerchen, das er daheim besessen hatte, wieder für sich zu haben, seine wenigen schönen Möbel, seine Spielsachen und Bücher und kleinen Dinge, die nur ihm gehörten und die er sich mit niemandem teilen müsste! Was besaß er hier? Nichts! Nicht einmal das Bett samt Matratze und Decke gewährten ihm die Illusion, geborgen zu sein, auch diese Sachen waren fremd, und nie war er im Schlafraum allein. War das überhaupt auszuhalten? Ein ganzes Leben lang nicht das Recht haben, nicht einmal die Zeit im fest gefügten Tagesablauf erübrigen können, sich irgendwo einzuschließen, um einmal allein zu sein, um etwas zu tun, was keiner sehen sollte – träumen, heulen, nachdenken? Er musste den ganzen Tag immerzu in einem Raum mit einer Horde rücksichtsloser Kameraden verbringen, von denen jeder Einzelne wahrscheinlich die gleichen Träume und Wünsche in sich verbarg. Und auch Nacht für Nacht waren sie zusammengesperrt, und Renee Lewetid lag auf dem fremden Bett wach, sicher nicht als einziger, doch ihr gemeinsames Leid verband sie nicht.

Unvermutet sagte sich ein Interessent an, eine geschiedene Frau, die auch einen Jungen von elf Jahren noch zu sich nehmen wollte, Bedingung mindestens durchschnittliche Intelligenz, normgerechtes Verhalten, nicht allzu hässlich ... Die Zeugnisse der Förderschule waren „verschwunden", als die durch das Jugendamt angemeldete Frau pünktlich erschien. Sie betrachtete aufmerksam den fremden Jungen. Die fehlenden Papiere nahm sie noch nicht zur Kenntnis. Sie hatte bereits einen erwachsenen Sohn, der mit Erfolg das Gymnasium, einen weltberühmten Knabenchor und ohne Schaden

auch den Dienst in der Bundeswehr durchlaufen hatte, er studierte in der Hauptstadt. Die Frau war groß, schlank und attraktiv, doch wirkte sie nicht mütterlich. Sie hätte gern noch einen Jungen zur Karriere eines Knabensoprans geführt; sie redete sich ein, eine neue Lebensaufgabe zu brauchen, einem Kind die Mutter ersetzen zu müssen, und sie hoffte, der Sohn eines Sängers möge begabt genug sein, ihren Traum zu erfüllen. Sie arbeitete auf einem hoch bezahlten Leiterposten, besaß natürlich ein Auto nebst anderem erforderlichen Luxus, hatte gepflegtes Haar und trug ein sorgfältig bemaltes Gesicht zur Schau. Der Knabe sang mit schönem Sopran. Später stellte sich heraus, dass seine Musikalität nur durchschnittlich war, für längere Tonfolgen hatte er kein Gedächtnis. Leicht fiel ihm anfangs das Klavierspiel. Doch kam er nicht über den Fünftonraum hinaus ... und es dauerte lange, viel zu lange, bis er mit Sicherheit die Noten benennen konnte!
Davon noch nichts ahnend, ohne Zeugnisse der Förderschule, nahm sie den Knaben mit. Es war ja bekannt, dass ein Heim in keiner Weise die Intelligenz und Begabung von Kindern fördern konnte; ihr würde das schon gelingen! Man bedenke, was das Kerlchen bereits hinter sich hatte! – Wobei man der eleganten, luxuriös gekleideten Dame gar nicht so genau darlegen wollte, **was** der Sohn des Sängers hinter sich hatte: man unterschlug nicht nur den Besuch der Förderschule und die Lernschwäche, man wusste ja nichts über die ersten Jahre der Einsamkeit und Dämmerung. In die neue Stadt kam er mit viel Gepäck. Das Heim hatte ihn reichlich mit Sachen ausgestattet, denen allen der widerliche Geruch der Vergangenheit anhaftete. Diese Sachen verschwanden bald in den Kleidercontainern, aber die Frau machte große Augen beim Durchblättern der Schulhefte, an diesem Abend schlich sich wohl bereits eine Ahnung vom Kommenden ein ... Die Wohnung war mit Vollkommenheit eingerichtet, das Kinderzimmer auch, den Jungen beschlich Furcht: auch hier nichts Eigenes, auch hier Fremde – doch er wollte sich eingewöhnen, wollte sich Mühe geben, wollte die elegante Frau lieb haben, obwohl er sie bis jetzt eher fürchtete. Sie war freundlich und kühl. Streng. Unnachsichtig. Nichts brachte sie

von ihrer Meinung ab, der Knabe könne dennoch ein guter Schüler werden. Und dann – erst dann – könnte sie ihn lieben.

Es kam nicht dazu.

Es wurde nicht so schlimm, wie es die Frau angesichts der Schulhefte gedacht hatte, es wurde viel, viel schlimmer. Natürlich hatte sie das Kind in einer normalen Grundschule angemeldet, der Bescheid der Schule, dass Renee aus einer Förderschule kam, schockte sie gewaltig. Renee hatte inzwischen mit Mühe und Not die Aufnahmeprüfung für einen bescheidenen Kinderchor bestanden – fast auf den Tag genau zehn Jahre nach dem Soloauftritt ihres damals gleichaltrigen Sohnes im Konzertsaal des Moskauer Konservatoriums. Die Prüfung also schaffte er, nicht jedoch den Verbleib im Chor. Der Zwölfjährige (die Frau verschwieg sein genaues Alter und das doppelte Schuljahr) wurde mit Acht- und Neunjährigen zusammen in der Vorbereitungsgruppe unterrichtet, kurz Babychor genannt. Dort waren seine Ergebnisse befriedigend, nicht jedoch in der Schule. Er wurde ausgeschult und in eine Förderklasse eingegliedert. Auch hier brauchte er Nachhilfeunterricht, er mühte sich ehrlich und verzweifelte fast, und mit ihm die elegante Frau. Oft verlor sie die Beherrschung, wenn er beim Addieren zweistelliger Zahlen mühevoll rechnen musste und das Ergebnis dennoch falsch war, sie fuhr sich mit beiden Händen ins Haar, in ihre lange, gepflegte Mähne, sie schrie, dass er ein Idiot sei, ein Hilfsschüler, ein Blödian, sie hätte ihn am liebsten durchgeschüttelt und verprügelt, ihm die Hefte um die Ohren geschleudert, so machtvoll war ihre Enttäuschung. Sie bereute es längst, den Jungen aufgenommen zu haben. Die Hoffnung, die Kindheit ihres eigenen Sohnes nochmals zu erleben, erfüllt sich nicht. Renee Lewetid war ein vom eigenen Sohn vollkommen verschiedenes Kind. In einem Alter, als ihr Junge in Petersburg und Tokio in der Matthäus-Passion sang, kniete Renee auf dem Fußboden, baute Autos und Häuser und besiedelte sie mit Plastikmännchen. Er las bereitwillig Bücher, wenn es seine Pflegemutter verlangte, obwohl ihm das mühevolle Lesen anstrengte, doch verbesserte sich seine Rechtschreibung durch das Lesen keineswegs, auch drängte es den Jungen niemals, sich durch die Literatur höhere geistige Ebenen zu erschließen. Er las am liebsten Tiergeschichten und Märchenbücher und möglichst immer die gleichen. Renee war ein fröhlicher Junge, der die Misserfolge in der Schule nicht tragisch nahm und auch nicht die Zusammenstöße mit seiner kühlen, ehrgeizigen Pflegemutter, zwar rollten seine Tränen jedes Mal schnell, doch ebenso rasch konnte er wieder lachen, naiv und vertrauensvoll plaudern, die Frau nannte es quatschen und den Jungen infantil … Nichts trübte sein Vertrauen zu den Menschen, er sammelte Freunde um sich, die ihm, obwohl jünger, geistig überlegen waren und hinter seinem Rücken über ihn lachten, er versuchte sich ihre Freundschaft zu erkaufen und schreckte nicht vor kleinen Diebstählen bei seiner Pflegemutter zurück. Er liebte mit Dankbarkeit alle, die ihm Wissen vermitteln wollten, seine Lehrerin wie auch die Musikerzieherin im Chor oder die alte Pädagogin, die ihm Nachhilfeunterricht erteilte, doch durch diese wurde seine Zuneigung nicht erwidert, denn er machte ihnen nicht die Freude des Erfolgs. Er war für alle ein miserabler Schüler, ein Dummkopf und begriffsstutziger Singknabe, dem seine schöne Stimme gar nichts nützte. Renee wusste bereits, dass er aus dem Vorbereitungschor nicht in die Konzertbesetzung übernommen würde, er ahnte auch schon, dass er wieder einmal ein Schuljahr wiederholen müsse und mit dreizehn Jahren in der fünften Klasse sitzen würde, doch wusste er sicherer als dies alles, dass er davon seiner Pflegemutter um keinen Preis etwas verraten dürfe. Dass sie es in jedem Fall erfahren würde, bedachte er nicht. Der Elternbesuch seiner Klassenlehrerin beschwor ein Fiasko herauf. Die kühle, vornehme Frau tobte und schrie, ihr Haar flog wie eine Löwenmähne, sie sah zum Fürchten aus. Der Knabe ließ den Kopf auf den Tisch sinken und begann lautlos zu weinen, er wehrte sich nicht, als sie ihn schüttelte und schlug, ein einziges Mal schluchzte er herzzerreißend auf. Die Frau stutzte. Ließ von ihm ab, verstummte. Im totenstillen Raum vernahm sie eine Stimme: „Mörderin!" – Es war die Stimme ihres Gewissens. Die Frau ging wortlos hinaus.

In der Folgezeit kümmerte sie sich nicht mehr um die schulischen Belange des Jungen. Doch waren ihre Nerven nicht mehr so stark, wie sie vor der Begegnung mit Renee gewesen waren, sie weinte leicht los, starrte oftmals lange vor sich hin, ihr schönes Haar sah nun immer ein wenig ungepflegt und zerzaust aus ... auch im Beruf hatten sie ihre Erfolge und Sicherheit verlassen. Sie hatte keine Freude mehr an diesem Sohn. Sie mied den Blick in sein hübsches Gesicht, dessen Anblick ihr in der ersten Zeit Freude gemacht hatte, in seine freundlichen und scheinbar klugen Augen. Sie fühlte sich – und war es ja auch – betrogen durch die Heimerzieher, die Renee Lewetid beurteilt, die Lehrer, die die Zeugnisse hatten „verschwinden" lassen, die Referenten des Jugendamtes, die ihr alles verschwiegen hatten. Mehr und mehr sah sie Renee wie eine Sache an, die nicht den zugesicherten Gebrauchswert besaß und reklamiert werden musste. Sie ersann Pläne und Gründe, das Kind wieder loszuwerden, und wusste doch, dass sie ihm das nie antun dürfe. Sie besuchte weiter mit ihm Konzerte und Museen, zeigte ihm Bauwerke und Landschaften, doch hatte sie immer das bittere, verächtliche Gefühl, bei dem Jungen kein Echo auf ihre Bemühungen zu finden, weil sein geistiges Niveau zu niedrig war. Sie irrte. Renee war durchaus klug genug und empfand die Gewalt eines Händelschen Oratoriums ebenso wie die Schönheit einer schlichten Volksweise, bewunderte Gemälde und gotische Kathedralen, doch er, der pausenlos „quatschen" konnte, war nicht in der Lage, über seine Eindrücke zu sprechen. Er erhielt Unterricht im Flötenspiel und buchte dies als Erfolg, er konnte etwas, das nicht jeder konnte, auch viele sehr gute Schüler nicht! Und konnte er nicht so schön singen, sicher ebenso schön wie der sagenhafte erwachsene Sohn der Pflegemutter? Die Fünfen in Mathematik störten ihn eigentlich nicht, die Ausbrüche der Pflegemutter schon eher, doch diese war in Bezug auf die Schule bedeutend ruhiger geworden, sie wollte nichts mehr genau wissen, sie unterschrieb wortlos, was er ihr vorlegte, ohne es anzusehen. Nach der Ausgabe des Halbjahreszeugnisses stutzte der Angestellte des Jugendamtes: diese Noten waren für eine Förderschule schlecht. Die elegante Frau rechtfertigte sich nicht, sie erwähnte nichts vom Betrug des Heimes, nichts vom teuren, aber vergeblichen Nachhilfeunterricht und den eigenen Bemühungen, ließ den Eindruck entstehen, den Jungen zu vernachlässigen, sprach ganz unbekümmert aus, dass sie ihn nicht liebe. Sie sagte nichts davon, dass sie ihn zurückgeben wolle, doch lenkte sie das Gespräch bewusst so, dass es der Referent von selber aussprach: ob sie den Schüler Renee Lewetid nicht wieder abgeben wolle. Er sei wohl kein Familienkind. Es gebe solche Fälle, selten, aber doch, Kinder, die besser im Heim aufwuchsen, in einer sie ständig fordernden Gemeinschaft anderer Kinder, ein solcher Fall sei der Junge wahrscheinlich. Die Frau wusste es besser, doch widersprach sie nicht. Sie wartete mit Furcht auf die Stimme ihres Gewissens, doch die Stimme schwieg, und der listige Verstand rechtfertigte sich: **Ich** habe es nicht ausgesprochen, **ich** habe nichts verlangt, **ich** wasche meine Hände in Unschuld! Das Gewissen blieb stumm, das Mitleid auch, der Ärger füllt sie zum Bersten, aber auch der Triumph: es wird glatt gehen. Sie nehmen den Jungen weg, was kann ich dafür? Ich habe getan, was ich konnte! Und vielleicht hat dieser Büromensch wirklich Recht? Der hat doch in solchen Dingen weit mehr Erfahrung!

Der Junge verstand nichts. Er stand allein vor dem dicken Schreibtisch, er hielt sich an der Kante fest und begriff nicht, was hier geschah, was der fremde Mann sagte, warum er ihn so heuchlerisch freundlich anschaute … Er hätte gern den Schreibtisch umgeworfen, er hätte gern geschrien, dass das doch nicht wahr sein könne, dass man ihn wecken solle, dass er so etwas nicht träumen wolle, etwas so Grässliches, das ihm Angst machte – aber er stand und sagte kein Wort, und die Tränen, die ihm sonst immer unpassend schnell flossen, kamen nicht. Sein Gesicht drückte nichts aus, keine Verwunderung, kein Entsetzen, nicht die Frage, die ihn ausfüllte: Was machen die mit mir? Warum redet die Mutter so über mich, warum der fremde Mann? Fort? Zurück? Und warum?

Sie blickten ihn an, wie er schweigend dastand mit seinem unbewegten, hübschen Gesicht unter den schönen blonden Locken, die Frau wagte sogar, in seine Augen zu sehen, die nicht weinten, die

gleichmütig dreinschauten und, wie sie sich einredete, zufrieden. Er weinte nicht, als er seine Sachen packte, auch nicht, als es zum Bahnhof ging – die Frau redete sich ein, den Jungen aus Gewissensgründen selbst ins Heim begleiten zu müssen, sie fand es aber nicht passend, in ihrem großen Auto vorzufahren. Er unterschied mit tränenlosen Augen durch seine starken Brillengläser auch die kleinsten Äste an den kahlen Bäumen und die frierenden Amseln darauf, kam an Kindern vorbei, die sich ihrer Winterferien, wenn auch ohne Schnee, freuten und zu Hause bleiben konnten – zu Hause …!
Er blickte gleichgültig in gleichgültige Gesichter, las eine Weile die Leuchtzeile über dem Bahnhof und dann den Namen der Stadt, zu der ihn der Zug bringen sollte, der Stadt mit dem Heim. Die elegante, freundlich-kühle Frau beobachtete, wie er seine Umgebung wahrnahm, wie er die Amseln zählte und die Leuchtschrift las, wie er am Schild mit dem verhassten Städtenamen vorbei schritt und ruhig neben ihr ging. Sie war erleichtert, dass er so ruhig war, doch auch ein wenig voll Enttäuschung, dass er den Abschied so leicht nahm.
Renee Lewetid erblickte die einfahrende Lokomotive, ihm fiel ein, dass ihm die Pflegemutter eine elektrische Eisenbahn versprochen hatte, falls er versetzt würde, aber er sollte ja nicht versetzt werden; eine Lok wie diese da hätte er vielleicht bekommen. Er nahm seine Brille ab und sah dem Ungetüm entgegen, das jetzt verschwommen, aber noch viel größer war, schon so nahe und doch nur eine formlose Masse … wurde eine Erinnerung wach an seine ersten dunklen Jahre? Sah er, obwohl er jetzt nur Umrisse erkannte, scharf und deutlich den Klotz des Heimes mit drei Reihen höhnischer Fenster? Was dachte, was sah Renee Lewetid, als die lautlos heran rollende Lokomotive den Zug hereinzog, der ihn ins Heim bringen sollte?

Das Fernsehen war sofort zur Stelle und brachte die Nachricht, dass ein zwölfjähriger Junge auf tragische Weise ums Leben gekommen sei, weil er vom Bahnsteig unvermutet aus ungeklärter

Ursache vor die einfahrende Lokomotive gestürzt war. Er hatte unverständlicherweise seine starke Brille abgenommen, ohne die er so gut wie nichts sehen konnte. Ein Unfall, was sonst.

Ein Unfall? – Wirklich ein Unfall?

Jürgen Kögel

Berlin

Wem gehört die DDR?
Skizze

Am 16. Januar 2017 wird in einer Sendung eines öffentlich-rechtlichen Senders die Frage gestellt: "Wem gehört die DDR?" und es wird auf den Wortlaut des Gesetzes verwiesen, in dem es heißt: "Die DDR ist Eigentum des Volkes".

Das ließ eine Idee entstehen, geeignet wofür?

Da ist einer, der kommt auf den Gedanken, dass er als Teil des DDR-Volkes ja Miteigentümer war. Die DDR hatte am Ende ihrer Existenz 16 Millionen Einwohner, also gehörte der 16 000 000 ste Teil der DDR ihm. Vom Grund und Boden (urban, agrarisch bebaut oder beforstet) von Immobilien aller Art, Hotels, Wohnhäuser, Kaufhäuser, Museen, Theater, Kinos usw. usw., Fabriken, Bahnhöfe, Kraftwerke, öffentliche Verkehrsmittel, das alles gehörte zu einem Sechzehnmillionstel ihm. Bis auf einen geringen Prozentsatz an privatem Eigentum gehörte laut Gesetz alles in der DDR dem Volk, war das so genannte Volkseigentum, und das wurde von den Regierenden lediglich verwaltet; von der Reinemachefrau bis hinauf zum Minister und 1., 2. und 3. Sekretär der Partei hatte niemand private Anteile daran.

Nun weiß er, dass nach dreißig Jahren niemand mehr ernsthaft Lust hat, diesen Wert zu errechnen. Fläche, das ist einfach, die Flächen-angabe zur Größe der DDR: 108 333 km², das sind umgerechnet 108 333 000 000 m², dies durch 16 000 000 geteilt, ergibt einen Wert von etwas mehr als 6 000 m² (6777). Aber vieles davon ist Wald und Moor und Heide, und der Wind pfeift darüber hin, und Fabriken und Kinos und Wohnhäuser, was waren die denn wert damals?

Trotzdem - er hat einen guten Freund, einen Anwalt, der ihm zuredet ("lass uns das Ding mal anfahren") - entschließt er sich, die Bundesrepublik Deutschland zu verklagen. Sein Anwalt tritt auf mit dem Argument, seinem Mandanten sei der nach damals geltendem Recht ihm gehörende sechzehn-millionste Teil seines Landes weder aus-gehändigt noch in anderer Form ausgeglichen, dagegen von der Bundesrepublik Deutschland einbehalten und vermutlich anderweitig veräußert worden. Er erhebt als die Mindestforderung für den Kläger: 6000 m² an Grund und Boden.

Nun geht es los. Der Rechtsstaat. Eine Klage ist eine Klage. Wie ist die Rechtslage, sind die damals gültigen Gesetze der DDR heute tatsächlich außer Kraft, waren sie nach dem 3. Oktober 1990 automatisch unwirksam, wurde womöglich damals gegen geltendes Recht verstoßen und und und ...

Ein privater Lustspieleffekt könnte entstehen, indem die Ehefrau des Klägers krass rückwärts gewandt DDR-mäßig tickt: „Die haben uns alles weggenommen, aber dass du bei denen was ersetzt bekommst, das kannst du vergessen" – oder auch krass altbundesrepublikanisch: „Was willst du denn nur noch, seid ihr Ossis immer noch nicht zufrieden? Weißt du, was der zuständige Richter dir erzählt?" – oder sogar beides, eine Ehefrau und eine Freundin, die eine so, die andere so, was die Hauptperson mit gigantischem Humor quittiert.

Die ganze Szenerie sowohl der 90er Jahre als auch der derzeitigen Situation läßt sich hier auf spielerische Weise gnadenlos vorführen. Kein Michael Kohlhaas, vielmehr einer, der sich einen Scherz erlaubt, einen Scherz, der ihm beinahe gelingt – bis auf den Schluss, wo er mit einem Mal wie der große Verlierer aussieht.

Ein besonders schlauer Richter kommt auf eine besonders pfiffige Idee. Im Zusammenhang mit Angelegenheiten, die die hohe Verschuldung der Bundesrepublik Deutschland betreffen (ein Thema, das irgendwann vorher mal ganz nebenbei im Gespräch ist), fällt ihm ein, dass die DDR ja noch bei weitem höher verschuldet war. Und diese Summe läßt sich ja ebenfalls durch 16 Millionen teilen und pro Kopf gegenrechnen, und so kommt es, dass sich unser Mann plötzlich einer Forderung des Gerichtes ausgesetzt sieht, die Summe, sagen wir mal, 350 000 Euro.

Urteilsverkündung. Schnitt.

Maßloses Gezeter beider Frauen. (Die eine: "Hab ich mir doch gleich gedacht. Diese Halunken! Drehen den Spieß einfach um. Und immer gegen uns!

Und die andere: „Hab ich dir doch gleich gesagt. Aber du bist ja zu blöd, dir sowas vorzustellen.")

Und natürlich Berufung. Sein Anwalt empfiehlt, ruhig zu bleiben. Er plädiert, dass Grund und Boden nicht zur Schuldenmasse der DDR gehörten und seinem Mandanten die 6000 m² rechtmäßig zustehen.

Ende halbwegs gut, alles halbwegs gut. Es gibt eine Einigung auf einen Vergleich, die 350 000 € gegen die 6000 m², und im Gerichtssaal kann sich keiner mehr das Lachen verkneifen, Ankläger, Verteidiger, Gericht, die allgemeine Heiterkeit steigert sich allmählich zu einem Höllengelächter, bei dem am Ende niemand mehr weiß, wer über was lacht.

Herausblenden aus dem Gerichtssaal, hoch über die Dächer und immer weiter himmelwärts, bis die Gesamtfläche der Bundesrepublik Deutschland mit der eingemeindeten DDR in ihren Grenzen zu sehen ist. Ist ja aus der Entfernung ein durchaus ansehnliches, interessantes, wohlgeformtes Gebilde, seit die neuen Bundesländer dabei sind.

Birgit Korthals-Bäumle   Dresden

Erinnerungen an Effi

In einem üppig blühenden und von Bäumen und Strauchwerk überwucherten Garten befindet sich ein fast mit Efeu zugewachsenes kleines, in das Grün hineingeduckte Haus. Das dichte, beieinanderstehende Gehölz hält das helle Sonnenlicht ab. Es ist dunkel und geheimnisvoll unter dem Blätterdach. Fast unheimlich, wenn das Laub im Herbst leise raschelnd zu Boden sinkt. Kein Laut ist zu hören, kein Vogel singt. So, als wüssten die Tiere, hier ist kein Platz für Frohsinn.
Ein uralter Mann betritt dieses Grundstück. Nur ein einziges Mal im Jahr und an einem bestimmten Tag kommt er hier her. Heute ist dieser bestimmte Tag, an dem er der Bewohnerin des Hauses seine Aufwartung macht. Kurz sieht er an der Fassade des Hauses hinauf. Hinauf zu einem bestimmten Fenster, an dem sich leicht eine Gardine bewegt.
‚Hineingehen? Nein', denkt er, ‚noch nicht.'
Stattdessen geht er um das Haus herum. Er betritt den Garten. Er läuft auf einem zugewachsenen Pfad bis zum Ufer des Sees. Dicht an dicht steht das Schilf und lässt nur schmale Lücken als Durchblick offen. Ein Steg ragt in den See hinein. An ihm ist ein kleines, einsames Boot festgemacht, das von den Wellen auf und ab bewegt wird.
‚Diese Planken sollten wohl besser nicht mehr betreten werden', denkt er.
Das Wasser gluckert leise, wenn es sich an dem dichtstehenden Schilfrohr bricht. Der uralte Mann steht tief in Gedanken versunken zwischen Wasser und verwunschenem Garten. Eine Schaukel, an einem alten knorrigen Ast befestigt, schwingt quietschend, wie von Geisterhand angeschoben, im böig, kühlem Herbstwind.
Seit dem Tag, als er dieses Haus und diesen, einst sehr gepflegten Garten wieder betritt, peinigen ihn häufig quälende Gedanken.

Der Tod seiner Frau Effi und später der seiner Schwiegereltern gehen ihm sehr nahe. Auch wenn er das nie zugeben kann und schon gar nicht zugeben will, ist es so. Niemand kommt auf die Idee ihm Beistand zu geben oder seine Trauer mitzutragen.

Wegen des damaligen Skandals um Effis Ehebruch und nachfolgender Ehescheidung gibt er sich stets sehr verschlossen, schroff und abweisend. Das lässt andere Menschen ihm gegenüber zum Schweigen bringen. Seines schroffen Wesens wegen, trifft er nur selten jemanden außerhalb seiner Geschäftswelt. Nach der Scheidung waren sie nicht mehr gesellschaftsfähig. Seine Frau geächtet, aus der Gesellschaft ausgeschlossen. Ihm verzeiht die Gesellschaft, seiner Ehefrau Effi niemals. Sie zerbricht daran und stirbt sehr früh an diesen Umständen.

‚Warum war ich, wie ich war? Ich wurde zur Zurückhaltung erzogen', denkt er immer noch verbittert. ‚Männer müssen männlich sein', sagte mein Schwiegervater immer. Der uralte, gebeugte Mann kommt nie auf die Idee sein Verhalten zu hinterfragen.

‚Ich bin ein Mann, ich habe Recht', denkt er mit schmal zusammengezogenen Lippen. Aber! Neuerdings drängt sich ihm eine Frage auf. Sie ist aus Trauer und Einsamkeit geboren. ‚Könnte sich an meinen Leben noch etwas verändern?'

Auch andere Gedanken lässt er nun im sehr hohen Alter inzwischen zu. Nach Effis Tod nehmen ihm seine Schwiegereltern sehr ungern die Erziehung seiner wissbegierigen und lebhaften Tochter Annie ab. Effi verbannen sie wegen des gesellschaftlichen Skandals. Eltern und Kind bringen erst Effis Krankheit und der zu frühe Tod wieder zusammen.

‚Ich kann mein kleines Kind nicht um sich haben. Sie ist der verspielten und noch sehr unreifen Ehefrau zu ähnlich', denkt er. Ihr Äußeres ähnelt der Mutter sehr. ‚Weiber müssen weiblich sein', heißt noch ein Spruch seines Schwiegervaters.

Diese Meinung seines Schwiegervaters über eine Frau ist unvergessen und peinigt ihn.

Nach unserer Scheidung lasse ich Effi um Annies Umgang und Zuneigung betteln. Sie hat zu büßen, schließlich ist ihr Liebhaber wegen dieser längst vergangenen und vergessenen, kurzen Liebe gestorben. Ich habe sie mit dem Kindesentzug für ihren Ehebruch und Verrat an mir und unserer Ehe bestraft'.

Grübelnd fragt er sich: ‚Warum wendet sie sich von mir ab? Warum beugt sie sich nicht der Gesellschaft und deren Pflichten und Anschauungen? Es ist ihre Pflicht und Verpflichtung mir treu zu sein. Egal wie die Umstände sich fügen.'

Seine Grübeleien sagen ihm: ‚Sie geht fort? Fort, nicht nur, weil ich sie von ihrem Liebhaber trennte, sondern auch, weil ich lieblos neben ihr her lebe. Darum zerbricht sie an den Umständen unseres gemeinsamen Lebens und ihrer Schwäche und an der Sehnsucht nach Liebe, die für mich völlig unwichtig, nebensächlich erscheint. Liebe ist Nebensache? – Aber warum tut sie so weh?'

‚Es ist ihr Kind Annie, das sie will. Durch das Kind und den erlittenen Verlust reift sie zur Frau. Das Kind gibt ihr das, was ich ihr vorenthalte. Darum nahm ich ihr alles. Wahrscheinlich auch das Leben. Sie wollte mich nicht mehr oder nie? Am Anfang unserer Ehe ist sie anschmiegsam und voller Hoffnung auf ein zufriedenes Leben an meiner Seite. Voller Vertrauen in mich. Sie ist von mir enttäuscht, und fühlt sich vernachlässigt. Sie sucht und findet für eine kurze Zeit das, was sie bei mir vermisst. Warum kann ich ihr nach dem Tod ihres Liebhabers nicht verzeihen?'

Er kennt die Antworten auf seine Fragen sehr wohl, doch zugeben und anerkennen kann er sie noch nicht. Doch seine Fragen an sich selbst werden immer drängender. Er steht an einem Punkt in seinem Leben, wo Ehrlichkeit zu sich selbst verlangt wird. Zur Notwendigkeit wird.

Er wendet sich vom See ab und lässt sich auf dem Weg zum Haus auf Effis Gartenbank nieder. Auf der Bank liegt eine weiße Rose. Er nimmt sie in die Hand und riecht daran. Der Duft der Rose und die sich leicht im Wind schwingende Schaukel führen seine Erinnerungen weit zurück.

Zurück zu der siebzehn Jahre jungen Ehefrau, die noch ein Kind ist, als er sie als Braut zum Traualtar führt. Sie muss von ihm ungefragt und nicht umworben zu seinem Eheweib werden. Die Heirat wird zwischen ihm und ihren Eltern vereinbart. ‚Effi wird nicht gefragt. Und, wonach soll sie auch fragen? Er begehrt sie wegen ihrer Schüchternheit, ihrem von der Welt abgewandtem Sein und Ihrem verspielten Wesen. Ihrer steten Anpassungsfähigkeit an mich und meinen Bedürfnissen', denkt er.

Ausgelassen verbringt sie mit ihren Freundinnen ihre Zeit im Garten und auf der Schaukel am See. Dort finde ich sie bei meinem Antrittsbesuch vor.

Die Mutter sagt ihr noch schnell: „Heute wird sich dein ganzes Leben von Grund auf ändern. Du gehst eine Ehe ein. Bist gut versorgt und abgesichert."

Effi stimmt zu, findet den vorgebrachten Wunsch des weit mehr als doppelt so alten Mannes, den sie nicht kennt, romantisch.

‚Von der Schaukel weg, wird sie zu meiner Braut', denkt er.

Der mehr als doppelt so alte Mann muss sie unbedingt haben. Sie widerspricht ihm nicht, sondern schaut anbetungswürdig zu ihm auf. Nur seine Meinung zählt. Die Meinung der zukünftigen Braut spielt keine Rolle. Sie hat sich den Wünschen ihrer Eltern und denen ihres zukünftigen Ehemannes zu fügen. Einen Widerspruch wagt sie nicht. Sie hat zu gehorchen, nie eigene Gedanken zu äußern. Sie hat alles hinzunehmen und zu dulden, zu erdulden. So wird sie erzogen, so verhält sie sich.

Sie verstummt und beginnt erst wieder zu leben, als sie ihre Tochter Annie auf dem Arm hält. Nun hat sie etwas, dem sie ihre Liebe geben kann.

In Gedanken hört er ihr Lachen, sieht ihr Strahlen. Tief in Gedanken versunken, sieht er vor sich das zu früh begehrte Mädchen. Er sieht sie mit ihren Freundinnen lebensfroh lachen, unbeschwert plaudern, den Säugling nähren. Dabei ist er ausgeschlossen. Er schließt sich selbst aus. Ist ein stiller Beobachter, der seine Gefühle nicht äußern kann.

‚Das ist vorbei und vergangen. Schluss damit!', sagt er zu sich selbst. ‚Schluss mit den trüben Gedanken. Das Handeln liegt bei mir!'.

Ein ungewohntes Lächeln umspielt seine schmalen, zum Strich gewordenen Lippen. ‚Hätte ich nur damals? Ja was?' Dieser Gedan-

ke des Bedauerns geht ihm neuerdings durch den Kopf. ‚Könnte ich nur etwas ändern?' Der nächste Gedanke ist: ‚Leider?' Heute zum ersten Mal mit großem Bedauern gedacht. Seine Gesichtszüge verschließen sich wieder zu der gewohnt strengen Maske. Keiner soll sehen, wie sehr ihn die Trennung um Ehefrau und Tochter zu schaffen macht. Ihn mit Schwermut erfüllt. So wendet er sich zögernd dem Haus zu.
Dicke Wolken verdecken die Sonne. Nicht nur der Wind lässt ihn frösteln. Er schaut wie nebenbei nach oben. Eine Gardine bewegt sich an einem der Fenster.
‚Ich werde erwartet', sagt er leise zu sich.
Am Fenster steht eine junge Frau. Es ist seine Tochter Annie. Sie wartet auf ihren Vater: ‚Nur einmal im Jahr besucht er mich', sagt sie. Traurige Gedanken erfassen sie. An diesem bestimmten Tag findet er hierher. Gemeinsam trinken sie schweigend ihren Tee. ‚Nur ein einziges Mal im Jahr schaut er mich mit seinen blassblauen Augen an', denkt sie. ‚Sein Mund wird noch schmaler, fast zu einer geschlossenen Linie. Sein distanzierter Blick ruht dann auf mir, bis er sich abwendet und mit mir die wenigen Dinge bespricht, die mich und das Haus und mein Leben in diesem betreffen'. All das geht ihr beim Warten auf diesen fremden Mann, der ihr Vater ist, durch den Kopf. ‚Schade! Es ist schade, dass wir nie zueinander finden konnten? Oder zueinander finden werden?' denkt sie. Schweigend öffnet sie für ihn die Tür und schaut beim Warten auf den Boden.
Der greise Mann läuft zögernd dem Haus entgegen. An der Haustür wird er bereits erwartet. Seine Tochter begrüßt ihn etwas unsicher, zurückhaltend, auf Abstand bedacht. Sie hat es gelernt, ihre Gefühle dem Vater gegenüber zu verschließen, nicht zu zeigen, was sie denkt und fühlt. Ihre Freude über den Besuch will sie ihm nicht offenbaren. Jeder der beiden Menschen behält seine Empfindungen für sich. Grußlos betritt er sonst das Haus. Heute schaut er ihr ungewohnt in die Augen und sagt: ‚Guten Tag, mein Kind!'
Annie erwidert den Gruß vorerst nicht. Das ist noch nie so vorgekommen. Ihr Gesicht erstrahlt. Sie wendet sich ab und beim

Hineingehen sagt sie: ‚Guten Tag. Vater.' Das ‚Vater' folgt zögerlich.
‚Auch daran trage ich Schuld', denkt er. ‚Herzlichkeit liegt mir nicht. Sie wird ihrer Mutter immer ähnlicher', denkt er auf einmal. Ein Gefühl der Trauer greift sehr heftig nach ihm.
Die junge Frau blickt ihm entgegen, lächelt etwas verunsichert. Sie stellt sich eine Frage. ‚Hat er mich überhaupt schon einmal in seine Arme genommen, sich für mich interessiert? Tröstet er mich, wenn ich traurig bin? Schenkt er mir ein Lächeln? Nein, nie! Leider? Wir waren und bleiben uns fremd, waren und bleiben Fremde'.
Die Teestunde verläuft schweigend wie immer. Als Vater und Tochter haben sie sich nichts zu sagen. Dennoch ist heute etwas anders. Der uralte Mann streckt sich und sieht seine Tochter lange an. Ungewohnt fragt er: ‚Begleitest Du mich heute auf den Friedhof und zum Grab deiner Mutter?'
Seine Tochter staunt. Das hat sie nicht erwartet. So kommt ihr nur zögerlich ein schüchternes: ‚Oh gewiss, wenn ich darf?', über ihre Lippen. Dann etwas selbstbewusster: ‚Ja', sagt sie nun mit einem kleinen Lächeln um die Lippen, dass die Augen nicht erreicht. Darin kann er deutlich Trauer erkennen. Zu mehr traut sie sich nicht. Sie fürchtet sich vor einer Zurückweisung.
Ihr Vater erhebt sich und verlässt mit ihr schweigend das Zimmer. An der Tür nimmt die junge Frau noch einen Strauß weißer Lilien auf. Er lässt ein schmales, nur angedeutetes Lächeln erkennen. Er weiß immer, wer diese Blumen auf Effis Grab legt. Heute sagt er auf einmal: ‚Dankeschön!' Er schaut seine Tochter dabei freundlich an. Annie staunt und freut sich. So etwas hat sie bei ihrem Vater nie gesehen und von ihm nie gehört oder erwartet.
Beide betreten den alten Friedhof durch ein schmiedeeisernes Tor, das die Außenwelt abschirmt. Eine breite Allee mit dicht nebeneinanderstehenden Linden führt sie zu einer Grabstelle. Stille, Schweigen und Frieden liegt über diesem Ort.
Der alte Mann setzt sich auf eine Steinbank neben dem Grab. Er sieht Annie bei der Grabpflege zu. Er fragt in Gedanken nur sich selbst: ‚Kann ich noch etwas an meiner Beziehung zu der mir frem-

den Frau am Grab ändern? Oder ist es zu spät?' Über diese, seine Frage, erschrickt er.

Annie harkt das Laub um das Grab, zupft vereinzeltes Unkraut und stellt den Strauß weißer Lilien vor dem Grabstein in eine Vase. Sie liest die Lebensdaten und denkt: ‚Viel zu früh! Sie ist viel zu früh gestorben! Viel zu früh, um für mich zu einer wirklichen Mutter zu werden. Und viel zu zeitig lässt sie mich mit meinem Vater alleine'. Sie erinnert sich an eine viel zu kurze, gemeinsame Zeit mit einer liebevollen Mutter und an ihre viel zu kurze, unbeschwerte Kindheit mit ihr. Der Schatten des Vaters steht dazwischen.

Auch der alte Mann denkt über sein gemeinsames Leben mit der Tochter nach. ‚Ich komme und gehe, wie ich will und finde in meiner Verbitterung keinen Weg zu ihr. Darum wird sie mir mehr und mehr zu einer Fremden. Anfangs besuche ich sie noch bei den Großeltern. Dort merke ich sehr schnell, dass ich nicht unbedingt gewollt bin.'

‚Das Kind weint, wenn du gehst', sagt der Schwiegervater. ‚Sie braucht dich hier nicht.' ‚Dein Besuch belastet das Kind.'

‚Dem Kind fehlt der Vater', behauptet die Schwiegermutter. ‚Bleibe weg, du störst sie! Sie weiß nicht, was sie mit dir anfangen soll.'

‚Die Trennung von dir ist nicht gut für das Kind', sagt die Schwiegermutter.

‚Wir sind zu alt für diese Verantwortung', sagt der Schwiegervater. Und: ‚Was sollen auf Dauer die Leute denken, wenn du dich überhaupt nicht um dein Kind kümmerst? Später kannst du sie in ein gutes Internat geben. Hole sie zu dir ins Haus', sagen an einem Abend Freunde aus der Gesellschaft im Club.

Annie zieht etwas später mit einer Kinderfrau wieder in des Vaters Haus zurück.

Seinen Schwiegereltern ist die Belastung, ein kleines Kind im Haus zu haben, zu viel. Weg vom See und weg von Annies lebensfroher Zeit im Haus ihrer Großeltern.

Damals sagt Annie: ‚Warte auf mich frohes Haus. Warte, bis ich erwachsen genug für dich bin! Dann komme ich zurück und lebe in dir.' So kam es dann auch.

Heute flüstert sie am Grab ihrer Mutter: ‚Mutter, ich vermisse dich!'
Annis Gedanken kommen und gehen. ‚Er lässt mich als kleines Kind in seinem dunklen, alten Haus mit meiner Kinderfrau alleine. Ich fürchte mich darin immer sehr. Erst später, als ich für ein Alleinleben im Haus am See alt genug bin, gehe ich zurück und fühle ich mich im Haus meiner Großeltern wieder wohl.
Dass er sein Haus noch heute bewohnt, erstaunt mich nicht. Nichts hat sich darin verändert. Nichts wurde nach dem Weggehen meiner Mutter verändert. Effis Zimmer und meines ist noch so, wie wir es betreten und wieder verlassen haben.'
Hier am Grab ist sie ihrer Mutter sehr nahe. Hier unterhält sich Annie mit Effi. ‚Meine Mutter ist noch viel zu jung für eine Ehe mit einem viel älteren Mann. Sie ist zwar seine Frau, dennoch für ihn nur dann vorhanden, wenn sie als Ehepartnerin an seiner Seite repräsentieren muss. Dann strahlt sie, dann sieht sie für wenige Stunden und für die Gäste zufrieden aus', denkt Annie.
‚Ansonsten lebt mein Vater sein bisheriges Leben weiter. Ohne sie und seine Tochter zu beachten'.
Annie schaut zu ihrem Vater hinüber. ‚Was geht ihm wohl durch seinen Kopf? Was denkt er?'
Er denkt: ‚Annie ist mir in ihren frühen Jahren immer zu laut und zu fröhlich. Sie will immer Beachtung von mir haben. Sie schweigt nie, sondern läuft auf mich zu und will mir alles erzählen. Das alles vertrage ich nur schwer.'
Es ereilt ihn eine Traurigkeit über eine nicht gelebte Beziehung zu seinem Kind und seiner Frau.
Dasselbe denkt die junge Frau am Grab. ‚Er beachtet meine Mutter genau so wenig wie mich. Das verletzt sie zu tiefst. Sie kehrt in sich. Meine Großeltern kommen eines Tages und holten mich ungefragt ab. Ich lebe mit ihnen gemeinsam im Haus am See. Mein Vater kommt und geht, bleibt eines Tages ganz weg. Nachts weine ich. Weine, um meine Mutter und um meinen Vater, den ich nicht kenne und verstehen kann, aber dennoch brauche und liebe. All das verletzt mich immer noch', denkt sie verbittert. ‚Damit vertreibt er

mich von seiner Seite. Als ich erwachsen werde, hält mich nichts in seinem Haus. Hinaus und zurück in das Haus meiner Großeltern.'
Sie seufzt laut bei ihren Gedanken.
Der alte Mann betrachtet seine Tochter genau. Nun tritt er unbemerkt an das Grab heran. Er schaut sie bedeutungsvoll an.
Auf einmal spürt Annie eine Bewegung hinter sich. Sie schrickt aus ihren Gedanken auf. ‚Was ist?' fragt sie.
Die junge Frau erschrickt. Erschrickt nicht vor dem Mann, der ihr Vater ist, sondern vor dem Anblick, der sich ihr bietet. Eine einzelne Träne rinnt aus seinen Augen. Für was sie steht, kann sie nicht erfragen. Er sagt auch nichts, spricht nicht mit ihr darüber. Sie denkt nur: ‚Vielleicht?'
Er sagt auf einmal laut und deutlich: ‚Ich möchte dir etwas sagen.'

Charlott Ruth Kott Braunschweig

Charlott geht eigene Wege

>Von der Schriftsetzerin zur Freischaffenden Künstlerin<

So muss man leben! Immer die kleinen Freuden aufpicken,
bis das große Glück kommt.
Und wenn es nicht kommt, dann hat man wenigstens,
die Kleinen Glücke gehabt   (Theodor Fontane)

Es ging lebhaft zu, im letzten Schuljahr, in der Volksschule in Leipzig. Eine wichtige Entscheidung für die Mädchen und Jungen der achten Klasse stand an. Eine Mitarbeiterin der Berufsberatung hatte sich für den Vormittag angemeldet. Die Schülerinnen und Schüler sollten sich vorab überlegen, was für einen Beruf sie erlernen möchten, oder vielleicht könnten einige ein Studium beginnen. Der Klassenlehrer und die zuständige Dame vom Amt machten jedoch zuerst den Vorschlag, in den kommenden Wochen, einige Lehrbetriebe zu besichtigen. Wer von den Schülerinnen und Schülern bereits eine Idee hatte, konnte sich in eine der Besichtigungslisten eintragen. Der angekündigte Besichtigungstag kam in nur wenigen Tagen und Charlott besichtigte in einer kleineren Gruppe, die Druckerei und Redaktion der >Leipziger Volkszeitung<. Beeindruckt von der >Schwarzen Kunst<, den Druckmaschinen und den Berichten der Journalisten, fing sie sofort Feuer. Redakteurin wollte sie werden. Die interessierten Jungen und Mädchen wurden nach der Besichtigung des Verlages und der Druckerei, vom Chefredakteur aufgefordert, einen kleinen Artikel mit einem Thema ihrer Wahl, zu schreiben. Charlott war wie immer sofort bei der Sache und schickte eine Woche später ihren ersten, kleinen Artikel an die Redaktion der Zeitung. Sie war vierzehn Jahre alt und wollte wissen, woher der Name des Ballspieles >Völkerball< käme. Der Sportlehrer in der Schule, konnte ihr keine Auskunft erteilen. Sie

und die anderen mitspielenden Jugendlichen waren der Meinung, dass man nicht auf Menschen/Gegner schießen sollte. Dieser Artikel wurde ohne die gewünschte Erklärung veröffentlicht und Charlott zu einer Redaktionssitzung eingeladen. Junge und ältere, weibliche und männliche Personen waren in der Sitzung anwesend. Ab 1951 gab es bei der Zeitung Jugend- und Volkskorrespondenten. Charlottes Interesse war geweckt, sie schrieb weiterhin kleine Artikel. Ihr Berufswunsch >Journalistin< zu werden, stand von nun an fest.
Ihr war inzwischen klar, dass sie zuerst eine Lehre in einem graphischen Betrieb machen müsste. Nach der Schulentlassung wurde sie in Leipzig, im Betrieb >Deutsche Graphische Werkstätten< in der Abteilung >Handsatz<, zur Schriftsetzerin ausgebildet. Der Besuch der >Gutenbergschule< gehörte dazu. In der Ausbildung, im Graphischen Gewerbe, gab es mehr weibliche als männliche Lehrlinge. Weiterhin schrieb Charlott ihre Artikel an die Redaktion der >Leipziger Volkszeitung<. Sie handelte sich dadurch leider im Lehrbetrieb, einige Abmahnungen ein, wenn sie über Missstände im Betrieb geschrieben hatte und diese Artikel veröffentlicht wurden. Es brachte ihr allerdings auch etwas Taschengeld ein, denn es gab von der Zeitung ein bescheidenes Zeilenhonorar.
Als weibliche >Schriftsetzerin< war sie in der DDR anerkannt. Das sollte sich leider nach der Flucht in die BRD ändern.
Mit Mut und den Gesellenbrief in der Tasche, floh sie 1954 über Berlin in die BRD. Für sie war es ein >anderes Land, eine andere Welt<. Sie hatte in der Fremde keine Verwandten oder andere Bezugspersonen und war nun auf sich allein gestellt. Auf eine Nachfrage in der Bahnhofsmission bekam sie den Rat, sich bei den Behörden der Stadt zu melden. Die Wege wurden ihr freundlich gewiesen.
Eine Anmeldung im Ordnungsamt und bei einer Polizeidienststelle war nötig, um in der BRD bleiben zu können. Da Charlott noch nicht volljährig war, wurde sie an das Jugendamt verwiesen. In der BRD war man erst mit 21 Jahren und in der DDR mit 18 Jahren volljährig. Nun wurde ihr erklärt, dass sie einen Betreuer

bekäme. Dieser machte daraufhin ihre Mutter in Leipzig ausfindig. Die Mutter schickte eine vom Notar beglaubigte Bewilligung an das Jugendamt, dass die Tochter allein in der BRD wohnen und arbeiten dürfte.
Ohne diese Einwilligung hätte das Jugendamt die minderjährige Charlott, nach Leipzig zurückschicken müssen. Zuerst kamen die minderjährigen Flüchtlinge in ein Lager hinter der Grenze. Das war natürlich nicht ihr Ziel.

>*Leicht zu leben ohne Leichtsinn, heiter zu sein ohne Ausgelassenheit, Mut zu haben ohne Übermut – das ist die Kunst des Lebens.*<
Theodor Fontane

Der nächste Schritt war der Weg zum Arbeitsamt. Im Gespräch mit einer Beamtin wurde ihr mitgeteilt, dass es in der BRD keine weiblichen Schriftsetzer gäbe. Auch ein Studium könnte Charlott nicht beginnen, da es in dieser Zeit noch kein Bafög gab. Ihr wurde jedoch eine Arbeitsstelle in Braunschweig, als Verkaufshilfe für Obst und Gemüse, angeboten. Was sollte sie machen, um überleben zu können, sie hatte inzwischen ein möbliertes Zimmer gefunden, nahm sie die Arbeit an. November, kaltes Winterwetter, der Verkaufsstand befand sich im Freien, in der Innenstadt von Braunschweig. Das ging nicht lange gut, sie hatte keine Winterkleidung und erkrankte schwer. Nach der Genesung versuchte sie weiter, in den Druckereien eine Stelle zu bekommen.
Endlich, ein Glücksmoment kam unverhofft, das Arbeitsamt bot ihr eine Stelle als Hilfskraft in der Buchbinderei einer kleinen Druckerei an. Sie sagte sofort zu. Gut, dass sie in der Lehrzeit auch als Volontärin in einer Buchbinderei gearbeitet hatte.
Nach einigen Wochen, als in der Druckerei in Braunschweig einmal >Not am Mann< war, konnte sie in der Setzerei aushelfen. Es ging sehr gut und der Chef der Druckerei hatte außerdem Verständnis für ihren Wunsch, ständig in ihrem Lehrberuf zu arbeiten. Er setzte sich für sie ein und empfahl sie der Leitung einer größeren Druckerei, die dringend einen Schriftsetzer benötigte.

Große Freude, die Druckerei >Öding< stellte die Schriftsetzerin, als Gesellin, in der Handsetzerei ein.

In der Druckerei wurden Fahrpläne für die Deutsche Bahn und Telefonbücher gefertigt. Anzeigen, Theaterprogramme, Speisenkarten für Restaurants und vieles mehr musste gesetzt und gedruckt werden. Charlott war nun die erste weibliche >Schriftsetzerin< in Niedersachsen. In einigen Familienbetrieben in der BRD konnten Frauen, inoffiziell als Setzerinnen arbeiten. Die Betriebsleitung und der Leiter der Setzerei waren mit der Leistung von Charlott sehr zufrieden.

Die männlichen Kollegen, bis auf einen sehr netten Schriftsetzergehilfen, wollten allerdings „keine Frau" neben sich an den Schriftkästen akzeptieren, obwohl sie alles schaffte und sogar die großen Plakate setzte. Sie protestierten zum Beispiel, als ein Kollege wegen Auftragsmangels entlassen wurde und Charlott bleiben konnte. Der entlassene, ältere Kollege kam allerdings oft zu spät und trank sein Bierchen während der Arbeit. Seine Schriftsätze sahen danach aus. Der Korrektor in seinem >Glaskasten<, bestückt mit Duden und Wörterbüchern, hatte dann viel zu tun. Charlott bekam oft die kleinsten Schriftstücke, mit der kleinsten Schrift, zum Beispiel Nonpareille (sechs Punkt) zum Setzen zugeteilt.

Das machten die Kollegen nicht gern und sagten zum Abteilungsleiter: „Das soll sie nur machen, sie hat die kleinsten Finger." Sie wurde leider auch regelrecht gemobbt. Die Holzkästen mit den Bleibuchstaben waren sehr schwer, besonders die großen Kästen mit den Plakatschriften aus Holz oder Blei. Die Schriftsetzer müssen für ihre Arbeiten jeweils einen Schriftkasten auf ein Satzregal stellen. Als Charlott um Hilfe zur Aufstellung bat, sagte ein Kollege: „Wenn du das nicht kannst, musst du zuhause bleiben und Hausfrau spielen."

Die Männer in den >Schriftsetzer-Gassen< halfen sich allerdings untereinander, immer bei dem Tragen der Bleikästen.

Nachdem Charlott geheiratet hatte und drei Kinder bekam, fand sie eine kleine Druckerei und konnte dort in Teilzeit, als Schriftsetzerin arbeiten.

Eine Journalistin oder Redakteurin konnte sie durch die widrigen Umstände in ihrem Leben vorerst nicht werden.

Die Skulptur

Steine
farbige, kantige warten –
auf ein Gespräch der Hände

arbeiten am Stein
entdecken, fühlen
ist Leben und Erleben zugleich –
Farben, Formen, Einschlüsse
zeigen den Weg

perlende Töne
hell und dunkel erklingen –
Hammerschläge im Raum

Besessenheit ergreift Körper,
Geist und Seele –
dankbar, erschöpft
um Tag für Tag erneut
mit dem Stein, vereint zu sein

(2.Fassung)

Immer, auch in der DDR, hat sie kleinere Texte und Gedichte geschrieben. Der Wunsch zu Schreiben und zu Malen, war und ist ihr ständiger Begleiter geblieben.
Die Vorbildung in der Gutenbergschule, der Umgang mit Graphik, Farben und Papieren war sehr gut und half bei weiteren Studien im erwachsenen Alter. Auch der Besuch der >ABF< (Arbeiter- und Bauernfakultät) in Leipzig hat sie geprägt.

Selbständig zu sein, als Malerin, Bildhauerin und Buchautorin, dafür musste und wollte sie nie, >Ihren Mann< stehen. Gern war und ist sie eine selbstbewusste Frau. Ihren eigenen Weg zu gehen, hat sie nie bereut. Ihr Motto ist noch immer:

>Jeder neue Weg bringt neue Erkenntnisse<

Sehnen

Sehnen nach Meer und Wind –
Ein Segelschiff am Horizont
Wo komm ich her
Wo geht die weite Reise hin –
Gen Himmel
Fliegt ein Blatt im Wind

Herbst

Blätter benetzt von Tränen der Nacht
fallen leise – sich wiegend im Wind

Dürre Halme raunen Nächtens
auch du – gezeichnet vom Leben
zerrissen, gefärbt
von Sonne und Wind

Er kommt –
lässt fallen die zitternden
Blätter und Früchte
geborgen im Meer der Wolken
Ruft er, der Wind – auch du

Marion Lange   Muldestausee / OT Mühlbeck

Urlaub vor der Haustür

Die Sonne blinzelte mir ins Gesicht, als ich am Sonntagmorgen erwachte. Urlaub müsste man haben, seufzte ich. Aber bis zum Ostseeurlaub waren es noch fünf Wochen. Ich öffnete den Kühlschrank – gähnende Leere. Ich rief meine Freundin Isabell an: „Hey, Isabell, was hältst du davon, wenn wir heute einen Urlaubstag verbringen?"
„Urlaubstag? Wie meinst du das? Wir fahren doch erst in ein paar Wochen an die Ostsee?"
„Nein, nicht an die Ostsee. Wir machen heute Urlaub vor der Haustür. Unsere schöne Goitzsche lädt uns direkt dazu ein."
„Goitzsche? Na, dort kennst du dich ja super aus. Ich habe vieles noch nicht gesehen."
„Dann spring in deine Sachen, wir treffen uns um Zehn an der Trattoria al Faro in Mühlbeck zum Brunch."
„Zum Brunch? Das muss man doch anmelden?"
„Ja, schon, aber für zwei Personen, ist immer etwas übrig."

Kurz nach zehn Uhr saßen wir beide auf der Terrasse dieses italienischen Restaurants. Wir begannen den Tag mit einem prickelnden Prosecco, bevor wir uns Croissants mit Heidelbeermarmelade und andere kulinarische Leckerbissen schmecken ließen. Wir blickten auf den Goitzschesee und schwelgten in Erinnerungen an die Ostsee.
Gegen Mittag hatten wir uns durch das Büfett gefuttert.
„Und jetzt sollten wir uns ein bisschen bewegen", schlug Isabell vor.
„Das machen wir. Wir laufen zum Pegelturm ..."
„Pegelturm, das ist gut. Dort war ich noch nicht oben."
„Dann wird es ja Zeit."
„Du kannst doch bestimmt etwas über den Pegelturm erzählen?"
„Natürlich kann ich das. Im Jahr 1999 wurde mit dem Bau des

Pegelturmes begonnen. Der Pegelturm schwimmt auf der Wasseroberfläche des Goitzschesees. Man erreicht ihn über eine Pontonbrücke, die sich bei steigendem Wasser mit anhebt. Den Auf- und Abgang im Pegelturm erlauben zwei gegenläufige Wendeltreppen. Man hat eine sehr gute Rundumsicht auf den Goitzschesee sowie die Ortschaften Bitterfeld, Friedersdorf, Mühlbeck und Pouch, bei guter Fernsicht sogar bis nach Leipzig. Ich persönlich habe noch nicht bis Leipzig sehen können. Da muss das Wetter besonders schön und klar sein.
Der Orkan Kyrill zerstörte im Januar 2007 die schwimmende Seebrücke zum Pegelturm. Im Jahr 2009 wurde die Seebrücke ähnlich der bisherigen wieder neu errichtet."
„Nun lass uns endlich nach oben steigen, Melanie! Ich bin schon ganz gespannt, ob wir heute bis nach Leipzig sehen können ..."
„Na dann los!"

Während Isabell ohne Probleme die 144 Stufen empor stieg, schnaufte ich ganz schön. Doch oben konnten wir eine herrliche Aussicht genießen, wenn es auch nicht bis nach Leipzig war. Aber der Aufstieg hatte sich echt gelohnt.
Als wir wieder die Wendeltreppe des Pegelturmes heruntergestiegen waren, holten wir uns erst einmal ein Eis auf die Hand und ließen es uns schmecken.
„Und was machen wir als nächstes?" fragte Isabell.
„Wir gehen zur Reudnitz, dem Piratenschiff, vielleicht hat Käpt'n Ingo noch zwei Plätze für uns frei.
„Hallo Ingo, hast du noch zwei freie Plätze?" rief ich dem Käpt'n zu.
„Ja, auf dem Oberdeck ... sind noch ein paar Plätze frei. Habe ich extra für euch frei gehalten!"
„Du hast doch gar nicht gewusst, dass wir heute kommen ..."
„Vielleicht doch?"
Als wir es uns auf dem Oberdeck des Piratenschiffes gemütlich gemacht hatten, ließen wir uns den Wind um Nase und Ohren wehen. Es war einfach herrlich. Wir hörten zu, was Käpt'n Ingo zu

erzählen hatte, bis Isabell auf einmal sagte „Das stimmt jetzt aber nicht, was Ingo gerade erzählt ..."
„Na ja ... ein bisschen Seemannsgarn ist auch dabei."
Der Kapitän erzählte, dass in der Goitzsche-Wildnis der erste Relch gesichtet wurde. „Was Sie haben noch keinen Relch gesehen? Nun das ist so. Vor ein paar Jahren kam eine Delegation aus Schweden an die Goitzsche, und diese Leute haben als Gastgeschenk einen Elch mitgebracht. Dieser wurde dann in die Goitzsche-Wildnis gebracht. Dort hat er ein hübsches Reh kennengelernt, und die beiden haben sich gepaart. Nun – und herausgekommen ist ein kleiner Relch."
Die Gäste auf dem Schiff begannen herzlich zu lachen. Das ist eben Seemannsgarn. Nach anderthalb Stunden war die Seefahrt leider zu Ende, und wir haben viele interessante Neuigkeiten über die Goitzsche erfahren. Aber was war Seemannsgarn und was nicht?

„Na, Isabell, was möchtest du als nächstes sehen?"
„Diese Brücke. Warst du schon dort?"
„Welche Brücke? Ach, du meinst den Bitterfelder Bogen? Na klar, war ich schon dort. Ich habe ja mal in der Stadtverwaltung gearbeitet und da gibt es den Slogan ‚Wir haben den Bogen raus'. Nun bis zum Bitterfelder Bogen ist es ein Stück. Wollen wir uns so ein Tretmobil, wo man neben einander sitzen kann, vom Fahrradverleih holen?"
„Na, wenn das möglich ist ..."
„Wir fragen einfach mal nach."

Etwas ungeschickt haben wir uns schon mit diesem Tretmobil angestellt, aber dann sind wir doch noch in Fahrt gekommen.
Irgendwann sind wir am Bitterfelder Bogen angekommen, und ich konnte wieder mal die Touristenführerin spielen.
„So, meine liebe Isabell, jetzt befinden wir uns auf dem Bitterfelder Bogen auf dem Bitterfelder Berg. Er ist 28 Meter hoch, 81 Meter lang, 14 Meter breit und das Kunstwerk eines Frankfurter Bildhauers.

Die begehbare architektonische Skulptur erinnert an eine große Baggerschaufel aus dem Braunkohlebergbau. Sie soll die erfolgreiche Umwandlung der Region zu einem neuen Technologie- und wissenschaftlichen Forschungszentrum einerseits sowie zu einer nachhaltigen Natur-, Seen- und Freizeitlandschaft andererseits symbolisieren. Zudem ist sie ein hervorragender Aussichtspunkt. Sieh mal dort geradeaus! Was kannst du erkennen?"

„Ist das ... ist das das UNI-Gebäude von Leipzig?"

„Genau, das ist es. Also konnten wir heute doch noch bis nach Leipzig sehen ..."

Wir radelten mit unserem Tretmobil zurück zum Fahrradverleih und gaben dieses ungewöhnliche Fahrzeug zurück.

„Und was machen wir nun?", fragte Isabell wieder. „Gehen dir langsam die Vorschläge aus?"

„Nein", schüttelte ich den Kopf. „Noch lange nicht. Mit so einem Trempelboot bin ich auch noch nicht gefahren. Wollen wir das mal versuchen?"

„Was denn für ein Trempelboot?"

„Na dort vorn an der Marina ... ein Tretboot."

„Du meinst, mit dem Fahrradmobil haben wir schon mal geübt ..."

„Genau." Und schon saßen wir auf dem Tretboot und traten wieder in die Pedale, nur dieses Mal auf dem Wasser, auf dem Goitzschesee.

Wind und Sonne streichelten unsere Gesichter. Wir ließen uns treiben und träumten so dahin. Es war einfach herrlich.

„So langsam bekomme ich Hunger", sagte ich zu Isabell. „Gehen wir zu Andreas in die Seensucht? Ich habe Sehnsucht nach der Seensucht."

„Ja, meine liebe Melanie, wenn das so ist, dann müssen wir wohl dort hin."

Im Restaurant Seensucht hatten wir im Biergarten in einem Strandkorb Platz genommen und in der Speisekarte gelesen, dass

heute Zwiebelkuchen und Federweißer im Angebot sind. Das haben wir uns gleich bestellt. Da kam auch schon Andreas, der Chef des Hauses. „Hallo ihr zwei, Melanie und Isabell ... schön euch zu sehen. Schmeckt es?"
„Einfach köstlich dieser Zwiebelkuchen ..."
„Der ist ja auch selbst gebacken ..."
„Von dir?"
„Nein ... von der Küchencrew."
„Und der Federweißer erst, ich glaube ich muss noch ein Glas bestellen", stellte Isabell fest.
„Immer zu, es ist genug da.", antwortete Andreas.

Als wir gegessen hatten, durften wir die herrliche Atmosphäre genießen, den Blick auf den Goitzschesee, die Reudnitz, die Vineta, all die vielen Segelboote und die kreischenden Möwen. Wir haben alles vor der Haustür.
Unterdessen hatte sich Andreas wieder zu uns gesellt. „Na Mädels, was kann ich euch noch anbieten? Was wollt ihr essen? Trinken?"
„Ich bin so satt, ich mag kein Blatt. Wenn du uns vielleicht ein Taxi rufen könntest?"
„Ein Taxi? Wie seid ihr denn hergekommen?"
„Zu Fuß!"
„Ihr seid gelaufen?"
„Ja, sind wir."
„Dann kommt mal mit, ihr zwei."

Wir sind am Bootssteg angekommen. „Na, was sagt ihr? Mein neues Boot! Taxifahren ist doch langweilig. Ich bringe euch jetzt mit dem Wassertaxi an das andere Ufer, und dann seid ihr fast zu Hause."
Ich bin Andreas gleich um den Hals gefallen, so gut gefiel uns diese Idee mit dem Wassertaxi.
Andreas schipperte uns mit dem Elektroboot, welches er sich extra aus den USA hat liefern lassen, über den Goitzschesee. Es war wunderschön.

Isabell sagte: „Das war ein sehr schöner Urlaubstag."
„Wieso war? Der Tag ist doch noch nicht zu Ende. Wir sind jetzt am Strand, am Mühlbecker Strand! Und was heißt das?"
„Du willst doch nicht etwa baden gehen?"
„Und ob ich das will. Schließlich hat man hier mehrere LKW-Ladungen Sand von der Ostsee hergebracht. Nun komm, hab dich nicht so und ab ins Wasser!"

Das Wasser war angenehm warm, und es machte Spaß, ein paar Runden zu schwimmen.
Die nette Dame von der Strandbar brachte uns zwei Handtücher, die wir dankend annahmen.
Wir tranken Sanddorngrog und beobachteten, wie der glutrote Feuerball der Sonne im Goitzschesee versank – eine einzigartige Idylle.

„Siehst du Isabell", sagte ich, „warum in die Ferne schweifen, wenn das Gute liegt so nah … „
„Ja, ja, der gute Herr Goethe, dein Lieblingsdichter … „

„Das stimmt. Aber Theodor Fontane ist auch nicht zu verachten. Eine Zeile, in einem Gedicht von ihm, lautet: ‚Wer schaffen will, muss fröhlich sein.'
„Dann haben wir heute alles richtig gemacht und können morgen früh frisch und frei in die neue Arbeitswoche starten."

Mai 2019

Astrid Lanzke — Bitterfeld-Wolfen/OT Greppin

*„Wechsel ist das Los des Lebens
und es kommt ein anderer Tag."* — *Theodor Fontane*

Bevor Sie meine beiden Werke lesen und sich fragen, ob sie zum Motto dieser Anthologie passen, möchte ich Ihnen ein paar Gedanken dazu schreiben. „Wer schaffen will, muss fröhlich sein". Wie wahr ist diese Erkenntnis von Theodor Fontane und sie lässt vermutlich keine Zweifel offen.

Geschrieben habe ich die beiden Gedichte in einer Zeit, als ich meine im Haus lebende Schwiegermutter pflegte. Meine Arbeit als Pflegefachkraft gab ich auf. Im Januar dieses Jahres verstarb sie in ihrem Zuhause nach sieben Jahren häuslicher Fürsorge, die mein Mann und ich voller Hingabe leisteten. Die Zeilen, die Sie in meinen Gedichten lesen werden, sind der Spiegel meiner Seele. Es hat mich doch etwas Überwindung gekostet, sie zu veröffentlichen. Wie sich Pflegealltag rund um die Uhr anfühlt, kann nur jemand nachempfinden, der es auf Tuchfühlung erlebt hat.
Dass es an das sogenannte „Eingemachte" ging, Durchhaltevermögen abverlangte, eine Portion Selbstlosigkeit und Liebe zu dem Menschen gehörte, muss ich Ihnen sicherlich nicht weiter beschreiben. Vielleicht sollte es meine Berufung mit all den Entbehrungen sein, um jetzt, in der Zeit danach, die Ungebundenheit und Freiheit ganz anders wahrzunehmen und wertzuschätzen.
Dennoch, ich habe auch schöne, emotionale und positive Erfahrungen gesammelt. Aber ein vergleichbar beschwingtes und normales Leben, wie ich es zu Zeiten meiner Berufstätigkeit empfand, führte ich in diesen Jahren nicht.
Es war geprägt von Aufopferung, Abrufbarkeit, Abhängigkeit und Kompromissen, die eine Familie und vor allem eine Ehe aushalten musste. Zumal noch eines der Kinder relativ klein war.

Das Malen, Kreativität und vor allem die Liebe zum Schreiben schlummerten in mir wie in einem Vulkan, der jedoch nicht zum Ausbruch kommen sollte. Sicherlich gelang es mir auch, den ersehnten Freiraum dafür zu schaffen. Aber ein steter Tropfen höhlt eben den Stein, so, wie der Pflegealltag die körperliche und seelische Erschöpfung mit sich bringt. Und da schließt sich der Kreis zum Motto dieser Anthologie.

Grundsätzlich habe ich sie ja nie verloren, diese Fröhlichkeit. Sie war nur überschattet. Wir sind alles Menschen, die auf den eigenen Zug des Lebens aufsteigen und in unterschiedlichster Weise unseren Stationen begegnen, sie meistern, an ihnen scheitern oder dabei über uns selbst hinauswachsen.

Wir schultern Schicksale, sind überwältigt von glücklichen Momenten, die wir nie vergessen werden und hinterlassen beim Beschreiten unserer Wege Spuren. Ich möchte damit nur sagen, dass nicht für alle Menschen ein geradliniges, einfaches und unabhängiges Leben vorausbestimmt ist. Und nicht alles ist immer änderbar. Doch wer es versteht, das Sein zu akzeptieren, wie es sich für ihn eröffnet, es anzunehmen und Prioritäten zu setzten, der kann am Ende dennoch mit sich im Reinen und vor allem glücklich sein.

Vieles blieb vielleicht unausgesprochen. Doch meine Schwiegermutter und ich waren ein eingespieltes Team mit all den Höhen und Tiefen, die unser Miteinander ausmachten. Offen gestanden fehlt sie mir sehr. Gerade in den letzten Jahren ihres Lebens äußerte sie sich dankbar. Ihre Worte ausgesprochen zu vernehmen, bestärkte mich. Diese innige Kommunikation war emotional und setzte in mir unglaubliche Kräfte frei. Mein Fazit ist rückblickend, alles richtig gemacht zu haben.

Nun möchte ich mein Leben nutzen, um zu lachen, zu genießen und neu zu gestalten. So reisen wir weiter mit dem Zug des Lebens und dürfen auf die nächsten Stationen mit den unbekannten Bahnhöfen gespannt sein. Dabei wünsche ich uns Gelassenheit, den richtigen Blick auf die Dinge, Gesundheit und Stärke, ein heiteres Gemüt und immer Sonne in unseren Herzen.

Denn! „Wer schaffen will, muss fröhlich sein". *Ihre Astrid Lanzke*

Stille Hoffnung

Das Schicksal fügte einst zusammen,
was Konstellationen gegeben.
So zog ein Abschnitt von dannen,
ein neuer trat ins Leben.

Auch wenn ich mich erst nicht darin fand,
war fachliches Handeln intuitiv.
Und wenn mir auch alles gut ging von der Hand,
so war es ein Abseits, das in mir schlief.

Ein Neuland! Ein Monster der Unsicherheit!
Manch Denken und Beistand der Nächsten gebläht.
Verzweifelte Rechtfertigung an die Unwissenheit,
die nur im Ansatz von Pflege versteht.

Untergrabung gesellschaftlicher Sicht,
ein Filz aus Bürokratie.
Selbstloses Handeln bricht mich nicht,
die Stärke wächst und auch Diplomatie.

Des aufrechten Partners sicherer Stand,
der Existenz gewährt,
so profitiert ein ganzes Land
und reich bleibt unversehrt.

Dennoch, wenn auch die Nerven ziepen
und die Substanz nach Auszeit schreit,
wenn Zeitfenster sich enger schieben
und kaum ersehnter Freiraum bleibt.

Dann dräng ich die Anerkennung zurück,
dass auch vom letzten Ich-Narzisst
gerecht gerichtet wird sein Blick,
wie wertvoll diese Arbeit ist.

Sie sieht mich nicht

Am Morgen ein knittriges Gesicht,
oft keine Geste, nur stilles Klagen.
Ihr Lächeln fehlt, sie sieht mich nicht,
kein „Guten Morgen" hör ich sie sagen.

Und mit all meiner Emotion
und Verständnis für ihr altes Sein,
trauert meine Seele schon,
doch ich geh auf sie zu und lass mich auf sie ein.

Bei allem Handeln bin ich sanft und nett,
doch sie schaut oft vorbei und ins Leere.
Sie sieht mich nicht, aus ihrem Pflegebett,
kämpft mit dem Leid und ihrer Misere.

Ich räume ihr ein, Individualität
und lasse ihr Freiraum für ihr Sinnieren.
Suche dabei meine Priorität,
um alles mit Freuden zu kompensieren.

Struktur verschiebt sich nach Hinten hinaus,
mein eigenes Leben richtet sich nach ihr aus.
Durch ihre Belange, viel Zuspruch und Pflege,
zwei Haushalte führen, Wäsche, Einkauf und Wege.

Friedhof, Ärzte, vor ihr residieren,
Mahlzeiten, kochen und sie motivieren.
Verrat! Aus Missgunst, in eigenen Reihen.
Kann nicht so wie früher mehr gedeihen.

Immer bin ich in der Pflicht,
ich mache es gern, doch sie sieht mich nicht.
Es werden die anderen, wenn sie kommen,
spürbar merklich wahrgenommen.

Bin unflexibel, bereichere mich nicht.
Bin immer da! Doch sie sieht mich nicht.
Oft, am Ende von so manchen Tagen,
in ihrem dankbaren, wohligen Ruh'n,
rüge ich mich meiner Geistesplagen
und würde es doch immer wieder tun.

Ilka Lenz — Berlin

Der gemeine Holzbock

„Wer schaffen will, muss fröhlich sein."
So lautet eine Zeile aus einem Gedicht von Theodor Fontane.
Das ist wohl wahr. Wahr ist aber auch: ... und wer fröhlich sein will, muss gesund sein. So habe ich diese Aussage meinem persönlichen Schicksal angepasst.

Ich möchte darüber berichten, wie man trotz schwerer Krankheit, die jeden mal ereilen kann, wieder zur Fröhlichkeit zurückfindet:

Im September 1997 wollte ich mit dem Auto von Frankfurt-Main nach Rüsselsheim fahren.
Dies ist nur zirka eine halbe Stunde Fahrtzeit.
Ich wohnte und arbeitete damals in Frankfurt/M., während Herbert, mein Mann, in Rüsselsheim im Haus seiner Mutter wohnte. Er arbeitete im Schichtdienst bei der Aero Lloyd am Flughafen. So entwickelte sich unsere spezielle Lebensweise zu einer Art Wochenendehe, die ich gerade antreten wollte.
Als ich gegen Abend losfuhr, deutete nichts darauf hin, dass dieser Tag in einer Katastrophe enden würde, nämlich in einem Krankenhaus und mehreren Fehldiagnosen.
Das Wetter war freundlich und ich hatte nicht die geringsten Beschwerden irgendwelcher Art.

Es geschah von jetzt auf gleich, mitten beim Autofahren, auf halber Strecke, in der Höhe des Rhein-Main-Flughafens. Ich merkte plötzlich, dass meine rechte Seite nicht mehr funktionierte. Ich konnte meinen rechten Arm nicht mehr lenken und somit auch nicht das Auto. Ich fuhr wie gelähmt immer geradeaus. Im linken Augenwinkel sah ich das Flughafengebäude vorbeiziehen, auf der rechten Seite sah ich das Schild zum Abbiegen nach Rüsselsheim.

Ich konnte aber nicht abbiegen, weil ich nicht schalten konnte oder sonst was. Hinter mir sah ich im Rückspiegel, dass andere Fahrer einen Bogen um mich machten. Vermutlich fuhr ich doch nicht ganz gerade, sondern schlenkerte. Ich war längst an meiner Abfahrt vorbei, als es mir gelang, dennoch von der Autobahn abzufahren. Ich wusste nicht wo ich war, wollte nur noch anhalten, was mir trotz eingeschränkter Bewegung irgendwann gelang.

Ich stand auf einer Landstraße und konnte sogar aussteigen. Ich habe versucht, andere Autos anzuhalten, um mich nach dem Weg nach Rüsselsheim zu erkundigen. Erst jetzt bemerkte ich, dass die Sprache weg war. „Wo geht's denn nach Rüsselsheim?" brachte ich nicht über die Lippen. Die Leute, die mich sahen, guckten etwas erschrocken und fuhren weiter.

Ich weiß nicht, wie viele Stunden ich dort gestanden habe. Ich erinnere mich an einen Mann, der öfters ganz langsam an mir vorbeifuhr und glotzte und manchmal grinste. Er konnte die Situation nicht einschätzen, wie auch! Möglicherweise dachte er, ich suche Kundschaft oder wäre einfach nur irre. Dennoch glaube ich, dass dieser Mann irgendwann in der Nacht die Polizei gerufen hat, die mich dann abholen ließ. Mein Auto mit meinem Rucksack und meinen Papieren blieb aber noch tagelang dort stehen.

Die Polizei brachte mich ins Rüsselsheimer Krankenhaus. Der dortige Nachtarzt meinte, ich hätte eine Psychose und schickte mich weiter in das Psychiatrische Krankenhaus Phillipshospital, im Volksmund auch „Klappsmühle Goddelau" genannt.

Dort schickte man mich weiter nach Frankfurt-Main in die Psychiatrie der dortigen Universitätsklinik, denn ich hätte ja ein Frankfurter Kennzeichen und würde somit nach dort gehören.

Ich erinnere mich lückenhaft daran, dass ich im Krankenwagen, rückwärts liegend, also gegen die Fahrtrichtung, an Beinen und Armen angeschnallt, von Goddelau nach Frankfurt verbracht wurde, wobei ich mich die ganze Zeit über heftig gewehrt haben soll, in dem ich an den „Fesseln" strampelte und zerrte.

In der Uniklinik angekommen, wusste man nicht so recht, was man mit mir anfangen sollte.

Auf jeden Fall bekam ich unverzüglich eine Einweisung in die geschlossene Abteilung für sechs Wochen – dagegen konnte ich gar nichts machen.
Ich erinnere mich dunkel daran, dass viele Leute staunend um mich herum standen. Auch das Personal war unsicher, was mit mir los sein könnte.

Dann hatte ich großes Glück im Unglück. Ein Arzt aus dem Nachbarhaus, der Neurologie, war zufällig im Haus der Psychiatrie. Man rief ihn herbei, um mich anzusehen.
Dies tat der Neurologe, dem ich eigentlich alles weitere zu verdanken habe.
Er gab mir einen Zettel und Stift und bat mich, meinen Namen zu schreiben. Das konnte ich tatsächlich. Er sagte so was wie: „Die Frau kann nicht sprechen, ich nehme sie mit in die Neurologie."
Nachträglich bin ich sicher, dass dies meine Rettung war. Ich wäre aus der geschlossenen Psychiatrie nicht mehr rausgekommen. Vermutlich hätte ich falsche Medikamente erhalten und wäre dort verelendet oder so.
Ich weiß noch, wie ich endlich in der Neurologie mein Bett bekam. Ich war völlig erschöpft. Der freundliche Krankenhelfer sagte mir, dass er gewarnt worden sei. Er solle mich gut fixieren, denn ich würde toben. Er würde mich aber nicht anschnallen, denn er halte mich für friedlich.

Am nächsten Morgen war die Sprache teilweise wieder da, aber zunächst nur auf Englisch.
Ich plapperte auf Englisch, so dass mich die Schwester fragte, ob ich Engländerin sei, was ich verneinen konnte. Dann kam die Sprache wieder, wenn auch sehr lückenhaft. Ich habe völlig neue Wortschöpfungen hervorgebracht, die eher komisch waren.
Nun wollte man meinen Mann ausfindig machen. Ich konnte mich weder an die Telefonnummer noch Adresse meines Mannes erinnern. Ich konnte nur sagen, dass er am Flughafen arbeite. So hat man ihn dann auch gefunden.

Sie teilten ihm mit, dass seine Frau „nicht bei sich" sei und wo er mich finden würde. An seinem Gesicht konnte ich erkennen, dass ich wohl etwas verfremdet wirkte.

Mit der Zeit amüsierte er sich aber über meinen Wortsalat und meinte, ich sei keine kranke Kranke, sondern eher eine lustige.

Später hatte ich noch öfter Besuch, der sicher auch zur Genesung beigetragen hat. Mein Bruder aus Helmstedt mit Frau kamen angereist, auch Franz, ein ehemaliger Kollegfreund, inzwischen selbst Arzt und viele andere.

Nach einer weiteren Fehldiagnose, einer Herpes-Encephalitis, ging es aber deutlich aufwärts.

Es blieb letztendlich bei einer Gehirnentzündung, also einer Herdencephalitis, deren Ursache aber niemals aufgeklärt werden konnte.

Erst wurde ich antibakteriell behandelt. Als die Werte danach noch schlechter wurden, ging man von einer Virenerkrankung aus. Die Medikation wechselte noch ein paar Mal.

Tatsache war, dass ich im selben Jahr, im März, mir eine Malaria Tropica in Madagaskar, wohin ich regelmäßig reiste, eingefangen hatte. Diese wurde erst zirka sechs Wochen nach meiner Rückkehr durch Fieber, Schüttelfrost und Nackensteife entdeckt. Ein Frankfurter Tropenarzt hat mich mit einer hohen Dosis Resochin behandelt, was auch schnell geholfen hat.

Möglicherweise haben sich aber gleichzeitig noch andere Viren eingeschlichen, die nicht behandelt wurden und bislang im Körper schlummerten.

Eine andere Möglichkeit der Ansteckung mit einem Erreger hätte auch Baden im verschmutzen Wasser gewesen sein können, denn ich war in der entsprechenden Zeit mal im Plötzensee, Berlin, baden und habe Wasser geschluckt.

Eine dritte, und die wahrscheinlichste Möglichkeit, wäre eine Spreewaldzecke bzw. ein „gemeiner Holzbock" gewesen.

Denn im August des Jahres war ich mit dem Auto von Berlin nach Dresden gefahren und hatte im Spreewald eine Pause eingelegt. Ich

hatte im Gras gelegen und auch einen Stich verspürt, woraufhin ich aufgesprungen war. Ich hatte aber keine Zecke/keinen Holzbock gesehen.
Hinzu kam, dass ich bereits in Madagaskar schon mal einen gemeinen Holzbock in der Fußsohle lange mit mir herumgetragen hatte. Zusammenfassend bin ich daher der Meinung, dass es wohl tatsächlich eine infizierte Zecke bzw. ein besonders „gemeiner" Holzbock war, der das Unheil ausgelöst hat.

Im Krankenhaus wollte ich nach drei Wochen endlich wieder raus. Mein Arzt wollte mir eine Reha-Kur anbieten und sagte:
„Na, ich brauche Sie ja gar nicht zu fragen, ob Sie in Kur wollen, Sie wollen zurück zu Ihrer Arbeit."
Das stimmte. Ich leitete damals eine Senioren-Begegnungsstätte und wollte die versprochene Busfahrt nicht verpassen.
Der Arzt wollte es kaum glauben und meinte: „Sie sind mir ein Rätsel. Vor ein paar Wochen kamen sie todkrank hierher und nun können Sie es nicht erwarten, hier munter wieder herauszuspazieren."

Ganz so leicht war es dann doch nicht. Ich musste mich zirka fünf mal einer Gehirnwasserpunktion unterziehen, die im Rückenmark vorgenommen wird. Ich hatte noch längere Zeit Lähmungserscheinungen und Rückfälle.
Immer wieder musste ich zur Kontrolle antreten. Auch heute noch gehe ich alle zwei Jahre zu einer Gehirn-MRT.

Ich denke, ich kann mich glücklich schätzen, noch mal so davon gekommen zu sein, ohne schwere Behinderungen und Einschränkungen, jedenfalls bis jetzt, außer Schwankschwindel, gelegentlicher motorische Störungen und so. Eine 50prozentige Schwerbehinderung bleibt mir zur Erinnerung.

In den Klinikberichten und der Korrespondenz liest sich die Geschichte dann so:

„Klinikum der Johann Wolfgang Goethe-Universität
Frankfurt am Main. 26.09.1997

DIAGNOSE:
Herdencephalitis ungeklärter Ätiologie ...
Die Pat., bei der keine chronischen Vorerkrankungen bekannt sind, die jedoch im Frühjahr des Jahres nach einem Afrikaaufenthalt eine Malaria tropica durchmachte, welche mit Resochin behandelt wurde und als ausbehandelt gilt, wurde in den frühen Morgenstunden des 08.09.97 auffällig, als sie von einer Funkstreife in der Gegend von Rüsselsheim neben Ihrem PKW auf der Straße angetroffen wurde, dabei heftig mit Kopf und Armen zitterte und keine klaren Antworten geben konnte. Nach internistischer Untersuchung im Stadtkrankenhaus Rüsselsheim erfolgte wegen V.a. eine endogene Psychose die polizeiliche Einweisung zunächst in das Psychiatrische Krankenhaus Phillipshospital und von dort aus in das Zpsy unserer Universitätsklinik, wo eine Hemiparese rechts und eine aphasische Sprachstörung gesehen wurden, so dass die Pat. unter dem nunmehrigen V.a. eine Herpesencephalitis in unsere Klinik überwiesen wurde.
Untersuchungsbefund bei Aufnahme: Pat. wach, bewusstseinseingeengt, ... zur Zeit unscharf orientiert, dabei etwas verworren und hilflos wirkend ...

Therapie und Verlauf:
Wir übernahmen Frau Lenz aus der Psychiatrischen Klinik, wo sie wegen V.a. akute endogene Psychose stationär eingewiesen worden war, wo sich aber aufgrund einer aphasischen Sprachstörung, vergesellschaftet mit einer Hemiparese rechts, eher V.a. eine Herpesencephalitis ergab. Zwar konnte durch Lumbalpunktion ein entzündlicher ZNS-Prozess nachgewiesen werden, jedoch zeigten sich weder im EEG noch in der cMRT für eine Herpesencephalitis typische Veränderungen ...
Bis zum Eingang der negativen Serologie therapierten wir sicherheitshalber mit 3x750 mg Zovirax i.v.; nachdem die Entzündungs-

parameter in der Kontrollpunktion deutlich angestiegen waren, behandelten wir über insgesamt 14 Tage mit 2x2 g Fortum i.v. pro Tag, worunter sich in der dritten Punktion die Parameter wieder rückläufig zeigten; die Pat. war dabei durchweg neurologisch unauffällig.

Die Genese dieses entzündlichen ZNS-Prozesses ist noch ungeklärt; durch ein UKG konnte eine Endokarditis als septische Emboliequelle ausgeschlossen werden, ein ursächlicher Zusammenhang mit der durchgemachten Malaria ist nicht wahrscheinlich; ein Erregernachweis aus dem Liquor gelang nicht.

Da die Pat. bis auf leichte postpunktionelle Beschwerden beschwerdefrei blieb, entließen wir sie nach Abschluss der antibiotischen Therapie, wobei sie sich am Entlassungstag sowie am 10.10.97 jeweils um 10.30 Uhr in der Infektionsambulanz des Universitätsklinikums vorstellen wird und am 15.10.97 erneut stationär aufgenommen werden wird, um eine Kontrolllumbalpunktion und eine Kontroll-MRT durchführen zu können."

Am 28.01.1998 schrieb ich an meinen behandelnden Arzt:

„Sehr geehrter Herr Dr. H.,
telefonisch erfuhr ich, dass Sie z.Z. in Urlaub und evtl. ab Mo. 02.02.98 wieder im Haus sind.
Sie rieten mir im Oktober, nach zirka drei Monaten wieder für zwei Tage ins Klinikum zu kommen. Dies möchte ich nun so schnell wie möglich veranlassen, da ich auch zwei Rückfälle hatte. Erst hatte ich ein paar Monate überhaupt keine Probleme und glaubte schon, ich brauche nicht mehr zu kommen, da ich inzwischen gesund sei. Leider ist dies nicht der Fall:
1) Am Dienstag, den 13. Jan. 98, nachmittags, während der Arbeitszeit, hatte ich den ersten Rückfall: Innerhalb von 5 Min. wurden zunächst meine Knie weich, sie sackten beim Gehen völlig durch, dann wurden die Hände taub und unkontrollierbar. Schließlich

schwoll das Gesicht an. Die Gesichtspartien verschoben sich sichtbar etwas. Die Aussprache verschlechterte sich, wurde langsamer und stockender. Die linke Wange war wie gelähmt und ich sprach so, als käme ich gerade vom Zahnarzt nach einer Spritze. Meine Kollegin hat mich auf eine Liege gelegt und mein Mann musste mich von der Arbeit abholen und nach Hause bringen. Ich hatte Probleme mit der Motorik und der Konzentration. Ich konnte nicht mehr telefonieren, habe die Tasten nicht gefunden. Später im Bett hatte ich das Gefühl, dass ich im wesentlichen linksseitige Lähmungserscheinungen hatte. Auch hatte ich zwischenzeitig Herzprobleme in der Form, dass ich dachte, gleich schläft das Herz ein oder verkrampft sich, genauso wie die anderen Krämpfe oder Taubheitserscheinungen.

2) Am Sonntag, den 25.01.98 lief es ähnlich ab. Allerdings mal rechts- mal linksseitige Lähmungserscheinungen. Besonders unangenehm waren Schluck- und Atmungsbeschwerden. Außerdem war einmal die rechte Halsseite verkrampft, so dass ich Angst hatte, die Halsschlagader bleibt stehen, und mit dem Herz war es auch wieder so. Ansonsten Schwindel, Ohrenrauschen, Gleichgewichtsstörungen und die bereits erwähnten Störungen. Natürlich kann ich unter diesen Umständen nicht Auto fahren und stehe ständig unter Angst, dass ganz plötzlich ein neuer Ausfall kommt. ...
... Ich bitte um einen Termin."
... Ein paar Tage später hat mich Herr Dr. H. punktiert.

Am Morgen nach der Entlassung stand ich an der vereinbarten Bushaltestelle, wo ich meinen Seniorenclub treffen wollte. Lediglich eine Seniorin war dort. Man hatte den Bus einfach abbestellt, weil man nicht glaubte, dass ich so schnell wieder da sein würde.

Mit einem weiteren Spruch möchte ich meinen Bericht beenden: „Gesundheit und froher Mut, das ist des Menschen höchstes Gut."
Ich bleibe fröhlich.

Juni 2019

Karin Leonhardt Dresden

Die abenteuerliche Fahrt zum Zuckertütenfest

Meine Enkelin Lisa wohnt in Potsdam. Sie und ihr Mann haben einen kleinen Sohn. Er heißt Max-Leo und ist sechs Jahre alt. Seine Einschulung stand an und wir bekamen von Lisa eine Einladung zur Feier des Schulanfangs von Max-Leo. Wir – mein Mann und ich – leben in Dresden. Wir sind in unserem Alter nicht mehr bei bester Gesundheit. Mein Mann kann nicht mehr lange sitzen und bat darum, zu Hause bleiben zu dürfen. Also musste ich allein zur Feier reisen. Eine Fahrt mit dem „Flixbus" von Dresden zum ZOB (Zentraler Omnibus-Bahnhof) in Berlin war per Telefon bestellt. Der Tag meiner Reise, an einem Freitag, kam sehr schnell näher. In der Nacht vor der Fahrt war ich so aufgeregt, als käme ich selbst in die Schule.
Meinen Bus am Dresdner Hauptbahnhof fand ich schnell und konnte nach kurzer Wartezeit einsteigen. Zur Feier des Tages trug ich meinen schicken blauen Hut. Ich hatte den „Trolley" mit Geschenken für Max-Leo bepackt sowie meine Handtasche und einen herrlichen Blumenstrauß dabei.
Es gab auf der Autobahn zwar einige Staus, aber Berlin war bald erreicht. Kurz vor dem ZOB in Schönefeld erwischte mich die „Reisekrankheit", mir war schlecht geworden. Der Busfahrer ließ mich aussteigen, holte meinen „Trolley" aus dem unteren Stauraum des Busses, stellt ihn auf den Fußweg und ging zurück zur Fahrerkabine. Ich setzte mich auf eine nahestehende Bank, denn mir war mittlerweile so richtig übel geworden. Als ich dort für kurze Zeit saß, startete der Fahrer plötzlich den Bus und fuhr ohne mich los.

Zum Glück hatte ich in dieser vertrackten Situation (meine Handtasche befand sich ja auf meinem Sitzplatz im Bus!) noch etwas Geld in meiner Jackentasche. Dies würde wohl gerade für ein Taxi reichen, um dem Bus hinterherzufahren. Und so winkte ich schnell einem Taxi zu, das ganz vorn in einer Warteschlange stand. Der Taxifahrer, ein schon etwas älterer Mann, und seinem Aussehen nach aus Südeuropa stammend, hielt mir freundlich die Beifahrertür auf und bedeutete mir, einzusteigen. Wortlos lud er meinen „Trolley" in den Kofferraum Ich erklärte ihm meine verzwickte Situation. Er verstand sofort worum es ging, und die Fahrt ging los. Zum Glück kannte er auch ein paar „Schleichwege", denn noch kurz vor dem ZOB überholten wir den „Flixbus". Zeitgleich erreichten Bus und Taxi den Berliner Zielbahnhof. Dort erhielt ich vom Busfahrer meine Handtasche, den blauen Hut und den Blumenstrauß ausgehändigt. Da war die Welt für mich wieder in Ordnung. Und auch meinem Magen ging es mittlerweile wieder besser. Meine Enkelin Lisa holte mich mit dem Auto am Busbahnhof ab. Wir fuhren zu ihrer Wohnung im nahegelegenen Potsdam. Ich war froh, dort gut gelandet zu sein. An diesem Abend ging ich früh zu Bett und schlief bis zum nächsten Morgen tief und fest durch. Kein Wunder nach der langen Fahrt und den abenteuerlichen Erlebnissen.

Am Sonnabend war dann der große Tag. Mit dem Auto ging es zum Festgelände. Der Schultrakt, zu dem neben einer Grundschule auch ein Gymnasium gehört, war umgeben von Maschendraht, und zehn Schafe „mähten" emsig das Gras auf der Wiese. Über ein Bächlein spannte sich eine schmale Brücke, das Ganze war wie eine kleine Stadt für sich anzusehen. Für die Eltern der Schüler nicht ganz billig, denn ein Schulplatz kostet hier monatlich 600,00 Euro. Wegen der Wärme an diesem Hochsommertag wurde die gesamte Feier kurzerhand auf die Wiese verlegt. Die Schüler, die bereits in der vierten Klasse sind, hatten Kuchen gebacken, die Mädchen und Jungen aus den nachfolgenden Klassen verkauften Kaffee, der in Plastebechern serviert wurde.
Die Feier begann mit einem Vortrag, der sinngemäß so überschrieben war: „Kein Mensch gleicht dem andern, jeder ist, wie er ist, aber jeder wird gebraucht!" Danach gab es eine kleine Theatervorstellung von älteren Schülern, die sich wie folgt verkleidet hatten:

Es gab einen Hasen, ein Huhn, einen Igel, eine Katze und ein Schwein. Diese fingen an, sich gegenseitig auszulachen. Die Ohren des Hasen waren zu lang, das Schwein war den anderen zu dick und das Huhn gackerte immerzu um das gelegte Ei. Aber die Katze brachte schließlich Ruhe in die Gruppe und erklärte, dass jeder so gebraucht wird, wie er eben ist. Die Geschichte war lehrreich und hübsch anzusehen, eine wirklich gut gelungene Aufführung. Die begehrten Zuckertüten gab es natürlich auch, aber erst nachdem auf der Festwiese alles wieder aufgeräumt und die erste Schulstunde vorüber war.

Unsere eigene Feier fand anschließend in einer Schrebergartenanlage statt, in der Lisa und ihr Mann eine Parzelle gepachtet haben. Unzählige Wespen halfen an der dort aufgestellten „Fressmeile" (uneingeladen) fleißig mit. Die Omas bekamen je einen Gartenstuhl mit Decke, die Jugend saß auf hölzernen Bänken. Die Feier mit Gesang und Tanz ging bis in die Nacht. Am nächsten Tag wurde ich von anderen Dresdner Gästen in deren himmelblauem „Trabant" bis nach Hause in Striesen mitgenommen.

Nach meiner Rückkehr ließ ich alles noch einmal an mir vorbeiziehen. Die neue Lebensart, die ich auf der Feier kennengelernt hatte, gefiel mir schon recht gut. Allerdings muss ich, wie ich im Nachhinein feststellte, die heutige Art zu feiern, erst noch lernen. Auf der Hüpfburg im Garten habe ich meine alten Knochen gut durchgerüttelt, aber dies ist dann doch nichts mehr für uns fast 80-jährige. Da war die Baumschaukel schon viel besser für mich, aber auf die Leiter zum Baumhaus bin ich erst gar nicht gestiegen. Auf der Feier gab es auch „Karaoke". Jeder bekam dabei die Aufgabe, ein Lied nach Tonbandmusik zu singen. Schließlich war auch ich mit dem Singen an der Reihe, und zwar mit der Melodie von „Ein Bett im Kornfeld, …" Nach den durchweg lustigen „Karaokeeinlagen" haben wir dann alle gemeinsam noch das Lied „Unsere Heimat, das sind nicht nur die Städte und Dörfer, …" gesungen. Es war ein rundum schönes Zuckertütenfest.

Zu guter Letzt fiel mir auch noch der kleine Spruch ein, der in meiner Schulzeit von unserer Lehrerin manchmal angebracht wurde, wenn eins der Mädchen aus unserer Klasse mal wieder zu viel herumhampelte: „In der Schule musst du jeden Tag stillsitzen, aber du darfst, wenn es dann Zeugnisse gibt, nicht sitzenbleiben."

Ob wohl Max-Leo diesen Spruch auch einmal hören wird?

Im Juli 2019

Ellen Liebich   Lutherstadt Wittenberg

Wanderungen zum Brocken

Theodor Fontane durchwanderte die Mark Brandenburg. Auch wenn sie in den historischen Dimensionen nicht mehr existiert, könnte man den Spuren Fontanes auch heute noch folgen. Dabei wären sicherlich die Erlebnisse und Erkenntnisse andere, aber nicht minder überraschende, wie zu Fontanes Zeiten.
Wir allerdings, mein Mann und ich, ziehen eine andere Region für unsere Wanderungen vor. Jedes zweite Jahr, im Sommer, bewandern wir den Brocken. Wir tun es mit dem Ehrgeiz, es noch zu schaffen. Unsere Route beginnt in Schierke, gleich hinter dem „Brockenscheideck" und führt in vier Etappen bis zum Gipfel in 1141 m Höhe. Der Tag des Aufstiegs wird vorher festgelegt und unabhängig von Wetter und persönlichem Befinden, eingehalten. Das heißt, wir sind schon bei großer Hitze, strömendem Regen und Gewitterfronten rings um den Berg, gewandert.
Die erste Etappe ist für einen Flachländer schon eine kleine Herausforderung. Es geht nach oben, was sonst, sollte man bei einer Brockenwanderung vermuten. Die Wege sind breit, allerdings steinig, und bringen einen außer Puste. Am Ende der ersten Etappe überschreiten wir, zum ersten Mal, die Gleise der Brockenbahn. Das wird im Laufe des Aufstieges noch öfter passieren. Wenn man die Bahn nicht sieht, hört man sie doch schnaufen und tuten und sieht die schwarzen Rauchwolken der Dampflok. Am Ende des ersten Wegabschnittes ist auch die erste Gelegenheit zur Rast. Keiner will es zugeben, denn dreiviertel des Weges liegen noch vor uns, aber die Bänke sind sehr willkommen.
Die zweite Etappe ist die leichteste. Sie führt gemächlich, fast eben, um den Berg herum. Hier haben wir Zeit, die wilde Natur des Harzes zu bewundern. Die Bäume bleiben liegen, wie sie Sturm oder Alter gefällt hat. Auf ihnen wachsen andere Pflanzen und bieten so einen, vom Menschen unberührten, Anblick. Dass man

die im Harz lebenden Tiere, wie Luchse und Füchse, nicht sieht, empfinden wir als beruhigend. So wandern wir mit einem Lied auf den Lippen bis zum Fuße des Eckerlochs. Wissend, dass es jetzt fast halsbrecherisch wird, rasten wir um etwas zu trinken und Kräfte zu sammeln.

Bei einer dieser Pausen, es war im August 2011, trafen wir Brocken-Benno bei seinem 6435. Aufstieg. Wir konnten ihn nur bewundern für sein Durchhaltevermögen, täglich auf den Gipfel zu steigen. Übrigens war es zwei Jahre später, sein 7077. Aufstieg bei dem wir ihn wieder trafen. Ein Beweis, dass er zwar eine Legende, aber kein Berggeist ist.

Der Eckerlochstieg ist der steilste und unwegsamste dritte Abschnitt des Aufstieges. In ihm liegen große Felsbrocken, die durch das vorbeilaufende Wasser, je nach Witterung, auch noch nass und glitschig sind. Trotzdem quälen wir uns den Stieg empor, festes Schuhwerk sind Grundvoraussetzung, da man sich sonst nicht nur Blasen, sondern auch nasse Füße einhandelt. Wenn dieser Teil der Route geschafft ist, sind wir nicht nur außer Puste, sondern japsen, wie nach einem Tausendmeterlauf. Jetzt ist die Rast fast zwingend. Wanderstöcke ablegen, Rucksack ebenso und trinken, trinken, trinken.

Für den vierten und letzten Abschnitt bleibt nur die Route auf der Brockenstraße, die wir bisher gemieden haben. Nun sind die Kräfte schon ziemlich verbraucht, die Harzluft wird rauer. Es geht berghoch, nicht steil aber beständig. Hinter jeder Straßenbiegung, die man vor sich sieht, vermutet man den Gipfel und wird jedes Mal enttäuscht. Immer wieder liegt nur Straße vor einem und wieder eine Kurve. Aber auch dahinter ist noch nicht der Gipfel. Man geht weiter und weiter mit dem Gefühl, noch höher kann es gar nicht gehen, denn ringsum sind nichts als Wolken oder eine tolle Fernsicht, je nach Wetterlage.

Dann endlich tauchen die Wetterstation, das Brockenhotel und der Brockenbahnhof auf. Nach zweieinhalb Stunden ist es geschafft. Wir sind glücklich, wieder, obwohl zwei Jahre älter als beim letzten Mal, die Herausforderung bezwungen zu haben.

Maries Verfehlung

Am 22. Oktober 1925 war es warm wie im Sommer. Die Sonne strahlte vom Himmel und in den Bäumen zwitscherten die Vögel. Alle, sowohl Menschen, als auch Tiere, spürten, das dies der letzte schöne Tag vor einem harten Winter war. Trotzdem entsprach das Wetter so gar nicht Ort und Anlass des Geschehens.

Auf dem Dorffriedhof von Greizig hatten sich Familienmitglieder und Nachbarn an Maries Sarg versammelt. Die Trauer der Anwesenden war so groß, dass niemand verstand, warum der Himmel nicht auch weinte.
Marie war zwei Tage zuvor an gebrochenem Herzen gestorben. Mit achtunddreißig Jahren. Auf dem Totenschein hatte der Doktor zwar Herzschwäche beurkundet, aber alle wussten, was Maries Herz schwach gemacht hatte. Zwischen den Trauernden standen Maries vier Kinder. Die älteste Tochter zwölf Jahre alt, die jüngste zwei. Sophie, die große, hatte ihren siebenjährigen Bruder Franz an der Hand. Fritz, ein Jahr älter als sein Bruder, hielt die zweijährige Emma. Der Vater der vier und Ehemann von Marie stand mit versteinerter Miene neben seinen Kindern.

Er wusste, dass er Marie ins Grab gebracht hatte und konnte doch keine Schuld empfinden. Die letzten sechzehn Monate waren für die Familie schlimm gewesen. Dabei hatte alles ganz harmlos und hoffnungsvoll begonnen.

Karl arbeitete als Landarbeiter auf dem Gutshof des reichsten Bauern im Dorf. Damit verdiente er den Lebensunterhalt für seine Familie. Marie versorgte Haus und Kinder, den winzigen Garten, sowie ein Schwein und ein paar Hühner zur Selbstversorgung. Karls großer Traum war, einmal eigenes Land zu besitzen. Dafür sparte er von seinem kläglichen Lohn, jede Woche ein paar Pfennige. Er wollte, dass es seiner Familie einmal besser geht. Als er nach endlos langer Zeit 100 Reichsmark zusammengespart hatte, sollten sich

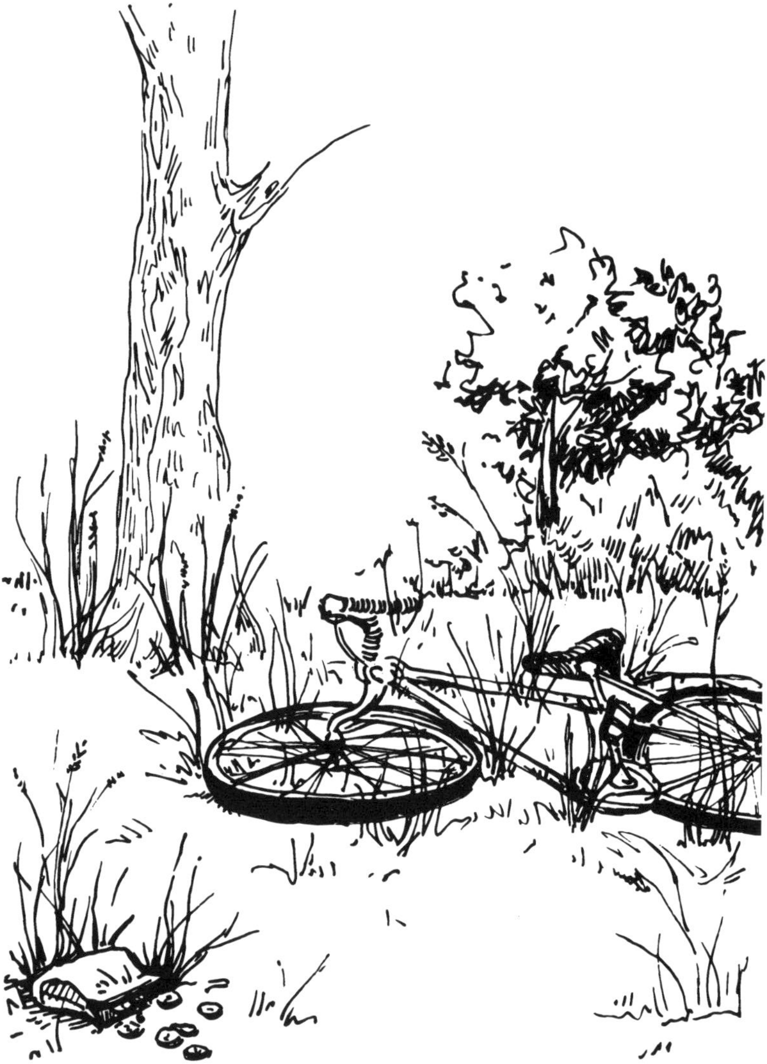

diese auf der Bank in der Kreisstadt vermehren. Aber es war Mai und Karl arbeitete vom Hellwerden bis zur Dunkelheit, sechs Tage in der Woche, beim Bauern. Sonntags hatten die Banken geschlossen. Also bat er Marie das Geld auf sein Konto zu bringen. Er gab ihr sogar noch ein paar Groschen mit, die sie für sich verwenden konnte. Marie setzte ihren Jüngsten auf ihr Fahrrad und fuhr in die Stadt. Sophie hütete inzwischen das Haus und passte auf die Geschwister auf. Die Mutter hatte versprochen, ihr etwas mitzubringen.

Was gab es in der Stadt nicht alles zu sehen. Die Straßenbahn, die durch die Straßen quietschte, die Geschäfte mit den feinen Auslagen und die gut gekleideten Menschen, die nichts zu tun zu haben schienen. So verweilten Marie und Franz und beobachteten das Treiben. Plötzlich wurde Marie bewusst, dass die Bank bald schließen würde und sie noch vor der Nacht wieder zu Hause sein musste. Schließlich hatte sie noch eine Stunde Radfahren vor sich.

Marie und Franz standen am Bankschalter und als Marie an der Reihe war und das Tuch in ihrem Korb beiseite schob, fand sie Karls Geldbörse nicht. Sie suchte mit hochrotem Kopf, wurde immer hektischer und brach in Tränen aus. Das Geld war weg. Ob gestohlen oder verloren, wusste sie nicht. Wie sollte sie das Karl erklären? Sie wagte sich nicht nach Hause. Wenn Franz nicht dabei gewesen wäre, wäre sie in die Saale gegangen.

Schließlich kam Marie in tiefster Dunkelheit zu Hause an. Karl wartete schon und machte sich Sorgen. Vielleicht hatten sie eine Reifenpanne oder der Weg war so schlecht, dass sie das Rad schieben mussten? Es konnte tausend Gründe für eine Verspätung geben. Der wahre Grund für die Verspätung wäre Karl nicht im Traum eingefallen. Marie hatte sein mühsam erspartes Geld verbummelt.
Karl war entsetzt, wütend und konnte doch nicht toben. Wortlos ging er ins Bett und wortlos blieb er auch danach. Er konnte

den Verlust einfach nicht verwinden und lies dies Marie jeden Tag spüren.

Sie grübelte, wie sie das Geld ersetzen könnte. Aber wie sollte das gehen? Sie kannte niemanden, der ihr hundert Mark geborgt hätte. Sie besaß nichts, dass sie hätte verkaufen können. So vergingen die Tage. Wann immer Marie Karl um Geld bat, für Brot und Butter oder für ein Kleidungsstück für die Kinder, bekam sie zur Antwort: „Ich habe kein Geld, das hast du verloren."

Für sich bat Marie sowieso um nichts. Sie flickte ihre Sachen immer wieder, aß immer weniger und fand nicht aus der tiefen Enttäuschung über sich und über Karl heraus. Sie waren zwar arm, aber sie hatten sich doch lieb gehabt. Nun war alles vorbei. Karl merkte, wie seine Frau immer unscheinbarer wurde und verfiel. Trotzdem konnte er nicht über seinen Schatten springen und fand nie auch nur das kleinste nette Wort für sie. Selbst als Marie so schwach war, dass sie ihre täglichen Pflichten nicht mehr schaffte und Sophie immer mehr übernehmen musste, lenkte er nicht ein.

Als er eines Morgens aufstand, lag Marie noch im Bett. Sonst war sie immer vor ihm auf den Beinen. Sie war am Abend eingeschlafen, eingeschlafen für immer.

Nach Maries Beerdigung musste sich Sophie um Haus und Geschwister kümmern. Es lief eher schlecht als recht.

Zu diesem Zeitpunkt wusste Karl noch nicht, dass vier Jahre später, beim großen Börsenkrach seine Ersparnisse sowieso weg gewesen wären. Vielleicht hätte er dann Marie verzeihen können.

Gleiche unter Gleichen

Mücke fand im Straßengraben,
Pfütze, um sich dran zu laben,
legte Eier, ward Mama,
(Papa war längst nicht mehr da)!
Und beschloss mit ihrem Clan,
einen stichhaltigen Plan.

Jeder Mensch, ob groß, ob klein,
soll von uns gestochen sein,
Väter, Mütter oder Kinder,
Deutsche, Türken oder Inder,
Einheimische, Zugezogene,
Niedere, Hochwohlgeborene,
alle Menschen seien gleich,
in der Mücken Himmelreich.

So beweist uns ein Insekt,
dem das Blut von jedem schmeckt,
dass die Menschen: Mann, Frau, Kind,
Gleiche unter Gleichen sind.

Die Kuh

Die Luft ist schlecht,
das weiß ein jeder.
Doch wer hat Schuld?
Es ist die Kuh!
Sie frisst das Gras,
dann kaut sie wieder,
legt sich dabei zum Ausruh'n nieder,
und pupst Methan in die Natur.
Drum Leute, esst die Kühe auf,
dann werdet Vegetarier.
Doch rechnet vorher bitte aus,
wieviel Methan kommt denn heraus,
wenn alle Menschen beim Verdauen
des Grünzeugs, Treibhausgase brauen.

Prof. Dr. Joachim Lippold   Oelsnitz / Erz.

Fröhliche und erfüllte Kindertage

„Wer schaffen will, muss fröhlich sein." Diese Zeile aus dem Gedicht von Theodor Fontane war mir neu. Doch war mir die erste Strophe des Gedichtes beim Aufschreiben der Erlebnisse aus meiner Kindheit irgendwie unterbewusst. Die Texte konnte ich nur schreiben, weil ich mir meine frohe Kindheit in die Erinnerung rufen konnte. Die Fröhlichkeit und der Optimismus haben mich auch in manch schweren Zeiten durch mein Leben begleitet.

Meine Kindheit war vor 60 Jahren noch vom Mangel in der schweren Nachkriegszeit geprägt. Wir hatten nicht viele Spielzeuge, die stellten wir uns selbst her; mussten mitarbeiten, um der Familie beim täglichen Auskommen zu helfen; lebten von deftigem, einfachen Essen und stellten jeden Tag eine Menge auch gefährlichen Blödsinn an.

In meiner Erinnerung habe ich mir eine fröhliche und erfüllte Kindheit bewahrt. Ich wünschte mir, dass es deutlich wird, wenn Sie die Texte lesen.

Indianerspiel

Mit Frank König, meinem besten Freund, hatte ich mir ein schlimmes Spiel ausgedacht. Das fand jedenfalls meine Großmutter, als sie das Ergebnis am Abend zu Gesicht bekam!

Wir wollten Indianer in unserem Garten spielen. Aber so ohne Kopfschmuck und Kriegsbemalung machte es keinen richtigen Spaß. Wir mussten uns etwas ausdenken! Also bastelten wir uns jeder aus Wellpappe ein Stirnband, dass wir uns mit einem Gummi um den Kopf banden. In die feinen Röhrchen der Wellpappe steckten wir Federn, die unsere Hühner verloren hatten. Die

Federn sammelten wir im Hühnerstall und auf der Wiese. Unsere Kriegsbewaffnung waren Pfeil und Bogen. Nun fehlte nur noch die Kriegsbemalung!
Ich wusste, dass mein Großvater viele verschiedene Farbkübel und Farbdosen in der Gartenlaube lagerte. Wir suchten uns das Teerfass aus! Dazu passende Pinsel fanden wir in einer Büchse mit Terpentin.
Wir haben uns nichts weiter dabei gedacht. Auch der Geruch von Teer und Terpentin störte uns nicht! Es war Sommer und wir hatten nur Badehosen an. So bemalten wir uns gegenseitig das Gesicht, Brust, Rücken und Beine mit Teer. Ins Gesicht malten wir Striche über die Nase von der rechten zur linken Wange. Auf die Stirn setzten wir drei Kreise und das Kinn bekam fünf senkrechte Striche. Die Brust und den Rücken verzierten wir mit Vierecken und Kreisen. Die Beine bekamen einen dicken Strich auf die Oberschenkel und Waden. Die Bemalung war uns gut gelungen! Wir waren darauf sehr stolz!
Das Spiel konnte beginnen! Wir schlichen uns an den ersten Feind heran, den wir in der Hundehütte vom kleinen braunen Lux vermuteten. Der Hund gehörte Onkel Walter und war dessen kleiner Liebling. Wir zielten mit unseren Pfeilen auf die Hundehütte, schossen sie ab und trafen die Hundehütte. Ein Pfeil flog genau in die Hütte hinein und wir setzten unter fürchterlichem Kriegsgeheul zum Sturm auf den gedachten Feind an!
Wir wussten aber nicht, dass Lux in der Hundehütte seinen Mittagsschlaf hielt. Von unserem Gebrüll und dem Pfeil, der ihn getroffen hatte, wurde er geweckt. Schlaftrunken steckte er seinen Kopf aus der Hütte. Als er uns auf seine Hütte zu stürmen sah, kam er schnell heraus. Mit lautem Gebell schlug er uns in die Flucht und zwackte in unsere Teerwaden!
Das war von Lux spielerisch gemeint, aber verfehlte seine Wirkung nicht! Allerdings schienen ihm unsere Waden nicht zu schmecken. Er blieb stehen und schüttelte den Kopf mit heraushängender Zunge. Wir rannten davon, was das Zeug hielt. Das hat unser Indianerspiel für einen Moment ziemlich gedämpft. Aber sofort sahen wir

uns nach neuen Feinden um. Also verscheuchten wir die Hühner mit dem nächsten Angriff!

Am Abend rief meine Großmutter zum Abendbrot. Die Großmutter war einer Ohnmacht nahe, als sie uns mit der Kriegsbemalung zu Gesicht bekam!

„Verflixte Bengel, womit habt ihr euch so verziert? Das ist doch Teer! Den habt ihr wohl in der Gartenlaube gefunden. Na warte, dem Großvater werde ich noch was erzählen, weil er das Teerfass offen rumstehen lässt."

Sie konnte sich gar nicht beruhigen. Großmutter rüttelte und schüttelte mich! Dann bekam ich links und rechts ein paar Backpfeifen! Meinen Freund schickte sie ohne gemeinsames Abendbrot heim zu seiner Mutter. Sollte sie sich um ihren bemalten Jungen und seine Reinigung kümmern.

Mit einem ganzen Stück Margarine, die damals sehr knapp und wertvoll war, rubbelte sie die Teerbemalung aus meinem Gesicht und von meinem Körper ab. Das war eine sehr schmerzhafte Sache! Meine Großmutter nahm von meinem Gejammer keine Notiz und rubbelte umso stärker. Ich sollte mir diese Reinigungsprozedur hinter die Ohren schreiben. Zum Abschluss gab es im Hof noch eine kalte Dusche aus dem Wasserschlauch! Ich musste ohne Abendbrot ins Bett! Mit dem Indianerspiel und einer Kriegsbemalung war es in der Zukunft vorbei!

Stroh holen

Zweimal im Jahr fuhr ich mit meinem Großvater und unserem Handwagen nach Niederoelsnitz zu einem seiner Skatbrüder. Wir wollten Stroh zum Einstreuen und Heu zum Füttern unserer Kaninchen für die Wintermonate holen. Das hatte mein Großvater mit seinem Skatbruder vereinbart.

Der Skatklub war eine feste Institution im Leben meiner Großeltern. Vier Ehepaare trafen sich viele Jahre jeden Monat, der Reihe nach bei einem anderen Paar. Die Frauen der Skatbrüder bereiteten sich auf diesen Abend mit besonderem Eifer und Einfallsreichtum vor.

Ein Skatklubabend begann am Nachmittag an der Kaffeetafel. Dafür wurden Kuchen und Torten gebacken und aufgetragen. Dazu wurde echter Bohnenkaffe aus dem besten Geschirr getrunken. Zum Abendbrot kam alles auf den Tisch, was die Küche hergab. Meine Großeltern schlachteten zwei Kaninchen. Von einem Teil des Fleisches bereitete meine Großmutter einen leckeren Fleischsalat zu. Beim Fleischer ließ sie zwei Wickel aus dem Bauchfleisch der Kaninchen zubereiten. Hinein kamen die restlichen Fleischstücke. Die Wickel wurden gebraten, in Scheiben geschnitten und mit einer dicken Soße und Brotscheiben auf den Tisch gebracht. Das war der Höhepunkt des Abendbrotes meiner Großmutter!

Die Männer spielten dann bis tief in die Nacht hinein Skat. Ich durfte bei Großvater solange auf dem Schoß sitzen, bis seine Skatbrüder von meinem ständigen Reinreden, meinen Zwischenfragen und Versuchen die Mitspieler abzulenken die Nase voll hatten. Das hatte ich mit Großvater vereinbart, damit er etwas Schummeln konnte!

Doch zurück zum Skatbruder Max Glöckner. Er war von Beruf Bergmann und bestellte zwei kleine Felder als Nebenerwerbslandwirt. Er baute Getreide und Kartoffeln im Wechsel auf den Feldern an. Max hatte eine große Wiese, wo er viel Heu machte. Mit der Zeit hatte sich in seiner Scheune eine Menge Heu und Stroh angesammelt. Das Stroh wollten wir als Einstreu holen und das Heu brauchten wir dringend als Winterfutter für die Kaninchen. Max hatte uns sechs Säcke zugestanden, die wir stopfen konnten. Großvater brachte aus seiner Färberei aber zwanzig Papiersäcke mit. Die Säcke durfte Max unter keinen Umständen entdecken! Das Stopfen der Papiersäcke blieb unser Geheimnis. Ich musste die Säcke mit Heu oder Stroh vorstopfen. Großvater kletterte dann auf eine Leiter und ist in den Sack rein gesprungen, den ich aufhielt. Das „Pansen", so nannte mein Großvater seine Sprünge in den Sack, wurde so lange fortgesetzt bis der Sack prall gestopft war.

Mit einem neuen Sack wurde wieder vorgestopft und gesprungen, bis alle Säcke prall gefüllt waren. Mit dieser Methode brachten wir es auf zwanzig gestopfte Säcke!
Es grenzte an ein Kunststück, die Säcke auf unseren Handwagen zu verladen. Dafür hatte Großvater sechs Bretter mitgebracht, die gegenüber aufgestellt, die Wände des Handwagens erhöhten. Die hoch aufgetürmte Ladung brauchte noch Stabilität. Deshalb wurde der Turm der Säcke mit Stricken umwickelt und festgezurrt. Zum Glück kontrollierte Max nie, was wir so trieben! Er blieb in seiner Küche und lass die Zeitung.
Zum Bezahlen ging Großvater absichtlich mit einem Fünfmarkschein zu Max in die Küche. Max verlangte meistens nur zwei Mark für das Stroh und das Heu. Großvater wusste, dass Max lange brauchen würde, die fünf Mark zu wechseln. Dazu ging Max in die Kammer, wo er seine Geldkassette unter dem Bett zu liegen hatte.
In der Zwischenzeit machte ich mich mit dem hoch aufgetürmten Handwagen aus dem Staub. Das war gefährlich, da ich mit der Fuhre am Küchenfenster von Max vorbei musste. In der nächsten Seitenstraße wartete ich auf Großvater und wir brachten unsere geraubte Fuhre, die wir mehrmals neu aufladen mussten, weil sie uns immer wieder auf die Straße kippte, doch noch gut nach Hause.
Am Ende des Tages waren wir zufrieden mit unserem erfolgreichen Raubzug. Wir hatten den Wintervorrat an Heu und Stroh für unsere Kaninchen gesichert!

„Griene Getzen"

Einmal im Monat bereiteten Großmutter und ich uns ein Festessen mit „Grienen Getzen" zu. So heißen die Kartoffelpuffer im Erzgebirge.
Zuerst musste ich in den Keller, einen zehn Litereimer mit Kartoffeln füllen und ihn hoch in die Küche bringen. Die Kartoffeln ha-

ben wir gewaschen, geschält und mit der Hand auf einer scharfen Reibe gerieben. Dabei musste man höllisch auf die Finger aufpassen. Schnell hatte man sich mit der scharfen Reibe in die Finger gerieben oder die Fingernägel angekratzt. In die rohe Kartoffelmasse wurden vier Eier geschlagen, bei Bedarf ein wenig Quark hinein gerührt und fein gehakte Zwiebeln zugefügt. Mit Salz, Pfeffer und viel Kümmel wurde der Teig kräftig gerührt und abgeschmeckt!

Drei Bratpfannen, die ausschließlich zum Braten der „Grienen Getzen" benutzt wurden, holte Großmutter aus der Backröhre unseres Ofens hervor. Das restliche Fett vom letzten Braten war in den Pfannen verblieben. Die Pfannen durften niemals aufgewaschen werden!

Das in den Pfannen anhaftende alte Fett wurde als Bratenfonds für die neue Bratrunde genutzt. Dann wurde eine Melange aus Speiseöl, Schweineschmalz, Rindertalg und Schaftalg, die beide sehr schöne Grieben bildeten, und etwas Butter in den Pfannen stark erhitzt.

Das Braten konnte beginnen! Aus der Schüssel mit dem Teig nahm Großmutter mit einem Löffel so viel Teig heraus, daß sie je Pfanne zwei ovale „Getzen" formen konnte. Sie wartete bis diese auf der einen Seite knusprig gebraten waren. Mit einem Messer hob sie die „Getzen" an und begutachtete die Unterseite. War die schön braun und knusprig, drehte sie die „Getzen" um, damit auch die andere Seite knusprig gebraten wurde. Wir warteten bis sie fetttriefend und sehr schmackhaft aus der Pfanne entnommen werden konnten! Die ersten zwei fertigen „Getzen" durfte ich essen. Sie schmeckten sehr fettig, waren knusprig und sehr heiß! Ich liebte den Geschmack!

Danach haben wir, im Wechsel sobald die „Getzen" fertig gebraten waren, sie heiß gegessen! Die Küche roch nach Bratenfett, das als feiner Rauch aus den Pfannen aufstieg. Dabei stellten wir einen Rekord auf: Großmutter ließ sich zwölf Stück schmecken!!! Ich brachte es für mein Alter auf acht Stück! Die „Getzen", die wir nicht mehr schafften, wurden auf einen Teller gestapelt und zum

Abendessen für den Großvater warm gehalten. Zum Abschluss unserer Schlemmerei gab es Kompott. Wir aßen Preiselbeeren oder Apfelmuss als Kompott.
Dann dauerte es nicht lange und Großmutter bekam von dem Essen ihre gewohnte Gallenkolik! Das war kein Wunder bei dem vielen Fett! Da musste schnell der Hausarzt geholt werden. Dessen Telefonnummer kannte ich. Von unserem Kurbeltelefon aus, habe ich ihn angerufen. Der Arzt kam und schimpfte mit Großmutter, weil sie wieder so unvernünftig war. Sie hatte wieder zu fettig gegessen! Aber das war doch so schmackhaft! Der Arzt gab ihr eine Spritze, die den Krampf langsam löste. Das Essen war dennoch ein voller Erfolg. Die Schmerzen der Gallenkolik hatte Großmutter bis zum nächsten Essen schnell vergessen.

Schlammteich

Nach Schulschluss trabten wir schnell nach Hause, feuerten unsere Ranzen in die Ecke und ab ging es zum Räubern in den nahen Wald und auf die Halde.
Einer unserer bevorzugten und liebsten Spielplätze war der Schlammteich. Meine Großmutter hatte mir verboten, dem Schlammteich zu nahe zu kommen. Im Schlamm konnte man wie in einem Moor versinken. Wenn ich das Verbot heute wieder nicht beachtete, wird es eine Tracht Prügel setzen! Das Verbot hörte ich nur mit einem halben Ohr. Ich habe es einfach ignoriert!

Unsere Gegend war von Halden des Bergbaus geprägt. Das taube Gestein, das mit der Kohle über Tage gefördert wurde, kippte man auf Halden. Nach der Kohlenwäsche, die die Kohle vom Gestein trennte, transportierte man das Gestein auf Haldenkegel. Es war triefend nass, wenn es auf die Kippe kam. Zusätzlich wurde jeder Sturz tauben Gesteins noch mit Wasser nachgespült. Das Wasser sickerte durch den Haldenkegel. Am Haldenfuß sammelte es sich langsam in einem Teich. Den Teich nannten wir „Schlammteich". Denn nicht nur Wasser, sondern sehr viel feiner Sand wurde in den Teich gespült, der sich nach und nach als Schlamm absetzte. Je weiter von den Sickerstellen entfernt, wurde der Schlamm immer trockener. Seine Oberfläche war dann glatt und hart wie Beton. Das war ein ideales Fußballfeld! Doch das Fußball spielen auf der harten Teichfläche war lebensgefährlich. Erwischte man eine aufgeweichte Stelle, an der Grenze zum Wasser, konnte man wie im Moor versinken!

Auf dem Teich spielten wir Piraten. Auf Bohlen und Brettern, aus denen wir uns Flöße gebaut hatten, gondelten wir über den Teich und fochten wilde Piratenschlachten aus. In unsere Spiele vertieft, sauten wir uns richtig ein. Dreckig und von oben bis unten mit Schlamm verschmiert, mussten wir am Abend schnell nach Hause, wenn die Kirchenglocke sechs Mal läutete. Zu leugnen, wo wir uns rumgetrieben hatten, machte keinen Sinn. Großmutter sah sofort wo wir wieder gespielt hatten!

So schmutzig ließ mich Großmutter nicht ins Haus! Ich musste im Hof die dreckige Turnhose und das Hemd ausziehen. Nackt stand ich zitternd da! Großmutter verabreichte mir zuerst einmal die versprochene Tracht Prügel auf den nackten Hintern, weil ich ihr Verbot wieder nicht geachtet hatte. Anschließend hat sie mich mit dem Wasserschlauch kalt abgespritzt. Ich schlackerte im Hochsommer vor Kälte!

Großmutter wickelte mich in das Badetuch und rieb mich trocken. Dabei drückte sie mich fest an sich. Ich spürte ihre Zuneigung und mir wurde langsam warm. Sie vergaß bei ihrer Umarmung nicht, das Verbot auf dem Schlammteich zu spielen erneut auszusprechen. Dann gab sie mir mein Abendbrot und der Frieden war wieder hergestellt.

Das eindringlich erneuerte Verbot meiner Großmutter hatte ich schnell vergessen! Nach ein paar Tagen trafen wir uns wieder am Schlammteich und alles begann von vorn!

Rolf Löser
Erfurt

Ob Glaube oder nicht, jeder freut sich auf Ostern

Ostern, die Wiederauferstehung Jesu, das wichtigste Fest der Christen und für die Kinder ein Riesenspaß bei der Suche nach bunten, bemalten Eiern und süßem Allerlei. Meine eigene Kindheit ist mir noch in guter Erinnerung.
Wenige Tage vor Ostern, meistens am Gründonnerstag, war mit der Hortgruppe ein Spaziergang im Erfurter Steigerwald angesagt. Begleitet von unterschiedlichen Stimmen miteinander kommunizierender Vögel, beeindruckt vom „Trommelwirbel" eines oder mehrerer Buntspechte, führte unser Weg in Richtung Skiwiese. Das Ziel der Aktion wurde von den uns begleitenden Erzieherinnen zunächst nicht verraten. Als Orientierung dienten Papierschnitzel, welche uns, auf dem Waldboden verstreut, den Weg wiesen. In unregelmäßigen Abständen fielen kleine Zettelchen auf, befestigt an Bäumen oder Sträuchern. Hierauf stand zu lesen, dass der „Osterhase unterwegs" sei und welche Richtung wir am besten einschlagen sollten, um seinen Weg zu kreuzen. Es war eine Art Schnitzeljagd, die wir als sehr spannend empfunden haben. Wir spürten, dass wir dem Höhepunkt unseres Ausfluges nahe waren. Immer wieder fanden wir kleine Zettel mit Hinweisen, wo „Meister Lampe" gerade hoppelt. Der entscheidende Tipp ließ nicht lange auf sich warten, als da geschrieben stand, der „Osterhase ist müde und ruht sich aus". An der vermeintlichen Ruhestelle, nahe der Skiwiese war unsere Freude groß. Wir staunten als wir an umliegenden Sträuchern und Bäumen sowie im Gras kleine Osterkörbchen entdeckten. Diese hatten wir Tage zuvor gebastelt und bunt bemalt. Nun freuten wir uns über den Inhalt. Stolz, glücklich und zufrieden zeigten wir unseren Eltern die mit bunten Ostereiern und Süßigkeiten befüllten Körbchen.
„Kinder, wie die Zeit vergeht" könnte man sagen. Denn, nach Jahrzehnten waren wir selbst in die Lage versetzt, die Augen unserer

eigenen Sprösslinge glänzen zu sehen. Wälder und Parkanlagen sind noch heute begehrte Domizile, um unseren kleinen Lieblingen Osterfreuden zu bereiten. Manchmal lag auch noch Schnee zum Osterfest. Ob weiße oder grüne Landschaft, Hauptsache ist, die Augen unserer Kinder strahlten, wenn sie ihre Osternestchen fanden. Im zarten Alter glauben die Kinder noch, dass der Osterhase tatsächlich etwas versteckt hat und dass er, allerdings nur zu Ostern, auch Eier lege.

Ein Höhepunkt zum Osterfest ist ein Besuch im Kleintierzoo. Streicheleinheiten für Lämmer, Ziegen oder Häschen sind angesagt. Nicht nur zu Ostern öffnet der Streichelzoo seine Pforten für kleine und große Tierfreunde.

Übrigens war es in Teilen Europas bis zum vorigen Jahrhundert Tradition, dass der Fuchs Osterfreuden in die Familien brachte. Nach und nach wurde „Reineke" durch „Meister Lampe" abgelöst. Anmut, Liebreiz und Fruchtbarkeit hat sich gegenüber List durchgesetzt. Der Osterhase hat sich in den Herzen von Jung und Alt etabliert. Jeder soll suchen und finden, im Park, im Wald, in der Wohnung, im Garten. Ich bin gespannt, ob „Hoppel" auch für mich etwas versteckt hat.

Doch sollten unsere Gedanken zum Fest auch jenen Menschen gelten, die im Schatten des Reichtums stehen. Schön wäre es, sich auf christliche Werte zu besinnen. Lasst es mich mit einfachen Worten sagen: Auch der Euro wechselt gerne mal seinen Besitzer, wenn ein humanitärer Zweck erfüllt wird.

Und nicht vergessen, am Ostersonntag, läutet um 10.45 Uhr die „Gloriosa" vom Erfurter Dom. Ihr einzigartiger Klang ist wunderbar anzuhören. Ich wünsche uns allen ein gesegnetes und frohes Osterfest.

Aufbruch in eine völlig neue musikalishe Welt

Ein Schmunzeln bewegt sich in meinem Gesicht, wenn ich an die über fünfzigjährige Geschichte des „Ostrock's" denke. Es war eine Zeit, in der viele von uns die Schule besuchten, in der Ausbildung standen oder schon einen Beruf ausübten. Es war die Zeit des Aufbruchs in eine völlig neue Welt musikalischer Entwicklung, deren neuartige Rhythmen über den großen Teich nach Europa kamen.

Wie war das damals, als die Beatmusik viele Nachahmer hatte und unter den Jugendlichen eine Revolution in Bewegung und Aussehen auslöste? Es darf getanzt, gelacht, geliebt werden. Es war für uns Jugendliche eine wilde Zeit, an die man sich gerne erinnert.

Ein neues Outfit prägte das Bild des damaligen Teenagers. Miniröcke, Jeans und die Beatlesfrisur waren unverzichtbare Details. Leider mußte hierzulande viel improvisiert werden, denn Jeans waren Mangelware in der DDR. Ja, sie waren sogar verpönt.

Musikbands gründeten sich und verschwanden wieder. Oft waren es politische Hintergründe, Texte, die der Obrigkeit nicht gefielen und somit für weitere Auftritte in der Öffentlichkeit verboten wurden. Insbesondere sollte das Bild von einer heranwachsenden, sozialistischen Jugend gewahrt bleiben. Offiziell wollte man sich unabhängig machen. Unabhängig? Ja, vom westlichen Klischee musikalischer „Unkultur". Doch eher das Gegenteil trat ein. Wir waren begeistert von den Anfängen und Klängen des Beats und der Entwicklung der Rockmusik. Nichts konnte diese Entwicklung aufhalten.

Die Stars und Sternchen aus unserer Sturm- und Drangzeit standen auf der Bühne und wir tanzten nach den weitestgehend aktuellen Klängen, Titel, die eben erst im „Beat-Club" zu sehen und zu hören waren. Hast du schon mal darüber nachgedacht, wie lange es her ist, seit du zum ersten Mal verliebt warst und mit der(m)

Auserwählten vielleicht nach „Route 66", „Satisfaction", „Twist and Shout", „Ya Ya" und „Holiday" gehottet hast?
Es wird Zeit, diesen kleinen Abstecher zu machen und sich an den Aufbruch zu erinnern, an die Mitte der 1960er. Englische Namen waren offiziell unerwünscht. Musikkapellen oder Gitarrengruppen, Combos, so der ostdeutsche Sprachgebrauch ... schossen wie Pilze aus dem Boden. Wegbereiter des DDR-Beats waren Bands wie „Butlers" und „Sputniks", auch die „Polars" aus Gotha, Jürgen Kerth aus Erfurt, später auch „König des DDR-Blues" genannt. Gemeinsam mit „Gotte" Gottschalk gründete er 1964 die „Spotlights", die sich jedoch in „Rampenlichter" umbenennnen mussten. Ich kenne sie noch persönlich aus meinen Zeiten, als ich im Erfurter „Hermann-Jahn-Heim" ein und aus ging. Leider waren sie und andere Bands mehrmals verboten, weil sie sich nicht an die Vorgaben hielten. Zu dieser Zeit haben wir schon gehottet, was das Zeug hielt. Es entstand so manche Freundschaft und Liebschaft ... Sie hatte was, diese Zeit, trotz der auferlegten Zwänge. Ich erinnere mich auch noch an die „Pythons", „Unisonos" mit „Sifte" Siggi Hörger. Apropos Pythons, hier spielte Bernd Römer (heute: Karat) als Amateur. Es war der Beginn seiner großen musikalischen Karriere!

Im Stadtgarten zu Erfurt, „Hermann" alias Hermann-Jahn-Heim, „Fritzer" alias Fritz-Noack-Heim, EMS-Klubhaus, Stadthalle in Gotha, Schema Rudisleben, Weimarhalle, Kasseturm zu Weimar, auf dem Campus diverser Universitäten und Hochschulen, auch bei Großveranstaltungen auf der IGA. Vielerorts in Thüringen und darüber hinaus schrieben sie Musikgeschichte, unsere Idole. Mit dem 1964 gegründeten Jugendradio „DT 64" erhielten die Ostbands eine Plattform, auf der sie sich präsentieren konnten. Damit die grosse Hörergemeinde dem Jugendradio treu bleibt und nicht auf westdeutsche Sender zugreift, machte man höchst offiziell das Zugeständnis, mehr Musik westlicher Herkunft abzuspielen. Apropos, immerhin erschienen 1 LP und 2 SP von den Beatles. Sich danach im Fachhandel anzustellen war einen Versuch wert. Den

Verkaufstisch schon in Sichtweite, musstest du leider nach viel Zeit und Geduld ohne eine dieser begehrten Lizenzplatten wieder von dannen ziehen. Die Nachfrage war größer als das Angebot.
Von B – wie Blues Vital bis Z – wie Zieger, Petra.
Auch in den 1970ern ging das so weiter – die Bands änderten ihre Namen (Druck von oben) aber die Gesichter blieben. Als „Team 65", „Joker", „Unisono". Immer, wenn sie verboten wurden, stiegen sie mit anderem Bandnamen wie Phönix aus der Asche auf. Als eigene, in deutsch gesungene Songs der Kerth-Band im Rundfunk gespielt und bei Amiga produziert wurden kam der endgültige Durchbruch. Titel wie „Martha", „Helmut" oder „He, junge Mutti" wurden zu Hymnen der Fans.

In den 1970ern war die hohe Zeit der Liedermacher, Texter, Komponisten. Sie bestimmten die Ostrockszene. Es entstanden neben Rock&Popmusik weitere eigenständige Musikrichtungen in den Singeklubs, Rockmusik für Kinder sowie für Filme und Theater.

Spätestens 1973, zu den Weltfestspielen der Jugend und Studenten in Berlin, wurde klar, dass dieses Ereignis als ein zweites „Woodstock" in die Geschichte einging.

Die „Jürgen Kerth Bluesband" und andere waren in Berlin dabei.
„Gotte" Gottschalk heuerte bei der „Horst Krüger Band" an.
Lieder wie die „Tagesreise" sind heute noch Ohrwürmer. Danke Gotte.
Im Laufe der Jahre entwickelte sich ein bis dahin nie dagewesener Boom, denn mehr und mehr Bands gründeten sich und machten sich auch im westlichen Ausland einen Namen. Auf die Troika „Pudys", „City", „Karat" muß ich nicht näher eingehen. Jeder kennt sie und ihre Konzerte erfreuen sich noch heute großer Beliebtheit.

Anfang 1980 machte eine Erfurterin von sich reden: Petra Zieger. Mit Titeln wie „Traumzeit" oder „Der Himmel schweigt" brachte sie sich und ihre Band auf Kurs.

In den Jahren 1977/78 wurde Kerth zum „Besten Blues-Gitarristen der DDR" gekürt. Heute engagiert er sich als ehrenamtlicher Botschafter der „Stiftung Kinderhospiz Mitteldeutschland e.V." Was für ein Vorzeigemusiker!

Von Ausklang oder Abschied kann nicht die Rede sein, denn die Texte die den Menschen teilweise aus Leib und Seele sprechen, machen Ostbands unsterblich. Kerth und Co. sind unvergessen, weil sie unsere Teeniezeit wesentlich prägten, weil wir hier das Gefühl erlebten, Gleichgesinnte kennen- und lieben zu lernen. Nicht selten war es die große Liebe ... ob du sie wieder treffen wirst? Oft wurden aus Open-Air-Konzerten Wiedersehensfeiern. Unser Powerdreier: „Polars", „Golden Sixties", „Vital" – ist immer gut für jede Feier ... Ich gehe hin und du?

Erinnerungen an einen fast vergessenen Tag

Vor Jahrzehnten ließen unsere Frauen den 8. März alljährlich zum kulturellen Erlebnis werden. Ausgelassen und leidenschaftlich trotzten sie dem schweren Alltag und frönten ihrer Lust, zu tanzen. Vielen unter ihnen blieb durch Familie, Beruf oder auch wegen eines muffeligen Ehepartners, das Eintauchen in eine kulturelle Erlebniswelt versagt. Ein paar schöne Stunden in diversen Lokalen waren sehr willkommen. Da steppte der Bär und wir waren mittendrin. Lockere Sprüche wurden geklopft, an den Tischen wurde gelacht. Party ganz nach dem Geschmack des weiblichen Geschlechts. So manche Brigadekasse wurde geleert. Musik aus Ost und West war zu hören. Kein DJ hielt sich an das Verhältnis 60:40. Ob „Guitar King", „Waterloo" oder „Ich trink auf dein Wohl Marie". Durch einen guten Musikmix bewegte sich der weibliche Gemütszustand auf einem hohem Niveau. Damen- und Herrendüfte mischten sich in der Luft und verbreiteten das Aroma einer unbekannten Welt. Nicht nur „Der kleine Prinz" aktivierte so manche Träne. Der ruhende Kopf der Dame auf der Schulter des Mannes sprach Bände ... Viel zu schnell neigte sich ein schöner Tag dem Ende. Ein Glaserl da, ein Busserl dort, Beat und Discofox rundeten unvergessene Stunden ab. Gestern wie heute gilt, junggebliebene und jüngere Frauen empfehlen sich in allen Lebensbereichen. Ihnen mit Achtung und Anerkennung zu begegnen, ihnen Freude zu schenken, sollte selbstverständlich sein.

Kerstin Lutter — Berlin

Rheinsberg

Wie Claire und Wölfchen einst verreisten
in Tucholskys kleinem Werk,
so folgten wir auch dem Kommando:
„Umsteigen in Löwenberg!"

Beinah noch grün warn Bäum' und Wiesen,
gelegentlich ein Hauch von Gold –
vorbei an Seen, verschlafnen Örtchen
ist der Zug mit uns gerollt.

Gut angekommen dann in Rheinsberg,
dem Städtchen im Ruppiner Land,
begrüßte uns vorm Schloss der Kronprinz,
mit Namen Friederich genannt.

Sommerstimmung im Oktober,
der See lag still und hell und klar,
im Parkrondell an seinem Ufer
strahlweiß die Götter – wunderbar!

Speisen unter freiem Himmel,
nachdem wir fanden Stuhl und Tisch.
Was störte uns jetzt das Getümmel!
Ein Seelüftchen blies zu uns frisch.

Und frisch gestärkt gingen wir weiter
und folgten der Geschichte Spur
und trafen Kleist, des Dichters Vorfahr,
am großen Stein in der Natur.

Viel zu früh neigte der Tag sich
an diesem schönen Fleck auf Erden.
Und in mir klang das alte Lied:
„Bleib bei uns, denn es will Abend werden."

Dichtung, Musik und schönes Wetter,
Landschaft wie im Bilderbuch:
Für Verliebte und all die andern
lohnt sich ein Rheinsbergkurzbesuch!

                Oktober 2011

Reinsberg *Illustration von Jörn Lutter*

Christa Micka-Rohwedder   Dresden

Jede Woche eine neue Welt

1972 war ich das erste Mal in Spanien. Ich war dabei den Arbeitgeber zu wechseln und hatte ungeplant sechs Wochen frei. Meine Eltern und meine Tante hatten sich innerhalb dieser Zeit für drei Wochen in einem Hotel in Andalusien eingemietet. Oh ja, da wäre ich gerne dabei. Der Reiseveranstalter war kooperativ und tauschte das Einzelzimmer meiner Tante gegen ein Doppelzimmer für uns beide. Im Flieger war auch noch ein Platz für mich frei und so freute ich mich auf das Land und die Zeit, die ich mit meiner Familie verbringen würde.

In unserem Urlaubsdomizil angekommen – die Koffer waren rasch ausgepackt – beschlossen wir uns die nähere Umgebung anzusehen und Getränke einzukaufen. „SUPERMARKET" leuchtete es uns schon an der nächsten Ecke entgegen. Auf etwa 30 Quadratmetern versammelten sich alle Dinge, die ein Urlauber brauchen könnte. Fand man etwas nicht gleich und fragte danach, zog die Bedienung mit traumwandlerischer Sicherheit den gewünschten Artikel aus einem Regal. Das war schon super, trotzdem fand ich die Namensgebung etwas übertrieben.

In den folgenden Tagen entdeckten wir im Ort noch einen Aldi und einen „HYPERMARKT". Der Hypermarkt hatte eine Lebensmittelabteilung, sowie Haushaltswaren, Bekleidung, Schuhe und Klein-Elektrogeräte, war aber nicht größer als der Aldi und gehörte zu einer spanischen Handelskette. „GIGANTE" strahlte es in blau und türkis von dem Dach einer Halle in der Nähe des Flughafens. Neugierig geworden, schauten wir uns einige Tage später dieses Gebäude an. Es war ein Großmarkt.

Ich war ein klein wenig neidisch auf die Spanier wegen ihrer imposanten Bezeichnungen für Verkaufsstätten, die in Deutschland nüchtern Nahversorger oder Discounter, Vollsortimenter oder eben Großmarkt hießen.

Dafür ist die Werbung für Handelsgüter in unserem Land über die Jahre sehr viel fantasievoller geworden.
Vollmundig werden Produkte in Kombination mit Lebensgefühlen verkauft. Oder Lebensgefühle in Kombination mit Produkten? „Weil ich es mir wert bin" umschmeichelt L'Oreal seine Kunden, „wohnst du noch oder lebst du schon?", fragt IKEA, „ich fühl mich wohl in Lenor", behauptet Procter & Gamble und „das Beste oder nichts" fordert Mercedes-Benz.
Bei Werbeslogans in englischer Sprache ist es komplizierter. Die Parfümeriekette Douglas warb ab dem Jahr 2000 mit „come in and find out", oder wörtlich übersetzt „komm rein und finde raus". Bei den, selbst im Winter, weit geöffneten Türen der Filialen kann das doch nicht so schwer sein, oder habe ich da etwas falsch verstanden?
„Geiz ist geil", tönte einst die Handelskette Saturn und löste damit heftige Diskussionen aus. Diese Werbung veränderte und prägte das Einkaufsverhalten von Verbrauchergruppen, weit über Elektronikartikel hinaus. Und dies bis heute und mit erheblichen Folgen. Die erste Werbung, in der die deutsche Grammatik ignoriert und das Vorurteil über vermeintlich dumme Blondinen bedient wurde, war meines Wissens „Da werden Sie geholfen", von der Telefonauskunft.
„Mit Karte, ohne kompliziert" (Zigarettenautomaten), „alles Müller, oder was?" (Milchprodukte), und ganz aktuell „einfach liebenswerda" (Erfrischungsgetränke aus Bad Liebenwerda) sind weitere Beispiele dafür, Grammatik und Rechtschreibung dem zu bewerbenden Artikel anzupassen.
Ein Mann geht in ein Schuhgeschäft, um seine durchgelatschten Treter durch ein Paar schicke neue Schuhe zu ersetzen. Er wird durch ein Plakat, auf dem steht „kauf drei, zahl zwei", ausgebremst. Widerstreitende Gefühle toben in seinem Bauch. Eigentlich wollte er nur seine abgetragenen Schuhe ersetzen, andererseits, Schuhe braucht man ja immer und das Angebot ist nicht zu verachten. Wer hilft diesem in die Zwickmühle geratenen Menschen? Es bleibt schwierig, denn diese Form des Kaufanreizes über den Bedarf hin-

aus, setzen inzwischen viele Branchen ein. Wie die auch sicherlich interessante Idee, mit Bestandteilen, die in einem Produkt nicht vorhanden sind, zu werben.

Warum sich Lebensmitteldiscounter bei ihrer Radiowerbung speziell auf Verbraucher mit einer Hörminderung eingestellt haben, bleibt wohl ihr Geheimnis. Praktisch ist es aber doch. Wenn mich morgens mein Radio anschreit: „Dann geh doch zu Netto!!" weiß ich, gleich kommen die Nachrichten.

Als Trost verspricht Tchibo seinen Kunden „jede Woche eine neue Welt" und die werden wir auch brauchen.

August 2019

Annemarie Neugebauer (1925–2019)

Geschichten & Gedichte

von Annemarie Neugebauer

Erinnerung

Es sang ein kleines Vögelchen
auf schwankend, dünnem Zweig.
Die Zeit nahm es mit sich davon.
Sein Lied im Ohr uns bleib.

     Regine Gebhardt

Mit diesen wunderbaren, schlichten Worten eröffnete Regine Gebhardt die Gedenklesung für Annemarie Neugebauer am 17. April 2019 in der Ölmühle zu Dessau-Roßlau.

Zum 90. Geburtstag hatte Regine für Annemarie das Gedicht geschrieben:

Lebensphilosophie

Der Vögel Lied, der Blüte Duft,
des Windes Kuss die Seele sucht.

Befrag die Sonn', wohin sie geht,
wenn sie nicht hoch am Himmel steht.

Befrei das Herz, dass es pochen kann.
Es fängt ein neuer Morgen an.

Wir, Heinz und Gerlinde Freiberg aus Dresden, sagen Dank für die vielen Jahre der äußerst fruchtbaren und stets heiteren Zusammenarbeit mit der Autorin Annemarie Neugebauer. Sie wird uns sehr fehlen. Wir möchten sie ehren, indem wir drei kleine Geschichten von ihr, hier nachfolgend, abdrucken.

Worüber ich so schreibe?

Eines Tages fragte man mich, worüber ich so schreibe.
„Etwas für Kinder, habe ich vor zirka 30 Jahren geschrieben", antwortete ich. Und sonst? „Was mir so einfällt", entgegnete ich verlegen.
Befriedigend schien meine Antwort nicht zu sein. Der starre Blick von Frau B. klebte förmlich an meinem Gesicht. Dann aber glitten ihre Augen an meiner ganzen Gestalt von oben nach unten und von unten nach oben. Irgendwie war ich unsicher geworden, so, als hätte ich die Unwahrheit gesagt. Vielleicht dachte Frau B., ich kann es gar nicht, das Schreiben. Ihr Blick und die ganze Haltung mir gegenüber zeigte mir ihre Überlegenheit.

Wer war eigentlich Frau B. jetzt?
Eine ältere Dame, die ich einmal als Lehrerin hatte. Ich merkte, dass sich ihre Dominanz von damals nicht viel verringert hatte. Woher wusste sie von meiner Schreiberei eigentlich? Irgendwie hätte sie mal das Heft, das Blaue, gefunden, sagte sie. Wieder Verachtung, dachte ich.
Einen Roßlauer Prolog schenkte ich damals meiner Familie, und wie ich weiß, liegt das Heft noch bei ihnen im Schrank. Ich ärgerte mich. Warum kann ich ihr nicht so gegenübertreten, wie sie mir damals? Selbstbewusst und überlegen?
Ich wagte nicht, meinen Blick auf ihrer Garderobe ruhen zu lassen und dachte mir: „Was ist aus Frau B. geworden?"
Plötzlich empfand ich Mitleid mit ihr. Sind ihre Augen nicht mehr in Ordnung, kümmert sich niemand um sie?
Warmherzig verabschiedete ich mich von ihr. Aber zurück kam mir nur Kälte entgegen. Abends im Bett musste ich immer an die Begegnung, die mich an meine Jugend erinnerte, denken. In der Schule fehlten mir oft Antworten auf eine Frage von Frau B.. Ich hatte Angst, etwas Falsches zu sagen. Ich war schüchtern. So, wie heute Vormittag. Jetzt, ganz plötzlich, wusste ich die Antwort auf die Frage: „Worüber ich so schreibe".

Über das Leben, so wie ich es gern möchte, hätte ich sagen sollen. Warum fiel mir die Antwort nicht ein? War denn noch immer die Kluft zwischen Frau B. und den damaligen Schülern vorhanden? Schade eigentlich, gern hätte ich sie öfter mal besucht, um ihr einen guten Tag zu wünschen.

März 2005

Gedanken während einer Theatervorstellung

An einem Sonntag saß ich mit meinem jüngsten Enkel im Dessauer Theater. Als großer Theaterfan hatte er zwei Karten besorgt. Vor mir saß eine attraktive und gutaussehende Frau. Ihre silbergrauen Haare standen ihr gut zu Gesicht. Sie erinnerte mich plötzlich an die Frau, welche mir vor langer Zeit erzählte:

„Damals, im Krieg war es, saß ich im Dessauer Theater. Während die anderen Leute um mich herum den Melodien der Operette folgten, dachte ich immer nur an meinen Mann. Er stand auf dem Dach des Theaters an einer Flak (Fliegerabwehrkanone). Die ganze Vorstellung hindurch drückte ich meine Daumen so fest, dass sie schmerzten. Hoffentlich gibt es keinen Fliegeralarm, dachte ich immer nur. Zum Glück gab es den auch nicht. Zum Schluss der Vorstellung ging ich mit weichen Knien aus dem Theater."

So ähnlich hatte es mir die Frau erzählt.
Was muss sie in den zwei Stunden erlitten haben, dachte ich jetzt. Aufmerksam verfolgte mein Enkel „My Fair Lady". In der Pause fragte er mich: „Hat es dir gefallen, Oma?"
„Ja", antwortete ich und erzählte ihm kurz von meinen Gedanken und dem einstigen Erlebnis der Frau. „Dein Opa stand während des Krieges auch auf dem Dach des Dessauer Theaters an einer Flak", sagte ich.
„An einer Kanone auf dem Dach?" Ungläubig schaute er mich an. „Komm mit runter ins Restaurant. Ich halte dir einen Platz frei", sagte er und schon war er in der Menschenmenge verschwunden. Langsamen Schrittes folgte ich ihm und war glücklich, über seine schöne unbekümmerte Jugend.

Das Dessauer Theater: 1938 erbaut; 1944/45 stark zerstört; 1949 wieder errichtet.

Schwermütig

Frau Lenchen kippte den Abfall in die Tonne. Plötzlich hörte sie ein Jammern und Klagen.
„Warum muss ich eine Mülltonne sein? Jeder schüttet seinen Unrat in mich hinein. Und wie das stinkt! Ich halte das nicht mehr aus. Viel lieber wäre ich eine Papiertonne wie mein Nachbar. Der hat's gut. Den ganzen Tag kann er Geschichten und Gedichte lesen. Warum muss ausgerechnet ich den Gestank ertragen?"
Lenchen horchte, weil auf einmal eine andere Stimme sprach.
„Sei ruhig, liebe Mülltonne. Glaubst du etwa, dir geht es nur alleine so? Auch ich bin eine Mülltonne. Eine Mülltonne-Mensch. Viele entleeren alles bei mir, ihre Sorgen, den Klatsch und sämtliche Hässlichkeiten über andere Menschen. Alles landet bei mir."
„Warum wehrst du dich nicht?", wollte die Mülltonne wissen. „Du kannst es doch, bist frei, während ich hier gefangen bin."
„Mein Versprechen verbietet es mir. Ich habe geschworen, alles für mich zu behalten; du, große Mülltonne, kannst zufrieden sein, wirst immer wieder entleert", tröstete sie. „Ich trage den Müll für immer mit mir herum."
Sie drehte sich um und ging langsam, nach vorn gebeugt davon, als sei es die schwerste Last, die sie zu tragen vermag. Ohne weitere Worte verschwand sie wieder im dichten Nebel, aus dem sie anfangs gekommen war.
Frau Lenchen stand da und überlegte. „Was war das, was mich eben beschäftigte? Bin ich die Mülltonne-Mensch?" fragte sie sich. Noch nachdenklich darüber, nahm sie ihren Eimer und ging zurück ins Haus. Der laute Knall der zugeschlagenen Haustür befreite sie vollends von ihren düsteren Gedanken.

November 2007

Ingeborg Nieburg Dessau-Roßlau

Werkstatttage
(Impressionen)

Wir waren zusammengekommen, wir Schreibenden, zu Werkstatttagen. Jeder konnte, (sollte) lesen, jeder konnte (sollte) dazu etwas sagen. Ich war erstmals vor einem solchen TRIBUNAL, welches doch ein anderes ist, als der eigene Zirkel. Es herrschte eine ungewohnte Atmosphäre, für mich jedenfalls ungewohnt.
Ein wenig Fremdheit, ein bisschen Befangenheit, da wir uns kaum oder gar nicht kannten, schwang durch den Raum. Obwohl die Fremdheit mit jeder Stunde abnahm, wurde meine Befangenheit nicht kleiner, Gedichte betreffend eher größer. Was hier an eigenen Gedichten gelesen wurde, gefiel mir zwar, war aber von meiner Art Gedichte zu schreiben, weit entfernt. Ich schreibe ganz einfache Gedichte, vorwiegend Liebesgedichte. Davon hatten wir noch nicht ein einziges zu hören bekommen. Dazu sind meine meist kurzzeilig, die poetische Idee ist mit knappen Worten umgesetzt. Und wäre es nicht bekannt gewesen, dass ich Gedichte im Hefter habe, ich wäre mit keinem einzigen zum VORSCHEIN gekommen. So aber durfte ich nicht kneifen, und einige wurden von mir gelesen. Und sie hatten Erfolg. Sie wurden als gut bis vollkommen gewertet. Ich saß mit heißen Ohren da. DAS hatte ich nach all den vorangegangenen Gedichten und Diskussionen beileibe nicht erwartet. Nie und nimmer.
Mit meinen einfachen Empfindungen, in schlichte Wörter verhüllt, habe ich Menschen erreicht. Das war unsagbar beglückend. Ein unbekanntes Glücksgefühl. Doch gleichzeitig bedrückend. Bedrückend deshalb, weil ich die Bürde des Schreibenkönnens stärker als je empfinde, und ich nicht weiß, ob ich sie immer tragen kann. Denn weiß ich genug, um den Worten Inhalt zu geben?

30.12.1979

An meine Hände

Schreibt Hände, schreibt,
Reiht Silbe an Silbe,
Wort an Wort,
Formt
Was ich fühle.

Schreibt Hände, schreibt,
Über den zausigen Wind,
Die Sonne,
Fangt
Ein die Liebe.

Schreibt Hände, schreibt,
Über alles,
Damit auch
Den Nachgekommenen
WIR und UNSERE Zeit
Begreifbar werden.

   26.12.1979

Auftrag

Du hast studiert.
Wir brauchen dein Wissen.
Hier ist unsere Aufgabe,
Hilf sie lösen.

   19.01.1974

Nie wieder

Zärtlich sollst du sein,
In diesem Frühling.
Kosig, bis in den Sommer hinein.
Denn nie wieder gibt es
Diesen ersten Frühling.

        01.08.1984

Für Todor

Malt, Hände malt.
Meine Seele
Ist übervoll.

Malt, Hände malt.
Das wunde Herz
Verblutet sonst.

Malt, Hände malt.
Vereint
Seele und Herzblut
Auf der Leinwand.

        12.12.1979

Aufbruch

in ferner weite
nur ebne straßen
so täuscht es

zu meinen füßen
holprige pfade
begehbar
mit mühe

ich bewältige
gegenwärtiges
und finde

in zukünftigem
schrundigen landstrich
sich erschließend
dem zähen ...

06.01.1980

*

Immer wieder

Ich musste lernen, durch mich selbst
hindurch zu gehen. Nur so konnte ich
mich ein wenig mehr kennenlernen.
Und da ich veränderlich bin, werde ich
dies noch oft wiederholen müssen.

Splitter, 1983

Zirkus

Herein! Herein!
Ins Zirkuszelt.
In diese buntkarierte Welt.
Die schon zu früh'ren Zeiten
Gelocket hat mit weiten,
Hergereisten Zirkusleut.

Herein! Herein!
Die Zirkuswelt
Gibt sich ein Stelldichein im Zelt.
Sie zaubert, tanzt und schwingt,
Bis unter die Kuppel dringt
Aufgescheuchter Zirkuslärm.

Herein! Herein!
Ins Zirkuszelt.
Es ist für uns 'ne andre Welt.
Wilde Tiere, Clownerie,
Arbeit mit viel Akribie
Bringen uns die Zirkusleut.

30.12.1979

bitte und antwort

erst neulich –
du hattest geschrieben:
schone dich mehr
wir woll'n dich nicht verlieren
deine kinder und ich

seitdem wuchs
meine verantwortung –

ich trachte
dass meine kräfte wachsen
unaufhörlich
doch nicht gefordert werden
übermäßig
bis ich genesen bin

denn ich will
mich erhalten für EUCH

    06.01.1980

   *

Verlier dein SELBST nicht

Das Wichtigste im Leben ist,
das SELBST nicht zu verleugnen,
erst recht nicht zu verlieren,
auch nicht
bei unvermeidlichen Kompromissen.

    Splitter, 1983

Die Trauerweide
Eine Episode mit dem Dessauer Maler und Grafiker Carl Marx

Sommer 1988.
Wieder einmal fahre ich zum „Knarrberg", zu dem Maler Carl Marx. Ich möchte ihm die Fotos vom diesjährigen „Bauhaustreff" bringen. Allerdings ist es fraglich, ob ich ihn antreffen werde.
Bin neugierig wie ihm die Aufnahmen gefallen werden. Einige Motive sind besonders gut gelungen. Finde ich jedenfalls.
An seinem Haus angekommen, stelle ich das Fahrrad ab und drücke auf die Klingel. Nichts rührt sich.
Kurzerhand stecke ich das Couvert mit den Abzügen in den Briefkasten.
„Viel Freude an den Fotos" habe ich vorsorglich schon zu Hause auf den Umschlag geschrieben. Ich weiß ja, ihn anzutreffen, ist reine Glückssache.

Als ich mein Fahrrad nehme, welches vor dem Haus an der Trauerweide lehnt, sehe ich am Stamm zwei breite Streifen von farblosem Latex. Sie sind mehr als mannshoch und reichen bis zur Erde hinunter. Auf dem festgetretenen Sandstreifen enden sie.
‚Was soll denn das', denke ich für mich.
‚Konnte er die Farbe nicht entsorgen, wie es sich gehört. Er liebt doch die Natur und ist dafür, dass man sorgsam mit ihr umgeht.'

Drei Tage später erhalte ich einen Brief von Carl Marx, in dem er sich für die Fotos bedankt und einige Fotos sogar kommentiert.

Etliche Wochen sind vergangen, als wir uns wieder einmal an der Elbe begegnen. Es ist meine übliche Radtour, die mir den Kopf frei machen soll.
Carl Marx bedankt sich nochmals persönlich für meine Aufnahmen vom „Bauhausfest". Wir laufen ein ganzes Stück miteinander und sprechen miteinander. Unsere Fahrräder führen wir nebenher.

Mir spukt noch immer die Trauerweide durch meine Gedanken. Schließlich sage ich: „Herr Marx, als ich Ihnen die Fotos brachte, sah ich die Latexstreifen an der Trauerweide. Wie konnten Sie nur den Stamm mit der Farbe bestreichen?"

Verblüfft sieht er mich an. Dann sagt er: „Das hatte schon seinen Grund. Die Weide konnte sich vor Ameisen nicht retten. So habe ich ihnen den Weg versperrt. Es hat geholfen. Sie sind abgezogen." Er fügt noch hinzu: „Und die Latexfarbe schadet dem Baum nicht."
„Das wusste ich nicht … Mir tat nur die Trauerweide leid. Sie sieht doch so prächtig aus", antworte ich ihm.

Indessen sind wir an der Kreuzung angekommen, an der sich unsere Wege wieder trennen. Wir verabschieden uns voneinander und jeder steigt auf sein Fahrrad, um nach Hause zu fahren.

Der Druck in meinem Kopf ist verschwunden.

Oktober 2012 / überarbeitet Juni 2019

*

Abends

für C.M.

Ich traf den Maler
Als er zum See radelte
Der Glutsonne nach

Alte japanische Gedichtform

30.03.1989

Sigrid Pellegrini Dresden

Buchstäbliches

Es geht mir wie der Kirchenmaus,
habe nichts zu verschenken,
deshalb kann ich auch andere
nur „buchstäblich" bedenken.
Fallen mir ein paar Verse ein,
entlocken gar ein Lachen,
weiß ich, auch ohne einen Cent
lässt sich manch Freude machen.

2002

Frauentag

Lass uns heut' am Tag der Frauen
fröhlich in die Runde schauen,
neugierig nach draußen sehen
und den Tag beschwingt angehen,
mit dem Blick der Zeit betrachten:
Schnell vergisst man, zu beachten,
dass wir viel tun, was wir wollen,
weniges nur, was wir sollen!
In dem Wissen, kaum zu müssen,
darf uns Klärchen früh schon küssen.

2014

Man sieht uns noch

Man sieht uns noch so manches Fähnchen hissen,
wir brechen auch noch allerhand vom Zaun,
was wichtig einst, wir heute nicht vermissen,
doch ist uns noch so manches zuzutraun!

Sagt ihr, dass ihr euch nun darüber wundert,
rufen wir lautstark, seht mal richtig her!
Wir sind nicht neunundneunzig oder hundert,
wir leben, lachen, lieben, he, wir sind noch wer!

      1. März 2014

Neugier als Lebenselixier

Es füll'n wie von allein sich meine Tage,
doch fließen sie nicht einfach bloß dahin.
Das Älterwerden trifft mich nicht als Plage,
Ideen stell'n sich ein, hab vieles noch im Sinn.
Mein Rucksack, ganz mit Neugier angefüllt,
als schöne Last auf allen meinen Wegen,
bei allem, was ich tu, was mich beseelt,
mit Lust trage ich weiter ihn durch's Leben.

      Dezember 2018

Auch mein Elbflorenz

Vor vielen Jahren lernte ich
zufällig einen jungen Mann,
und mit ihm seine Stadt sodann
richtig kennen und zu lieben.
Vieles seitdem elbabwärts floss,
sehr gern bin ich geblieben.

So ist nun dieses Elbflorenz,
als der Fremden aus dem Norden,
in über fünf Jahrzehnten längst
zur neuen Heimat mir geworden.
Gern fechte ich so manchen Strauß,
wenn's jeder auch nicht hören will,

zugunsten meiner Heimat aus,
es bleiben Herz und Mund nicht still.
Erklimme viele Stufen oft,
von oben wieder mal zu seh'n:
Dresden, du bist auch meine Stadt,
das Elbtal schmückend, du bist schön!

2016

Schönste Jahreszeit

Früher dachte ich, es gibt sich,
bin ich einmal um die siebzig,
doch laut rufe ich: Mitnichten,
will auf Frühling nicht verzichten!

Hab' den Vorteil, kann gelassen
Frühling bei den Zipfeln fassen,
muss nicht um ein Stündchen ringen,
um Zeit mit ihm zu verbringen.

Kann spazier'n, durchs Grüne laufen
ohne zwingend einzukaufen,
außer den zwei Eintrittskarten
zum Palais im Großen Garten,

das in manch vergangnem Jahr
festlich für die Sinne war,
Farbenklänge für die Augen
und das Herz vortrefflich taugen!
Endlich wieder ist's soweit:
Frühling, schönste Jahreszeit!

      Januar 2014

Morgenvers

Ich mag die Zeit der schönen Morgenstille,
noch eh' der Tag sich recht geschäftig erst entfaltet,
noch eh' die Sonne überm Horizont
mit Licht und Wärme ihres Amtes waltet.
Noch eh' die Kinder plappernd hin zur Schule eilen,
noch ehe Herrchen oder Frauchen mit dem Hunde
auf ihrer Runde grade hier bei uns verweilen,
noch eh' der Spatzenpulk im dichten Strauch erwacht,
genieß' ich stilles Schwinden einer Nacht.

2. Januar 2019

Tagesbeginn I

Der Sturm bläst meiner Drossel heute ins Gefieder,
doch steht sie fest auf dem Geländer, schaut mich an
mit großem Auge, hüpft zum Futterplatz dann nieder.
Schön, dass mit solchem Blick der Tag für mich begann.

4. Februar 2011

Sonnengelber Spaziergang

Busch, Baum und Feld sich nach Kräften bemüh'n
um Augen erfrischendes, leuchtendes Grün.
Mahonie und Ginster, Raps und Löwenzahn,
sie bieten freigiebig ihr Sonnengelb an.
Mit Blick zum Himmel, dem heute nur blauen,
lassen sich herzensfroh Luftschlösser bauen.

April 2009

Sonniger Februartag

Ich mache mit mir täglich selbst Termine,
und wird es mir zu viel, dann sage ich sie einfach ab.
Zum Beispiel, wenn die Sonne herrlich schiene,
würden quartiergebundne Pflichten ganz schnell knapp.

Sehr Wichtiges lässt spielend sich verschieben,
plötzlich hat es auch noch bis morgen Zeit,
fühl' mich ins Freie mehr gezogen als getrieben,
hält Winter gar ein Stückchen Frühling schon bereit?

                        Februar 2014

Heute fand gar kein Wetter statt

Der Tag ist heute mal im Bett geblieben,
er hatte keine Lust sich aufzuraffen.
Wenn das nun jeder täte nach Belieben,
was würde man denn dann noch schaffen?

So schicke ich mich selber auf die Trasse
zu lockern möglichst alle meine Glieder,
denn wenn ich das für heute unterlasse,
singt mir mein Rücken keine Liebeslieder.

Und siehe da, zwar ist der Himmel trübe,
mir milde Lüfte das Gesicht umschmeicheln,
In manchem Strauche zwitschert's mir zuliebe?
Wird morgen Sonnenlicht mich wieder streicheln?

                        13. Januar 2011

Die Amsel trägt das Notenbuch

Die Amsel trägt das Notenbuch
gleich unterm Federkleid,
so hält sie früh und abends spät
das schönste Lied für uns bereit.

Man rühmt so sehr die Nachtigall,
vergisst ganz schnell dabei,
dass sie unglaublich fiepen kann,
es stört die schönste Nacht im Mai.

Nach Mitternacht sind wir erschreckt,
nah saß die Nachtigall beim Zelt
und hat mit schrillsten Tönen jäh
Morpheus Umarmung uns vergällt.

Da zieh ich mir die Amsel vor,
leg' mich in ihre Töne,
wach auf mit ihr, find nächtens Ruh',
ans Fiepen einer Nachtigall –
ich niemals mich gewöhne!

                         Mai 2007

Romy Pietzsch Nutha bei Zerbst

Traumsegelschiffsgefühle

Dieses Kribbeln im Bauch
süßes Gefühl
Schmetterlingsflügelschlagen
es trägt mich davon
in deinen Traum
mit einem Hauch von Verlangen

Du liegst neben mir
in Morpheus Arm
grauweiße Nebelschwaden
sie lösen sich auf
du spürst meinen Duft
für immer in dir eingefangen

Zwei Herzen im Takt
berühren sich sanft
in Traumsegelschiffsgefühlen
halt mich ganz fest
in diesem Glück
aus Glitzerperlenschnüren

Woher und wohin?

Woher kommen wir und warum?
Hat man uns um Erlaubnis gefragt,
uns einfach in die Welt zu setzen?

War es Vorsehung oder ein Zufall?
Ist uns genau dies Leben zugefallen?

Uns wohin sollen wir gehn?
Gibt es einen Plan, eine Karte, eine Absicht?

Werden wir gesund oder krank, arm oder reich,
dumm oder gescheit?

Wer bestimmt das? Oder was?
Woher kommen wir und wohin werden wir gehn?

Helga Rahn — Leipzig

Gänseliesel

Eine Kindheitserinnerung

Schon von weitem schnatterten die Gänse. Ich wurde blass. „Ist was?" fragte Rita, meine Schulfreundin besorgt. „Wir haben den Russisch-Unterricht überstanden, die Hausaufgaben sind auch geschafft. Aber du siehst aus, als würdest du gleich aus den Pantoffeln kippen." Ich jammerte: „Hörst du diese Viecher? Oma Marthe hat unsere Gänse aus dem Stall gelassen. Und ich darf heute die Hüteliesel spielen." „Alles klar", meinte Rita, „du hast Angst vor dem wütenden Ganter."
Ich schilderte der Freundin das bissige Tier, dessen Zischen mir stets eine Gänsehaut verursachte. „Dazu der Riesenschnabel – da muss man doch Angst kriegen!" O ja. Rita sah das Bild offenbar vor sich. Doch dann fing sie an, zu lachen. „Auf der grünen Wiese sitzt die Gänseliese – das passt doch, oder?" Rita zog mich gern auf wegen meiner Ängstlichkeit. Dennoch war die Freundin froh, die Aufgabe des Hütens nicht übernehmen zu müssen. Und dann meine Oma. Rita hatte sie von weitem gesehen. Was war mehr zu fürchten: der Ganter oder die taubstumme Oma, wenn sie drohend ihren dicken Knüppel schwang?
Nein, die Schulfreundinnen beneideten mich nicht. Seit unsere Mutter gestorben war, lebte die Oma im Haushalt. Im Krieg hatte sie Stimme und Gehör verloren, so wurde vermutet. War es eine Schockreaktion auf all die schlimmen Geschehnisse, Mord und Terror? Wir Kinder wussten es nicht, reagierten jedoch verängstigt. Wir trennten uns, denn Rita sollte im Garten helfen. Und ich – wurde auf die Wiese zu den Gänsen geschickt. Ich maulte: „Immer ich", und legte meinen Schulranzen beiseite.
Ruth, die Köchin der Familie fragte: „Sind deine Hausaufgaben geschafft?" Als ich nickte, fuhr Ruth fort: „Sieh mal, eine Stun-

de an der Luft wird dir gut tun. Außerdem bist du nun mal die Älteste."
Nun griff auch ich meinen Stock, um mich gegen das Federvieh verteidigen zu können. „Dann sehe ich mir eben ein Buch an", nahm ich mir vor. Es waren Märchen aus aller Welt, die mich fesselten. Seit ich das ABC beherrschte, war ich lesebegeistert. Die Gänseschar allerdings galt es, im Blickfeld zu behalten. Zu groß war die Gefahr, dass sie über den Zaun flogen und damit auf das Grundstück des peniblen Nachbarn. Ich näherte mich den weißen Vögeln, die eifrig das Gras rupften. Und schon kam der Ganter auf mich zugestürmt, oh Schreck!
Nachdem der Pascha der Truppe sich beruhigt hatte, ging ich zum Bach, der die Wiese begrenzte. Es war ein ruhiger Tag, die Sonne schien und kitzelte meinen bloßen Hals. Wie gut, dass man die warme Kleidung endlich ablegen konnte! Am Bach angelangt, sah ich, dass die Sumpfdotterblumen in Hülle und Fülle aufgeblüht waren. Im satten Gelb erstrahlten sie mit der Sonne um die Wette. Ich liebte diese schlichten, anspruchslosen Pflanzen, die mir doch so stark erschienen. Als ich mich über die Blüten beugte, spürte ich deren sanfte Berührung an meiner Wange – und vergaß die Aufgabe, die mir aufgetragen war ...

O weh, was war das? Tsch ...! Mit aufgerecktem Hals und drohend zischend stürmte der Ganter auf mich zu. Laut schrie ich auf. „Du Ungeheuer, hau ab. Weg mit dir!" Meine Stimme überschlug sich fast, während ich mit dem Stock den Gänserich abwehrte. Endlich gelang es mir, ihn zurück zu treiben. In dem Augenblick kam Rita gelaufen. Sie hatte mich bereits gesucht und wurde nun durch meine Rufe sowie das lautstarke Gänsegeschnatter angelockt.
„Ist alles in Ordnung, Mädi?" Rita schien in Sorge. „Nenn mich nicht immer Mädi", bat ich. „Was sollen die Jungens denken. Sie könnten uns auf der Straße hören."
Immerhin grasten die Gänse samt Ganter jetzt friedlich. Wir setzten uns etwas abseits auf die Wiese. Rita sah sich um und meinte: „Die Luft ist rein." Dann holte sie etwas aus ihrer Tasche. „Sieh

mal, ein Buch." Sie tat sehr geheimnisvoll." „Zeig mal", bat ich. Sie las den Titel: „Über die Liebe". Ich sah meine Freundin ratlos und zugleich erschrocken an. Rita meinte: „Na ja, das ist zur Aufklärung. Ich hab's gefunden." Sie plinkerte mich listig an. Beide wussten wir: Niemand durfte uns mit diesem Buch sehen. Und schon gar nicht Oma Marthe! Dennoch blätterten wir, vertieften uns in den Inhalt.

Als wäre der Teufel im Spiel, stand die gefürchtete Oma plötzlich vor uns. Wütend fuchtelte die Alte mit ihrem Stock. Eine andere Möglichkeit, sich mitzuteilen, stand Marthe nicht zur Verfügung, das wusste ich wohl. Das ganze Ausmaß des Schreckens wurde mir erst jetzt klar. „O Gott, die Gänse!" rief ich.

Keiner von uns hatte aufgepasst, zu vertieft waren wir in die verbotene Lektüre. Zu allem Unglück entdeckte die Oma sogleich das Buch und griff danach. Aber Rita war schneller. Mit der abgegriffenen Schrift unter dem Arm rannte sie davon. Dabei hätte ich so gern gewusst, was es mit der Liebe auf sich hat. Jetzt blieb mir nur, gemeinsam mit Oma Marthe die Gänse zusammen zu treiben. Der einzige Trost bestand darin, nach Erledigung aller Aufgaben einen Strauß Sumpfdotterblumen zu pflücken, um diese am Abend mit nach Hause zu nehmen.

Mai 2017
(nach wahrer Begebenheit)

Im Vorfrühling

Die Alleen lässt der Wind erklingen.
Wie er Mädchenlippen zart berührt,
dass sie zärtlich miteinander ringen,
und sich zögernd öffnen, weil betört.

Lichtgelb will der März sich zeigen,
schon ein Kätzchen träumt vor Ort.
Kühl gibt sich der Stamm zu eigen.
Blase, Wind, die dunklen Tage fort.

Warum zagen, bin noch immer jung!
Duft von Veilchen reizt die Nüstern.
Auch mein Herz ist voller Schwung.
Hör den Wind in den Alleen flüstern.

Herbstfeier

Die Stufen am Haus sind feucht am Morgen, im Glanz des Septemberlichts, ich schreite vorsichtig, Perlen liegen unter den Schuhen, rote Kugeln, wenn ich fest auftrete, höre ich das leise Knistern, die Früchte sind es vom Vogelbeerbaum,

der am Fenster steht, uralte mächtige Bäume, deren Wipfel raunen, im Altweibersommer ist die Zeit der Reife, Blätter rieseln herab und bedecken die Erde, ein Gärtner vollendet den Schnitt, abgeworfen wird das welke Laub, auf den Ästen nistet Frost, Schnee fällt in tiefer Stille, bis das junge Grün

auf den Winter folgt, ich sehe dem Sterben zu, ein Reifen ist es zur Erde, neu zu erstehen, die Sohle gleitet, Blätter tanzen auf und nieder, Teppiche sind braun und ockerfarben, auf der Treppe eine Spur von Rot, wache auf, es ist, als ob ich träume.

Nie sollst du spielhaft sein

Im Traum, im Wachen wandern,
gedanklich den Himmel erobernd –
Ozeane fluten, überfluten alles
Wasser, Steinzeit, Eis, die erzene Phase.

Die Erde, weit reicht ihre Spanne,
seit Leben geboren, seit Mütter und Kinder
die Erde betreten, ist Blöße mit Farben
geschmückt, dass Sorgfalt waltete, weit mehr.

Wer garantiert das Leben, schützen wir
und schonen Eisbärjunges, Blauwal, Biber –
Menschenkind, gefährdeter denn je,
nie sollst du Spielball sein und ausgeliefert.

Gebt den Müttern Möglichkeiten!
Ob gemeinsam, ob allein, das Erprobte
ist ein Netz mit Löchern, Fäden sind
zu knüpfen, sorgen, kleiden, uns zu finden.

      April 2015

Gewissheit

Sei gewiss, nicht alle Knospen reifen.
Besser, als im Haus ein stetig Keifen,
ist ein Gehen auf getrennten Wegen,
die sich irgendwann zu einen pflegen.

Leben heißt, wir lachen und ersehnen
ohne Garantie, ob Salz, ob Tränen.
Mitunter flenne ich im Kämmerlein,
In trüben Zeiten bin ich – sehr allein.

Da gab es Einen, er war mir so teuer.
Erinnerung nur bleibt, o welche List!
Ich wusste, dass ein heißes Sinnenfeuer

Das Herz verwirrt, um alle Kraft zu rauben.
Was ist zu tun? Ich werde daran glauben:
Es gibt noch Rebensüße, die erreichbar ist.

                        10. Juli 2014

Vera Richter — Gera

Die Hühnermutter Buff

Ein leer stehendes Haus mit einem riesengroßen Hof, welches am Waldrand einer Siedlung vor der Großstadt stand, übte seit Langem magische Anziehungskraft auf die elfjährigen Zwillinge Olaf und Frank aus. Seit sie Ferien hatten um so mehr, da sie wussten, dass das Haus vor einiger Zeit von einem Ehepaar mit Namen Buff bewohnt wurde, und sie glaubten, richtiges Hühnergegacker vernommen gehabt zu haben. Die Zwillinge kannten Federvieh nur aus Büchern und vom Fernsehen. Lebende Hühner hatten sie noch nie gesehen. Hühner aus allernächster Nähe zu betrachten entwickelte sich zu einem brennenden Wunsch. Wie Füchse umschlichen sie seither das Gehöft. Leider war ihnen durch dichtes Strauchwerk und Baumbewuchs der Blick auf die Hühner verwehrt. Sie hätten ihren Wunsch wohl auf den Sankt-Nimmerleins-Tag verschieben müssen, wenn ihnen nicht eine tolle Idee gekommen worden wäre. Zunächst beobachteten sie an mehreren Tagen das Gehöft und schon bald wussten sie, dass das Ehepaar Buff früh, gegen halb acht Uhr, sein Haus verließ. Herr Buff fuhr mit dem Auto fort, Frau Buff, die sie sofort „die Hühnermutter" nannten, marschierte per pedes in den nahegelegen Kindergarten. Die Hoftür wurde nicht abgeschlossen. Im Glauben daran, in den Vormittagsstunden vom Ehepaar Buff ungesehen auf das Gehöft zu kommen und endlich auch Hühner leibhaftig zu erspähen, schlichen sie mit klopfendem Herzen, dennoch guter Dinge, auf das Buff'sche Anwesen.
Plötzlich, als die Zwillinge geradewegs das Hühnergatter ansteuerten, wurde das Küchenfenster geöffnet und laut keifend schrie Frau Buff: „Sofort verschwindet ihr von meinem Grundstück, ihr Lausebengels, sonst setzt es was."
Sie schwang drohend einen großen Kochlöffel, schob ihren übergroßen Busen, der nur teilweise von einer bunten Kittelschürze bedeckt wurde, zum Küchenfenster heraus. Olaf und Frank starrten

sie fassungslos an, nicht nur wegen ihres Geschreis. Stotternd erklärten sie der dicken Frau Buff, sich doch nur ihre bunten Hühner anschauen zu wollen.
„Ach was, Hühner, los, fort mit euch."
Mit dem Kochlöffel machte sie eine unmissverständliche Geste. Olaf und Frank verzichteten notgedrungen auf die Inaugenscheinnahme des Federviehs, drehten sich noch einmal zur Hühnermutter um und baten sie noch einmal, ihnen das Anschauen der Hühner zu erlauben. Schließlich hätten sie noch nie lebendige Hühner gesehen.

„Ich mache euch gleich Beine, verschwindet endlich, ihr wollt mir wohl die Eier aus den Nestern stehlen."
Mit gesenkten Köpfen trotteten sie zum Tor hinaus.
„Olle blöde Buffen" brabbelte Olaf vor sich hin. Auch Frank war beleidigt. Als ob sie Eier stehlen wollten, das hatten sie gar nicht nötig. Ihre Mutter bekam arschfrische Eier. Mit diesem etwas anstößigen Wort bezeichneten sie die Eier, die ihre Mutter von einem nahegelegenem Bauernhof holte.
Frank schimpfte drauf los: „Olaf, die Buffen, das ist doch eine ganz gemeine Ziege. Muss die uns so anblaffen? Warum war die überhaupt zu Hause? Die kocht doch eigentlich um diese Zeit das Essen im Kindergarten."
„Das weiß ich doch nicht", zischelte Olaf zwischen den Zähnen hervor, immer noch wütend über den Anranzer der Frau Buff. „Weißt du was, wir werden der Hühnermutter eins auswischen, die hat uns die Freude an Hühnern so richtig versaut. Wir werden uns rächen."
Der nächste Ferientag begann mit dem Beobachten des Kindergartens, heute wollten sie auf Nummer sicher gehen. Nachdem Frau Buff selbigen betreten hatte, machten sich die beiden Jungen eine Weile später auf dem Buffschen Grundstück zu schaffen. Ihr bewunderndes Interesse an lebenden Hühnern war erloschen, ursächlich kam dafür das üble Schimpfen der dicken Frau Buff infrage.

Mit einem Sack voller Kienäpfel bewaffnet, kletterten beide auf einen in der Nähe des Hühnergatters stehenden Apfelbaum. Von hier aus bombardierten sie die gesamte Hühnerschar, die mit lautstarkem Gegacker selbst den schwerhörigen Nachbarn Schulze aufmerksam werden ließ. Dieser glaubte, dass sich Reineke Fuchs für den Hahn und sein weibliches Gefolge interessiere und es dem Schlaufuchs gelungen sei, im Hühnergatter um sich zu beißen. Schnell informierte er Frau Buff.

Olaf und Frank saßen derweil immer noch im Apfelbaum, ballerten ihre Munition auf die Hühner, freuten sich diebisch und lautes Lachen ertönte, wenn auch der Hahn mal getroffen wurde. Ihr Riesenspaß nahm ein überraschendes Ende. Sie überhörten ein sich näherndes Gespräch zwischen Nachbarn Schulze und Frau Buff. Plötzlich rief Olaf aufgeregt und verhaspelte sich beim Sprechen. „Frank hör' bloß auf, die Puffmutter kommt". Frank ließ ob dieser furchterregenden Mitteilung den Sack mit den Kienäpfeln fallen. Das stoffliche Munitionsbehältnis blieb mit der Öffnung nach unten im Geäst hängen und einzeln und nacheinander rollten die Kienäpfel der Frau Buff entgegen, wiesen ihr den Weg zu den Verursachern des aufgeregten Gegackers ihrer Hühner.

Was dann folgte, war alles andere als ein Ferienspaß.
Nachbar Schulze hatte die Zwillinge erkannt, die Eltern wurden über ihre Missetaten informiert. Ein Tag Stubenarrest war in ihrer Familie das höchste Strafmaß, das sie nun sogar in den Ferien verbüßen mussten.

Da saßen sie schon seit mehreren Stunden in ihrem Zimmer, schauten wehmütig durchs Fenster, wussten nicht so recht mit sich etwas anzufangen. Der Gedanke an die Unfreundlichkeit der dicken Frau Buff und ihr Gekreische verursachten ihnen schlechte Laune. Plötzlich fiel dem Frank ein, dass sie den Stubenarrest sinnvoller ausfüllen könnten, als sich über die Hühnermutter zu ärgern. Frank erklärte seinen Plan.

„Olaf, morgen am Sonntag, in aller Herrgottsfrühe, wenn alles noch schläft, schleichen wir uns durch die Siedlung, heften viele

Zettel mit Reißzwecken an Vorgartenzäune, Bäume, na und überall dort, wo sie gelesen werden können. Wir schreiben:

Sonderangebot!
Verkaufen nur am Sonntag,
Schöne reife Erdbeeren, das Kilo kostet eine Mark.
Bitte bei Familie Buff, Krähenweg 12,
Dreimal klingeln.

„Ha, das wird ein Spaß werden, die Buffen wird sich zuerst wundern und dann so richtig ärgern. Das hat sie verdient", frohlockten die Zwillinge.
Gesagt getan. Der Stubenarrest erhielt mit dem Schreiben der Zettel in Schönschrift einen kreativen Inhalt.
Die Aktion gelang.
Die Verfasser des Erdbeer-Sonderangebots konnten nie ermittelt werden.

Winfried Rochner Berlin

Eine ungebremst fröhliche Entwicklung

Fröhlich sein und singen, vielleicht wandelte sogar Theodor Fontane auf seinen Wanderungen fröhlich singend durch die Mark Brandenburg. Jedenfalls gab es in einem nicht mehr existierenden deutschen Staat eine schöne Kinderzeitung namens „Frösi", die kleine Bürger zu ebendiesen Attributen anregen sollte. Das jedoch ist Vergangenheit, und Fontane weilt seit reichlichen 250 Jahren nicht mehr unter den Lebenden.

Wir leben jetzt in einem weltoffenen Staat, der ohne Vorbehalte zur Europäischen Union steht. Mit einer Regierung, die sich indessen mehr um andere Staaten und die EU bemüht, als auf das eigene Volk und deren Probleme zu achten. Das Ganze funktioniert solange, wie streikende Arbeiter ihre Forderungen bei den Arbeitgebern durchsetzen, die Rentner ihre Rente bekommen, die Arbeitslosen mehr oder weniger gut alimentiert werden und die Landes- und Bundesparlamentarier ihre Diäten abfassen, wobei sie diese in schönster Regelmäßigkeit erhöhen.
Ein Halbsatz, fröhlich ausgesprochen „Wir schaffen das!", führte immer wieder zu Irritationen, weil dem nicht so ist. Millionen von Menschen, deren Kultur und Sprache wir nicht verstehen, sind im Lande mit Gebräuchen, die wir noch weniger begreifen. Die Wirtschaft ruft nach weiteren Millionen Arbeitskräften, um ihr Kapital zu maximieren, und all die von uns nicht verstandenen Menschen sollen sich integrieren. Nur fallen etliche von ihnen durch Untätigkeit auf und bringen ein gewisses kriminelles Potential in ihre neue Welt, also zu uns.

In diesem Zusammenhang glänzt ein besonders fröhlicher CDU-Parteigänger mit einem neu erreichten, hohen Bundestagsamt, der allem noch die Krone aufsetzt, um dann – in den 2030er Jahren

– einen deutschen Bundeskanzler muslimischen Glaubens begrüßen zu können. Er setzt also voraus, dass eine Parteienmehrheit der Muslime in Deutschland vorhanden sein wird. Genau das wird mit Sicherheit zu diesem Zeitpunkt so sein, wenn wir jetzt schon den Schrei der Industrie von mindestens drei Millionen fehlenden Arbeitskräften hören, die nicht aus den Reihen der schlecht ausgebildeten, daher unbrauchbaren deutschen Schüler kommen können. Außerdem erkennen wir die ungebremste Geburtenrate unserer ausländischen Zugewanderten sowie eine andauernde Zuwanderung junger Menschen. Dank der Parteien im Bundestag gibt es darüber ständig sinnlosen Streit, der am Ende immerwährende CDU-Wünsche nach einem demokratieresistenten Bundeskanzler aufkommen lässt.

Die westliche Gesellschaft, in der ich aufwuchs, hielt als Angehöriger der Mittelschicht keine alternative Lebensweise für mich bereit. Das Abitur und das Studium der Juristerei beendete ich und arbeite nun in einer Kanzlei. Meine Zeit seit dem Beginn des Kapitalismus vor zweihundert Jahren hielt Geld als das Wichtigste für die gerade lebende Gesellschaft auf dem Kontinent. Nicht nur ich spürte es bei jeder Verhandlung, die ich zwischen den Prozessparteien führte. Geld galt immer als eine Befriedung der Streitenden. Mit der Länge meiner Arbeit in diesem Metier wuchs auch die Unzufriedenheit, in der ich mich befand. Vieles schleppte ich geistig mit in den Feierabend, der dann sinnlos Weiteres offenbarte, und versuchte teils vergeblich, in eine ausreichende Ruhestellung zu gelangen. Die Verfahren liefen mir hinterher. Es war nicht zu begreifen, dass Geld und Geldeswert als fast immer einziges Motiv – entweder in zu hohem oder zu geringem Maße – das Leben von innigen Partnern oder guten Freunden versauten. Selten wurde einer klug und zeigte Entgegenkommen. Eine Auszeit für mich erwies sich als dringend notwendig.

Früh stand ich auf und packte sorgfältig meinen Koffer – die übliche Unterwäsche und die unumgänglichen Kosmetika sowie Kleidung für warme und kühle Tage. Denn es zeigte sich seit längerer

Zeit, dass der Klimawandel in unseren Breiten schon begann, sich zunehmend bemerkbar zu machen. Über mein neuestes elektronisches IT-Gerät bestellte ich mir eine Elektrotaxe, die je nach Bedarf eine Mitfahrgelegenheit bot und bereits innerhalb weniger Minuten vor meiner Haustür stand. Schnell brachte mich das Gefährt nach Alexisbad, wo ich früher einige Male mit meinen Eltern weilte und bei dem ich nach wie vor gute Erinnerungen an Ruhe und reine Luft hatte. Genau die richtige Atmosphäre, um über meinen weiteren Weg gründlich nachzudenken.

Nur in welche Richtung wollte und sollte ich mich bewegen? Alles lief für mich bisher erfolgreich und schien mir trotzdem, zum jetzigen Zeitpunkt, neu bedenkenswert. Für mein Liebesleben während dieser Zeit fand ich in den unteren Semestern immer eine bereitwillige Studentin, die mit mir das Bett teilte. Ich versuchte immer jedes Jahr im gleichen unteren Semester, allerdings mit wieder neuen Studentinnen, ein passendes Mädel abzugreifen. Nur in jedem neuen Jahr bevorzugte ich einen Wechsel, um nicht aus dem Rhythmus zu kommen und noch genügend Zeit für mein Studium zu generieren. Einmal allerdings ergab sich eine Ausnahme. Verena arrangierte sich so, dass sie zwei Semester lang bei mir blieb, doch danach fand sie einen anderen Kerl, der für sie ungeahnte Vorzüge mitbrachte. So verbrachte ich völlig unspektakulär mein Juristenstudium mit einem normal guten Examen. Nach einer zweijährigen Arbeit in ebendiesem Büro musste es endlich etwas anderes sein.

Nach der Anmeldung im Büro des Erholungsortes bezog ich mein Zimmer und schlenderte, nachdem ich meine Sachen ausgepackt hatte, zum Mittagessen. Ein Ehepaar Rathmann und ein älterer Herr namens Koslowski saßen bereits am Tisch und wünschten mir guten Appetit. In einem näheren Gespräch stellte sich heraus, dass Frau Rathmann in einem Gymnasium Deutsch und Kunstgeschichte unterrichtete, ihr Angetrauter als Stadtverordneter der CDU im Stadtparlament von Erfurt saß und nebenbei noch sein Bestattungsunternehmen betrieb. Die Ferien wollten sie nun während eines gemeinsamen Urlaubs im Harz verleben. Einen Jungen gab es in der Ehe, der zurzeit ein Studium in der IT-Branche absolvierte. Frau Rathmann, die sich nebenher der Kunst, Malerei und Lyrik widmete, sprach ganz begeistert über ihre bereits gestalteten Werke und deren Ausstellungen. Nebenher bemerkte ich, dass ich nach dem Abitur im Jahre 2018 der Jungen Union beigetreten und jetzt CDU-Mitglied sei. Mein Geburtsjahr läuft mit dem Beginn des Jahrtausends. Herr Koslowski widmete sich mit großer Hingabe dem Mittagessen und war leider zu einem Gespräch nicht bereit. Während des Nachtischs stellte er sich als Nachhilfelehrer für das Fach Deutsch im Rahmen unserer zur Integration bereitstehenden Flüchtlinge aus dem arabischen Raum vor. Er hielt sich mit weiteren Aussagen zurück und erwähnte eher beiläufig, dass er seit kurzer Zeit im Bundestag saß. Dort wäre er für die CDU im Bundesausschuss für Bildung. Mich interessierten Herr Koslowski und dessen Tätigkeit im Bundestag ungemein. Wir verabredeten uns für den nächsten Abend auf ein Glas Bier hier in der Gaststätte.

Am vereinbarten Abend traf ich Herrn Koslowski in der Gaststätte des Hotels. Er saß bereits an einem etwas abseits gelegenen Tisch und wartete auf mich, um dann den Kellner um die Getränke zu bitten. Wir kamen sofort ins Gespräch. Natürlich über sein Fachgebiet, die Bildung in unserem Lande.

„Immer noch wird auf den staatlichen Schulen in den Bundesländern der Lehrermangel beklagt", fing ich an.

„Die Bildung ist, wie Sie wissen, Länderhoheit, und wir können nur mit finanziellen Mitteln unterstützen, wenn es dem Grundgesetz entspricht", entgegnete er, „doch wer will bei den ständigen Zuwanderungen noch auf Lehramt studieren, zumal bei den jetzigen Klassenzusammensetzungen? Eine Lehrerin wird von den zugewanderten Jungen nicht mehr geachtet und anerkannt. In höheren Schulen werden schon gar keine Lehrerinnen mehr eingesetzt."

Ich konnte nur noch verwundert meinen Kopf schütteln. „Da helfen keine Änderungen des Grundgesetzes", warf ich ein.

„Bei den jetzigen Bevölkerungsmehrheiten ist das ohnehin aussichtslos. Ich habe seit einiger Zeit das Gefühl, dass mit der Parteienlandschaft bei uns vieles nicht stimmt. Sicher, dass sich Opposition und Regierende im Bundestag bekämpfen, ist nicht ungewöhnlich und gehört zur Demokratie. Doch zu den etablierten Parteien kommt eine völlig neue Partei, eine rein muslimische hinzu – die PDM. Die Partei der Muslime mit ihrem Vorsitzenden Akilah Nejem, einem eloquenten, rhetorisch hervorragend begabten, äußerst charismatischen Menschen. Nach aktuellen Umfragewerten liegt diese Partei vor der jetzigen Bundestagswahl vor der CDU und vor allen anderen noch im Bundestag vertretenen Parteien."

Später, nach einigen noch ähnlichen allgemeinen Anmerkungen, beendeten wir unser Gespräch. Da wir uns beide sympathisch waren und mich seine Arbeit im Bundestag interessierte, verabredeten wir uns für weitere Treffen. Es war ein fröhlicher Abend für mich.

Inzwischen gab es in Deutschland 132 islamistische Bildungsstätten, wo auch für andere europäische Staaten Imame für die Moscheen in einem sechsjährigen Studium ausgebildet werden. Massive Unterstützung kommt aus der Türkei und den arabischen Staaten, allen voran die Emirate mit ihrer enormen Finanzkraft.

Eines Tages lud mich Herr Koslowski in sein Zuhause ein. Es war einige Zeit vor dem Wahltag zum Deutschen Bundestag. Nach der Begrüßung setzte er uns Tee und einen köstlichen Obstkuchen vor, versehen mit dem Hinweis, dass dieser von seiner Frau gebacken wurde. Sie könnte mich jedoch nicht begrüßen, da sie in einem Gymnasium als Direktorin tätig war, schob er während des Zerteilens des Kuchens ein. „Meine Partei ist durch ihr Statut offen für jedes neue Mitglied, das der CDU nahesteht, sich mit ihren Zielen verbunden weiß und ihre Ziele zu fördern bereit ist. Mir ist auch bekannt, dass viele Muslime meiner Partei angehören und eine ganze Reihe von ihnen bereits MDB sind. Der wachsende Bedarf an Imamen ist durch unsere Ausbildung garantiert. Wenn Sie dagegen unser christliches Abendland in Deutschland betrachten, so verlassen jährlich eine halbe Million Gläubige die beiden christlichen Kirchen und das schon seit vielen Jahren. Wann der Kollaps eintritt, können Sie sich ausrechnen. In diese Lücke stößt die monotheistische Religion des Islam. Aber nicht nur das, sie wird, da es keinen unpolitischen Islam gibt, die Politik in Deutschland nach ihren Gesetzen umkrempeln. Die Grundwerte der christlichen Kirche im Mittelalter, also Kultur und Kunst, sind eine große Leistung gewesen, die aber im 21. Jahrhundert durch Kindesmissbrauch, persönlichen Konsum, verweigerte Kirchensteuer, Skandale und erzwungene Kompromisse in die Defensive und ins Rutschen gekommen sind. Demgegenüber stand das islamische Patriarchat, der unbedingte Glaube an Gott und seinen Propheten Mohammed. So wird durch die starke Zunahme der islamischen Bürger in Deutschland ein Wechsel in der Regierung unausweichlich sein." Zugegeben, es überraschte mich schon sehr, von einem CDU-Parteigänger, der zudem noch im Bundestag die CDU vertrat, solches zu hören. „Meine Überlegungen teile ich mit anderen in der Partei. Schon 2019 hat der Fraktionsvorsitzende der CDU einen Kanzler prognostiziert, allerdings nur, wenn er alle bestehenden Werte des Grundgesetzes und der demokratischen Werte des Staates anerkennt." Ja, ich kenne diesen Abgeordneten, der bereits seit 2009 im Bundestag sitzt. Er ist immer noch Fraktionsvorsitzender unter der nächsten Kanzlerin, die nach der Dauerkanzlerin Merkel kam.

Der nächste Bundestagswahlkampf wird jetzt im Jahre 2029 zwischen den konservativen Parteien und der neuen Partei PDM ausgetragen.
Die Konservativen lieferten sich ob ihrer großen Unterschiede der Wahlprogramme Gefechte, die wieder durch die Vorlieben ihrer Vorsitzenden geprägt waren beziehungsweise das Image der in vorderer Front stehenden Protagonisten der einzelnen Parteien ausdrückten. Die CDU schickte erst die neue Dauerkanzlerin ins Rennen. Das kam bei den muslimischen CDU-Mitgliedern verheerend an, und so entschieden sie sich notgedrungen für den langjährigen Fraktionsvorsitzenden der CDU als Kanzlerkandidaten. Mehrere Monate wogte der Wahlkampf, der sich im Laufe immer mehr der PDM zuneigte. Die Prognosen bestätigten offensichtlich

nur das Ergebnis. Die absolute Mehrheit erreichte die PDM mit ihrem Vorsitzenden Akilah Nejem, er wurde dann als neuer Bundeskanzler vom Bundespräsidenten mit der Regierungsbildung beauftragt. Koalitionspartner waren nicht nötig, sowohl die CDU als auch die anderen Parteien saßen allesamt mit Splittergruppen im Bundestag. Die Regierungsbildung dauerte zwei Monate, bis alle Minister und Staatssekretäre ihre Ämter antraten. Zuerst arbeitete die Regierung die neue Verfassung aus, die sich überwiegend an die Scharia und den Koran hielten. Als Vorbilder schaute man nach den Verfassungen der Türkei, den arabischen Staaten wie Saudi Arabien, Pakistan, Mauretanien und anderen gleichgearteten Ländern. In zehn weiteren Ländern ist der Islam die Hauptreligion.

Als die neue Verfassung bestätigt war, wurden alle Frauen aus dem Universitäts- und Schuldienst entlassen, aus unwürdig weiblichen Tätigkeiten. Die Mehrfachehe wurde freigegeben und bestimmte Anstellungen und Arbeiten entsprechend der islamischen Religion festgelegt. Eine wahre Welle von Beitritten zur Religion des Islam setzte ein. Der langjährige CDU-Fraktionschef und Kanzlerkandidat dieser Wahlperiode überlegte angestrengt, ob er nicht seinem Leben ein Ende setzte oder doch eher Moslem werden sollte. Ich selbst setzte meine Karriere nach meinem Übertritt zum Islam weiterhin ungehindert fort und blicke nach wie vor fröhlich einer verheißungsvollen Zukunft entgegen.

Dr. Christine Roßberg   Berlin

Besucht uns doch mal!

Im Herbst 1981 beim Besuch unserer Bulgarischen Freunde Dany und Gotscho in Berlin lernten sie auch unseren „Chor der fröhlichen Rentner" in Berlin kennen. Über allem stand das Motto: Deine Freunde sind auch unsere Freunde. Die Sympathie war gegenseitig und so hieß es beim Abschied: „Besucht uns doch mal in Sofia!"
Dass sie für uns einen Partnerchor gewinnen würden, darüber waren sich Dany und Gotscho einig.
Skeptisch belächelten wir dieses Anerbieten.
Nicht viel später meldete sich ein Mitglied eines Sofioter Senioren-Männerchors mit dem eindrucksvollen Namen: „Dobri Christoff" und erklärte sein großes Interesse an einer gemeinsamen Chorarbeit mit uns, den Berliner Rentnern.
Wir waren hocherfreut. Und so starteten achtundzwanzig fröhliche Rentner, nachdem sie alle Hürden, wie finanzielle, gesundheitliche und organisatorische, überwunden hatten im November 1982 zum Flug nach Sofia.
Es wurden wundervolle acht Tage, wobei wir auch die sprichwörtliche bulgarische Gastfreundschaft so richtig genießen konnten.
So war es wie selbstverständlich, dass wir den Chor „Dobri Christoff" zum Gegenbesuch zu uns nach Berlin einluden.
Pfingsten 1983 wurde dafür vorgesehen und die beidseitige Planung begann.
Pfingstsonntag 1983 bestärkte mich mein Mann darin noch einmal in Sofia anzurufen, um evtl. auch zu erfahren, wann das Flugzeug in Berlin am Dienstag landen wird. Nach etlichen Versuchen und viel Zeit kam endlich eine Verbindung zu Stande und ich hörte den Verbindungsmann zum Chor, Simeon Batschwarow, sagen: „Na dann, also auf Wiedersehen morgen in Berlin!" Nanu, habe ich mich verhört? Simeon spricht nicht Deutsch und ich nicht

Bulgarisch! Mein Mann rettet die Situation und lässt sich in Russisch die Ankunft bestätigen und war dann genauso erschrocken wie ich. Das Telegramm, das uns die verfrühte Ankunft mitteilen sollte, hatten wir nicht erhalten.

Ich war einer Ohnmacht nahe. Der Termin der Anreise unserer Gäste stand schon seit einiger Zeit fest, nämlich Dienstag nach Pfingsten. Wo um Himmelswillen sollten wir die 17 weiblichen und 51 männlichen Bulgaren schon am Pfingstmontag unterbringen? Auch die Verpflegung würde zum Problem werden bei den geschlossenen Geschäften.

Obwohl ich im Zuge der Planung dieser Chorreise schon so manche Überraschung erlebt hatte, war ich doch jetzt in der irrigen Auffassung, dass nun nichts mehr schiefgehen könnte! Zu oft wurden von bulgarischer Seite Ankunftstermin oder die Teilnehmerzahl geändert.

Monate lang hatten wir intensive Quartierwerbung betrieben, denn es galt immerhin, 50 Chorsänger unterzubringen. Zuerst sprachen wir unsere Chormitglieder an. Die meisten der Damen wohnten in Einraumwohnungen, da verbot es sich von selbst, um Quartier für einen Mann zu bitten, schließlich hatten wir uns ja schon überzeugen können, was für „knackige Opas" in diesem Chor sangen.

In unserem Wohngebiet sprachen wir Freunde und Bekannte an. Durch die engagierte Überredungskunst gelang es uns auch hier Unterbringungsmöglichkeiten für eine Woche festzumachen.

Auch im nahe gelegenen Studentenwohnheim war man bereit, uns für 7,00 Mark pro Nacht zehn Schlafmöglichkeiten zur Verfügung zu stellen.

Doch dann kam ein Brief bei uns an, in dem Simeon ziemlich verlegen mitteilte, dass zwanzig Frauen den dringenden Wunsch hatten, ihre Ehemänner nach Berlin begleiten zu wollen.

In jeder Chorstunde war unser Hauptthema die Quartierbereitstellung. Glücklich waren wir über die ersten 45, dann 49, etwas später 53 und schließlich wurden es 62!

Also siebzig Unterbringungen! Mein Mann und ich überlegten hin und her. Wird vielleicht ein neues Feierabendheim in dieser Zeit fertig gestellt und noch nicht bezogen sein? Ich hatte eine gute Übersicht, denn ich war seit 1979 Berater für Fragen der Geriatrie und Leiterin der Beratungsstelle im Stadtbezirk Berlin-Lichtenberg für Rentner und hilfsbedürftige Personen.
Das wäre dann natürlich eine Möglichkeit, für den gesamten Chor Quartiere zu binden.
Eine Rückfrage beim Magistrat machte mich hoffnungsvoll. Man war grundsätzlich bereit, uns zu unterstützen, In Kaulsdorf sollte im März ein neues Heim baufertig übergeben werden, die Möblierung dann bis Mai abgeschlossen sein. Die Belegung würde in unseren Zeitplan passen und wir könnten auch den ganzen Chor an einem Ort unterbringen. Was aber das Beste an der Sache war, wir würden die Schlafmöglichkeiten kostenlos bekommen.
Um auf alle Eventualitäten vorbereitet zu sein, warben wir weiter um Privatquartiere. Da flatterte der nächste Brief aus Bulgarien bei uns herein. Simeon schrieb: „Seit wir in die DDR fahren wollen, wächst unser Chor ständig!"
Nun spricht mein Mann Kurt ein Machtwort: „Siebzig Personen und keine mehr!"
Das wurde akzeptiert.

Im März bekommen wir wieder einen Brief von Batschwarow, dem Chorsprecher, in dem er uns detailliert mitteilt wie sich der Chor die Tage in der DDR vorstellt.
Ein Besuch in Potsdam und einer in Dresden. Am 24. Mai, dem „Tag der slawischen Kultur", möglichst im Rundfunk singen, auf alle Fälle aber im Bulgarischen Kulturzentrum und in der Bulgarischen Botschaft.
Wir fragen uns: Wo bleiben denn da unsere eigenen Pläne, die wir für diesen Besuch vorgesehen hatten?

Ein großes Problem zu dieser Zeit war die Beschaffung von Autobussen für die Städtefahrten, die Berlin-Stadtrundfahrt und die Zubringerfahrten zu den einzelnen musikalischen Veranstaltungen. Für meinen Mann, der sich darum kümmerte, eine große Herausforderung.

Heutzutage wären zig Busunternehmen sofort bereit diese Fahrten zu übernehmen, aber damals?! Bittsteller zu sein, das konnten wir schwer verkraften. Trotzdem knieten wir uns in diese Aufgabe mit großem Engagement hinein.

Etliche Telefonate, Briefe die hin- und hergingen zwischen dem Berliner Rundfunk und uns brachten die Zustimmung zum Chorkonzert. Ein Mittschnitt der Nachmittagsaufführung in der Lichtenberger-Passage wurde geplant, um die Atmosphäre einzufangen zwischen den Veteranenchören zweier sozialistischer Länder.

Termingemäß rollte die Technik an und begann mit dem Aufbau ihres Equipments. Äußerst nervenaufreibend für die Angestellten des Passage-Clubs!

Das Bulgarische Kulturzentrum stimmte freudig einem Konzert zu und auch die Botschaft will sich mit einer Feierstunde, natürlich am 24. Mai, beteiligen.

Alles wird vertraglich gebunden.

Große Unterstützung bekommen wir von vielen Freunden, die uns entlasten, in dem sie die Busfahrten organisieren, die Termine für Mittagessen in Wohngebietsgaststätten festlegen und auch die für festliche Menüs. Alles wurde vertraglich abgesichert.

Mein Mann, der damals Vorsitzender des Wohngebietsausschusses, geachtet und respektiert war, wirbelte im Wohngebiet herum, bat um finanzielle Unterstützung und fand Aufgeschlossenheit für das Projekt und offene Geldbörsen.

Finanzielle Unterstützung bekamen wir auch vom Magistrat, Abteilung Gesundheitswesen, die für das Treffen zweier Rentnerchöre aus befreundeten Ländern 2.500 Mark beisteuerten.

Schwieriger wurde es für uns, einen großen Saal zu finden, der sehr vielen Zuhörern Platz bieten konnte.

Nur noch der 26. Mai war bei uns als Termin noch frei! Wir sprechen das Kreiskulturhaus an. Absage, dort findet an diesem Tag ein Rentnerball statt.

Nächste Station, Haus der sowjetischen Offiziere in Berlin-Karlshorst. Keine Möglichkeit, das Haus wurde renoviert.
Auch das Kino Kosmos konnte uns nicht unterbringen.
Letzter Versuch die Hochschule für Ökonomie in Berlin-Karlshorst. Von dieser Seite gab es großes Entgegenkommen, aber auch Bedenken, denn an diesem Tag wurden noch Vorlesungen bis 11.30 Uhr im Auditorium Maximum abgehalten.
Um uns diese Möglichkeit zu sichern vereinbarten wir, den Hausmeister zu unterstützen, damit der Saal rechtzeitig auf Hochglanz gebracht werden konnte. Wir organisierten eine Reinigungsbrigade aus unseren Chormitgliedern. Und das klappte prima.
Mitten in unsere Vorbereitungen werden wir in einem Telefongespräch informiert, dass der Chor „Dobri Christoff" erst am 24. Mai anreisen kann. Grund ist für uns nicht nachvollziehbar, bedeutet aber, dass Frühstück und Mittagessen storniert werden müssen.
Große Trauer in Botschaft und Kulturzentrum. Fluchen im Rundfunk. Alle müssen umorganisieren.
Unser Chorbeirat tagt ständig. Um die Planung übersichtlicher zu machen hatte mein Mann auffällige gelbe Karten angelegt auf denen vermerkt war, wer der Chormitglieder für welche Aufgaben vorgesehen war und die er erfüllen musste.
Dann kam eine richtig gute Nachricht bei uns an und löste bei mir große Erleichterung aus.
Das Heim in Kaulsdorf wurde tatsächlich bezugsfertig. Ich eilte zum Magistrat, Abteilung Gesundheitswesen, wir bekamen für unser Vorhaben grünes Licht.
Mein nächster Weg führte zur Heimleitung. Zwei Chormitglieder, Gretel und Ella, hatten in der Zwischenzeit den günstigsten Fußweg vom Bahnhof Kaulsdorf zum Heim ausgekundschaftet.
Auch hier versprach ich den Heimmitarbeitern unsere tatkräftige Unterstützung bei der Unterbringung der siebzig Bulgaren. Eine weitere gelbe Karte wurde angelegt.
Es war nicht nur erstaunlich und erfüllte uns mit Stolz, als wir sahen, wie viele Talente bei unseren Sängerinnen freigelegt wurden. Sie rotierten, besorgten Gastgeschenke, kümmerten sich um Die-

ses und Jenes. Überhaupt es gab nur noch ein Thema, der Besuch der Bulgarischen Sänger.
Dazwischen dann immer die Chorproben. Wir waren beseelt vom Gedanken unser Bestes zu geben.
Noch heute wundere ich mich darüber, dass meine Sprechstunden und die Beratungen nicht unter meinem Stress litten. Sie wurden immer pünktlich abgehalten.
Wieder einmal war eine Besprechung zu Ende gegangen, die uns sehr hoffnungsvoll gestimmt hatte. Alle unsere Planungen hatten gute Ergebnisse gebracht, so dass wir alle mit einem gewissen Hochgefühl nach Hause gingen. Was sollte denn jetzt noch schieflaufen?
Dann kam die Nachricht: Das Charterflugzeug startet schon am 23. Mai und nicht wie geplant am 24. Mai. Alle Absprachen, alle Verträge mussten um einen Tag vorverlegt werden. Bei den meisten gelang das auch.
Nur das Heim, das uns die Plätze angeboten hatte, wurde zur großen Hürde für mich. Als ich mit meinem Trabbi dort ankam, war niemand da, es war ja Pfingsten. Wie durch ein Wunder konnte ich die Adresse des Hausmeisters ausfindig machen. Der gab mir dann die Adresse der Heimleiterin und die wohnte in Alt-Glienicke. Das Ausfindigmachen dieser Adresse wurde zum kleinen Problem. Ein Navi hatten wir DDR-Bürger noch nicht zur Verfügung. Also wurde ich zum „Pfadfinder". Mit Unterstützung einer Autokarte und Nachfragen bei den Bewohnern, wenn ich mal einen traf, fand ich dann doch das Haus.
Welches Glück, die Heimleiterin nahm mir sofort die große Sorge ab und war bereit die Gäste schon einen Tag früher zu empfangen. Mein Mann legte sich in der Wohngebietsgaststätte „Bärenschaufenster" ins Zeug und bekam doch tatsächlich eine Zusage, dass sie trotz Pfingstbetrieb in einem zusätzlichen Raum die Verpflegung der Gäste übernehmen würden.
Durch unseren wohlorganisierten Benachrichtigungsdienst wurden schon im Laufe des Pfingstsonntags alle Chormitglieder über die vorfristige Ankunft der Bulgaren informiert. Und wie selbst-

verständlich, denn sie hatten ja für die Feiertage Anderes geplant, eilten alle nach Hause, um sich um die übernommenen Pflichten zu kümmern.

So konnten sich die Tage der „Deutsch-bulgarischen Chor-Freundschaft" dank der deutschen Zuverlässigkeit und des Organisationstalentes meines Mannes bestens entwickeln.

Am Nachmittag des Pfingstmontags holten mein Mann, eine kleine Delegation Chorsängerinnen und ich die bulgarische Gruppe vom Flughafen Schönefeld ab.

Mit dem Linienbus, der U-Bahn und wir im Trabbi fuhren wir dann nach Berlin-Lichtenberg in die Gaststätte „Bärenschaufenster" zum dort vorbereiteten Abendessen. Später nutzten wir dann Straßenbahn und S-Bahn, um nach Kaulsdorf zu kommen.

Schwieriger gestaltete sich die nächtliche Hinderniswanderung über die Baustellen in Kaulsdorf zum Heim. Dort schliefen dann unsere Gäste, nach eigener Aussage, in den Betten der Pflegestation „wie im Himmel"!

Einige unserer Chordamen hatten sich verabredet und brachten jeden Morgen frische knusprige Brötchen zum Frühstück ins Heim. Für die Zutaten hatten sie vorher im Chor gesammelt.

Am Dienstag, dem 2. Tag, ging unser Plan auf. Am Vormittag machten unsere Gäste einen Ausflug ins Stadtzentrum, aßen im „Bärenschaufenster" zu Mittag und kamen dann in den Club Passage. Ein gemeinsam gestalteter herrlich gemütlicher Rentnernachmittag im Club begeisterte vor allem die bulgarischen Ehefrauen. Sie hätten seit langem nicht mehr so flott getanzt! Bei einer fidelen Polonaise durch den ganzen Club waren die Chorherren nicht wiederzuerkennen.

Ein Spaziergang durch das Wohngebiet rundete den ereignisreichen Tag ab.

Statt nach Dresden wollten unsere Gäste nun den Mittwoch nutzen und doch lieber nach Leipzig mit dem Zug fahren. Mit dem nötigen „Kleingeld" bestückt buchten noch am gleichen Abend zwei Chordamen die Zugplätze. Leider gab es keine Platzkarten mehr. Diese Fahrt wurde für uns zu einer echten Bewährungs-

probe. Da der Zug überfüllt war und viele der Chorsänger die Fahrt stehend ertragen mussten, war es nötig sie bei Laune zu halten.
Das gelang uns erstmal mit einer Runde Sahnebonbons. Nicht viel später wurde eine Frage in den Raum geworfen, die das Interesse an unseren Feierabendheimen zum Inhalt hatte. In Bulgarien kannte man zu dieser Zeit so etwas nicht. Dort war es üblich, die betagten Angehörigen in der Familie zu versorgen. Immer mehr Fragen tauchten auf, zuletzt wurde unsere „Volksolidarität" zum Thema gemacht. Es war schon ganz lustig wie jeder sich bemühte, teilweise mit Händen und Füßen, dem anderen Rede und Antwort zu geben. Ich bin mir nicht sicher, ob das verständnisvolle Nicken tatsächlich ein Zeichen von Verständnis war! Jedenfalls verging die Fahrt doch ziemlich schnell.
In Leipzig konnte mein Mann Kurt sein Talent als Stadtführer beweisen. Es war ja seine Heimatstadt und so machte er diese Begehung zum echten Erlebnis für unsere Gäste.
Am Völkerschlachtdenkmal bemerkten wir, dass drei Bulgaren verschwunden waren. Sie wurden lange gesucht, doch nicht gefunden. Für uns Disziplin gewohnten Deutschen unverständlich. Da erklärte Batschwarow, dass die Drei schon allein losgezogen wären, wir verpassten daraufhin den Termin beim bulgarischen Stadtbilderklärer. Ein Einkaufsbummel versöhnte dann alle wieder, bis im Zentrumwarenhaus wieder ein Bulgare vermisst wurde. Seine Ehefrau war vor Sorge völlig aufgelöst, denn die Abfahrtszeit der Rückreise kam immer näher.
Die hilfsbereite Bahnpolizei forderte eine Beschreibung des Vermissten, um eine Suchmeldung heraus geben zu können. Die Ehefrau meinte: „Groß, schlank, krank!"
Viel anfangen konnten die Polizisten mit dieser Beschreibung nicht, meinten aber uns trösten zu sollen mit der Bemerkung: „Na, bis zum 29. Mai ist ihr Freund bestimmt auch zu Fuß nach Berlin gelaufen!" und diese Aussage im schönsten Sächsisch! Kurz vor Abfahrt des Zuges fand sich der Vermisste wieder an.
Nach unserer Rückkehr erwartete die Gäste eine Überraschung im Feierabendheim in der Hans-Loch-Strasse.

Unsere Freundin Gerda Kowalke, die dort lebte, hatte mit ihrem Lebenspartner zusammen ein herrliches gemeinsames Abendessen gespendet. Tagelang vorher war der „Chefkoch" des Heimes damit beschäftigt exquisite Leckerbissen einzukaufen, die er dann als „Augenschmaus" auf Spiegeln anrichtete. Wir taten uns schwer, diese Kunstwerke später aufzuessen.

Gerda und Max ließen uns an ihrem Leben teilhaben. Beide waren Widerstandskämpfer während der Nazizeit. Beeindruckend, was sie zu erzählen hatten und wie die Zuhörern Anteil nahmen.

Später wurde es ausgelassen, man sang, erzählte und tanzte sogar. In heiterer Stimmung brachte ich unsere Gäste dann zurück ins Heim nach Kaulsdorf, was kein großes Problem war, denn im Laufe der Tage hatte ich mich zum „Baustellen-Lotsen" qualifiziert. Ich kannte jedes Loch, denn die fast 300 km, die ich in dieser Zeit mit dem Trabbi hin und her gefahren war, hatten mir dieses Wissen beschert.

Am nächsten Tag, Donnerstag, war der große Auftritt des bulgarischen Männerchores angesetzt, und der im Galaanzug! Die voll besetzte S-Bahn, in der eng an eng gestanden wurde, ließ uns Knitterfalten und abgerissene Knöpfe befürchten. Zum Glück sahen aber später alle Sänger wie aus dem Ei gepellt aus.

Vor dem Auftritt war ein Mittagessen im Heim geplant. Wir waren sehr glücklich, dass wir eine Hirschkeule besorgen konnten, denn es sollte unbedingt ein Höhepunkt werden. Doch leider wussten wir nicht, dass die Chormitglieder niemals vor einer Aufführung etwas essen. Abbestellen ging nicht mehr, die Keule lag schon in der Beize.

Aber wie es so ist. Der Koch machte den Braten fertig und abends konnten unsere Chordamen das Fleisch in Scheiben geschnitten mit nach Hause nehmen. Ein kleiner Dank an unsere unermüdlichen Unterstützerinnen!

Nachmittags dann das Konzert im Auditorium Maximum der Hochschule für Ökonomie. 600 Zuhörer, ganz im Bann des Chores, hörten Volks- und Heimatlieder und dann auch noch Opernchöre von Verdi und Weber. Frenetischer Applaus!

Mit großer Genugtuung sah ich, dass meine intensiven Bemühungen sich ausgezahlt hatten. Es war mir doch tatsächlich gelungen Chorstufen zu besorgen, die unerlässlich sind, um jedem Sänger die Sicht auf den Dirigenten zu ermöglichen.

Am Abend fanden sich beide Chöre zum gemütlichen Beisammensein in unserem Heim ein. Unsere Freunde überboten sich gegenseitig, sangen solo oder in kleinen Gruppen. Es war eine Mordsstimmung. Auf diese Weise konnten sich auch diejenigen unserer Chormitglieder, die nicht mit auf die Reise nach Sofia konnten, ein Bild des Charmes und der Sangesfreude der Bulgaren machen.
Der Freitag war Potsdam gewidmet. Mein Mann und einige Damen unseres Chores begleiteten die Männer und übergaben sie dem dortigen Kreissekretär der Volkssolidarität, damit der die weitere Betreuung übernehmen konnte.
Sie besuchten Cecilienhof und Sanssouci, schauten in eine chinesische Teestube und bewunderten mit Hilfe eines bulgarischen Dolmetschers das alte und das neue Potsdam.
Am Nachmittag hatten sie Gelegenheit ein Kulturprogramm zu sehen, das das „Hans-Otto-Theater" vor Rentnern im Charlottenhof aufführte. Die Mitglieder des Chores waren beeindruckt. Spontan entschlossen sie sich ein paar Lieder zum Besten zu geben. Sehr zur Freude der Schauspieler und der Zuhörer. Einen Bus für die Rückfahrt organisierte und bezahlte die Potsdamer Bezirksstelle der Volkssolidarität.
Nach diesem ereignisreichen Tag gab es am Abend ein gemeinsames Konzert beider Chöre im Club Passage. Die Bewohner unseres Wohngebietes waren dazu eingeladen.
Am Samstag, dem vorletzten Tag des Besuches hatten wir am Vormittag für unsere Freunde eine Stadtrundfahrt organisiert. Es blieb auch noch Zeit, um allein Berlin zu durchstreifen, bzw., und das freute besonders die Ehefrauen, einkaufen zu gehen.
Einige unserer Chordamen hatten sich mit den Bulgaren angefreundet und nutzten diese Freizeit, um sie in ihre Wohnungen einzuladen.

Wir, mein Mann und ich, hatten den Chorvorstand von „Dobri Christow" zu uns geladen, um von ihnen eine ausführliche Einschätzung der vergangenen Tage zu erhalten.

Mit Begeisterung sprachen sie über die Herzlichkeit, die sie bei uns erlebt hatten und mit welcher Dankbarkeit sie wieder abreisen würden. Auch wir waren glücklich, dass sich alle Mühen gelohnt und wir gemeinsam unvergessliche Erlebnisse hatten.
Ein besonderer Höhepunkt wurde dann am Samstagabend eine Dampferfahrt über den Müggelsee, die beide Chöre gemeinsam unternahmen. Die Bulgaren waren aus dem Häuschen, sie kannten vor allem Bulgarisches Gebirge. Doch so eine Seenlandschaft, die kannten sie nicht. Das schöne ruhige Wetter unterstrich noch die gute Stimmung. Zur Freude aller sangen die Chorherren fast ohne Pause. Unsere Käte Töpfer bekam so auch eine besondere Geburtstagsüberraschung, nämlich solo gesungene italienische und bulgarische Ständchen.
Spät am Abend liefen wir wieder im Treptower Hafen ein. Für die Rückfahrt nach Kaulsdorf hatte mein Mann Taxis bestellt. Leider konnten ihm nur sechs zugesagt werden, die pünktlich zur Stelle waren. Damals waren Taxis „Mangelware"! Die Taxifahrer waren nicht abgeneigt, zwischen Treptow und Kaulsdorf einen „Shuttle-Dienst" einzurichten. Das war zwar nett aber reichte nicht, denn zu viele Personen sollten kutschiert werden. Charly, eine unserer Chordamen versuchte in verführerischer Pose „Bein" zu zeigen, um Autofahrer für die Mitnahme von Personen zu bewegen. Das brachte keinen Erfolg.
Endlich, nach einer guten Stunde, hatten wir alle Sänger auf den Weg nach Hause gebracht.
Sonntag, letzter Besuchstag. Am Nachmittag war der Mitschnitt eines Konzerts im Berliner Rundfunk vorgesehen. Der musste abgesagt werden, denn die Bulgaren hatten Order, schon um 17.00 Uhr am Flughafen zu sein.
Mein Mann war glücklich, am Vortag bei der Stadtrundfahrt, als sie am Pergamon Museum hielten, auf eine kleine Gruppe sich un-

terhaltender Busfahrer getroffen zu sein. Er sprach sie an. Und zu allem Glück, einer war bereit, bevor er eine Gruppe Kubaner vom Flugplatz abholen würde, die Bulgaren in Kaulsdorf an Bord zu nehmen, um sie sicher zum Flugplatz zu bringen.

Wie schon fast selbstverständlich, die Bulgaren verabschiedeten sich, und gleichzeitig war es Dank für die liebevolle Unterbringung, mit einem kleinen Konzert vor den Heimmitarbeitern.

Wir begleiteten unsere Freunde mit Bus und in sechs Privatautos zum Flughafen Schönefeld im guten Glauben, dass es nun einen problemlosen Abflug geben würde. Ein Trugschluss! Die ok-Buchung, die jeder der bulgarischen Reisenden hatte, war nichts wert, denn die Balkan-Airline hatte die Plätze doppelt verkauft.

Fanny, die uns alle Tage treu begleitete und immer dolmetschte wenn es nötig war, lief zu ihrer Hochform auf. Lautstark und mit explodierendem Temperament ging die kleine Person dem Flughafenmitarbeiter fast an die Gurgel. Und es gelang ihr doch tatsächlich, bis auf fünf Chormitglieder alle im Flugzeug unterzubringen. Mit bewundernswerter Ruhe trugen die Zurückgebliebenen dann ihr Schicksal.

Die Zusage, dass sie am Abend nach Burgas geflogen werden, hielt die Fluglinie ein.

Eine Gruppe unserer Chordamen half dann am Montag im Kaulsdorfer Feierabendheim 68 Betten wieder neu zu beziehen.

Der Besuch des Chores „Dobri Christoff" ist Geschichte. Aber die Tatsache, dass in diesen sechs Tagen, die zwar nicht die Welt erschütterten, doch bei uns ungeahnte Fähigkeiten und Talente freisetzte und so zu einer tollen Erfahrung wurde.. In keiner Minute hat einer von uns seine gute Laune verloren. Im Gegenteil, jede neue Herausforderung wurde angenommen und mit Freude, Fröhlichkeit und Ehrgeiz zur Lösung gebracht. Wir entwickelten Selbstbewusstsein und Stolz auf das Erreichte.

Man kann vieles erreichen, auch wenn die Vorzeichen es nicht vermuten lassen. Wie las ich bei Fontane so treffend: „Wer schaffen will, muss fröhlich sein!"

Gabriele Schliwa — Kulmbach

Die Welt zu einem besseren Ort machen

Frau Gabriele Schliwa aus Kulmbach glaubt ganz fest an die Kraft der Worte. Einem mehrseitigen handschriftlichen Brief an unseren Verlag haben wir die nachfolgenden Gedanken entnommen:

Ich schreibe, weil ich das Wort liebe. Man kann mit ihm Brücken bauen und damit selbst ganz kleine Dinge in Edelsteine verwandeln.

*

Nur in gemeinsamer Anstrengung kann man das Gute schaffen, das allen Menschen Freude, Anerkennung und Wohlergehen bringt.

*

Wer Gutes in der Welt schaffen will, der muss auch voller Vertrauen und Hoffnung in die Zukunft sein.

*

Schattiges in lichtvolles Dasein für die Menschen zu verwandeln, das ist die große Aufgabe aller Schreibenden.

*

Lichtsuchende Literaten aller Länder vereinigt euch! Sorgt mit eurem Wort dafür, dass unsere Welt ein besserer Ort wird!

Gisela Schmidt Gera

Alltagspsychologie im Urlaub

Ab und zu schöne Erinnerungen hervorzukramen, das sollte man eigentlich öfter tun. Manchmal purzeln sie einem aber auch einfach vor die Füße. So ging es mir neulich. Ich war gerade dabei, unser Bücherregal auszuräumen, um ihm den üblichen Frühjahrsputz zukommen zu lassen, als aus einem Buch ein schmaler Umschlag mit einigen Fotos und der Aufschrift „Sommer 1981" herausfiel. „Nanu, wie der wohl in das Buch gekommen ist", wunderte ich mich und zog neugierig das oberste Foto heraus. Ein schwarz-weiß-Foto, das unsere Söhne, 9 und 12 Jahre alt, zeigt. Sie hielten lachend ein auf diesem Foto undefinierbares graues Etwas in die Höhe.
Ich erinnnerte mich sofort schmunzelnd an die Geschichte, für die dieses, graue Etwas der Auslöser war.
Wir hatten im Sommer 1981, wie schon öfter, unseren Urlaub im Thüringer Wald verbracht. Da wir uns hier recht gut auskannten, hatte sich bei unseren Kindern für einige Wege und Plätze eine besondere Vorliebe entwickelt. So liebten sie einen Weg, der von einem Bach gequert wurde, an dem sie gerne spielten und Wasserräder oder kleine Wehre bauten, während wir Eltern uns auf einer daneben stehenden Bank ausruhten oder ein Buch lasen.
Eines Tages suchte unser Großer im Buschwerk am Rande des Baches nach kleinen Stöckchen und brachte plötzlich besagtes graues Etwas angeschleppt, das sich als ein Klumpen Schaumstoff entpuppte, der vielleicht früher mal das Innenleben eines Motorradsitzes war. „Was willst du denn damit? Leg das wieder weg", war unsere Reaktion. Unser Sohn warf es jedoch in hohem Bogen in den Bach, wo es genau in der Mitte liegen blieb. Und nun sah es absolut echt so aus als wäre es ein Stein, den man als Überquerungshilfe dort platziert hat. Nachdem unsere Kinder eine Weile barfüßig darauf herum gesprungen waren und sich an dem schmat-

zenden Spritzen erfreut hatten, saßen wir alle auf der Bank, als sich ein Ehepaar mittleren Alters näherte. Unsere Kinder begannen zu kichern „mal sehen was jetzt passiert!" Wie nicht anders zu erwarten, nutzte der voraus laufende Mann den „Stein" zur Bachüberquerung. „Uahhh", ertönte sein Schrei „so eine Schweinerei! Das ist gar kein Stein. Verdammt, jetzt hab ich nasse Füße." Seine Frau blieb stehen, klatschte in die Hände und lachte und lachte. Sie zog ihre Sandalen aus, um selbst auf den „Stein" zu springen und zog dann ihren mit saurer Miene vor sich hin schimpfenden Mann weiter mit den Worten „Komm alter Brummelkopf, das trocknet doch wieder."

„Mmm", dachte ich, „eine unkompliziert fröhliche Frau und ein alter Grießgram."

Für unsere Kinder war nun natürlich ein Urlaubsspaß geboren: „Hier bleiben wir noch ein Weilchen sitzen. Da kommen ja noch mehr Leute vorbei." So war es dann auch und wir stellten erstaunt fest, dass es möglich ist, anhand einer so kleinen Begebenheit einen Menschen charakterlich einzuschätzen.

Wir konnten die unterschiedlichsten Reaktionen beobachten:

Die SCHADENFROHE: Sie betrachtete ihre nassen Füße, stellte sich zur Seite und sagte: „Gleich kommen meine Schwiegereltern, den Spaß gönn ich mir!"

Die BESORGTE: Sie zog sofort ihre nassen Strümpfe aus, trocknete sorgfältig ihre Füße und warnte ein nachfolgendes Ehepaar vor dem Ungemach.

Der UNKONZENTRIERTE: Dieser Mann kam sehr eilig angelaufen. Er kommentierte seine nassen Füße nur mit einem kurzen Knurren, ging zu seinem gegenüber geparkten Auto, holte etwas heraus, um dann beim Zurücklaufen wiederum ohne zu zögern besagten „Stein" zu nutzen und diesen auch noch mit erstauntem Blick zu betrachten.

Der HUMORLOSE: Als Letzter kam ein sehr konservativ gekleideter alter Herr mit einem Spazierstock. Auch er wurde Opfer der Täuschung. Er blieb kopfschüttelnd stehen, reinigte sorgfältig seine Schuhe und zog anschließend mit Hilfe seines Stockes den grauen Klumpen heraus. Umständlich drückte er das Wasser heraus, spießte ihn auf und beförderte ihn mit einem verächtlichen Schnauben dahin wo ihn unser Sohn aufgestöbert hatte.

Damit war dann der Spaß beendet. Wir traten den Heimweg an und mein Mann meinte: „Das war eine psychologische Studie im Alltag."

Mai 2019

Dr. med. Siegfried Schmidt   Gera

Der ewig Gestrige

Arthur blickte missmutig aus dem Küchenfenster. Er hatte schlecht geschlafen, war eben erst aus dem Bett gekrochen und damit beschäftigt, Kaffee zu kochen.

Dicke Regentropfen prasselten gegen die Scheiben, Windböen trieben das Herbstlaub vor sich her und die wenigen Passanten dort unten liefen gebückt mit sich im Winde biegenden Schirmen. Das war nicht sein Tag, nein, nein, gewiss nicht. Zudem brummte ihm der Schädel und er musste immerfort gähnen.

Arthur war verwitwet und hatte längst das 70. Lebensjahr überschritten. Seine Tätigkeit als Deutschlehrer am städtischen Gymnasium lag lange zurück. Seit seinen letzten Berufsjahren führte er einen nahezu aussichtslosen Kampf gegen die um sich greifende Gewohnheit seiner Mitmenschen, möglichst viele deutsche Wörter durch englische Begriffe zu ersetzen. Wenn jemand kids statt Kinder oder events statt Ereignisse sagte, kräuselten sich ihm verächtlich die Lippen. Überhaupt war ihm in der letzten Zeit selber bewusst geworden, dass er immer knurriger wurde und sich über jede Kleinigkeit maßlos aufregen konnte. „Ob das mit meinem Alter zusammen hängt?", ging es ihm manchmal durch den Kopf. Neulich erst hatte so ein Dreikäsehoch ihm an den Kopf geworfen: „You are crazy", was wohl bedeuten sollte, dass er komisch oder verrückt sei.

Gegen Mittag ließ der Regen nach und er begab sich zur Bibliothek. Sein Weg führte an einer Bäckerei vorbei. Über der Ladentür hing ein großes Schild mit der Aufschrift Landbäckerei und im Schaufenster daneben war zu lesen: „Brot- und Kuchenbuffets mit großer Auswahl traditioneller Thüringer Blechkuchen." Das gefiel ihm. Er ging hinein und als ihn so eine kleine pausbäckige blonde junge Verkäuferin nach seinen Wünschen fragte, antwortete er erwartungsvoll: „Ich hätte gern zwei Stück Hirschhornkuchen."

Die junge Frau riß den Mund auf: „Was bitte möchten Sie?"
„Hirschhornkuchen, ganz normalen Hirschhornkuchen."
„Habe ich nicht, kenn' ich nicht. Was soll denn das sein?"
Arthur schluckte, „Nicht aufregen", nahm er sich vor. „Hirschhornkuchen ist ein Rührkuchen bei dem Hirschhornsalz als Triebmittel benutzt wird. Beim Backen bildet sich Ammoniak, wodurch der Kuchen seinen typischen Geschmack bekommt."
„Nein, mein Herr, solches Zeug führen wir nicht. Also nee, Ammoniak, das ist ja das reinste Gift, da tränen einem ja die Augen wie in einem Pferdestall."
Arthur erstarrte. „Auf ihrem Schild im Schaufenster steht geschrieben: Traditioneller Thüringer Blechkuchen und Hirschhornkuchen ist traditioneller Thüringer Kuchen. In der DDR habe ich den auf vielen Bauernmärkten gekauft."
„Da haben Sie es", schallte es zurück, „DDR, was anderes hatten die wohl nicht. Nee, nee, sind Sie froh, dass diese Zeiten vorbei sind."
„Was wissen Sie schon von der DDR", brummelte er in sich hinein und verließ fluchtartig den Laden.
Es dauerte eine ganze Weile, bis er sich wieder beruhigt hatte. Die Göre in der Bäckerei hatte ihm doch ziemlich zugesetzt. In der Bibliothek angekommen konnte er seine Gedanken schon wieder einigermaßen ordnen.
„Ich hätte gern das Buch *Die Füchse im Weinberg* von Lion Feuchtwanger ausgeliehen", entgegnete er einer Bibliothekarin, die gerade vorbeikam. „Haben Sie das Werk in ihren Beständen?"
„Moment bitte, ich schau gerade mal nach." Kurz darauf kam sie wieder. „Nein, haben wir nicht, aber ich kann es Ihnen über die Fernleihe bestellen."
„Ja, vielleicht, aber ich will mich erst einmal umsehen", erwiderte Arthur. Er war misstrauisch und wollte sich selbst überzeugen. In der Abteilung *Romane* schaute er unter dem Buchstaben *F* nach und fand tatsächlich, was er begehrte. Nur unter einem anderen Titel, nämlich *Waffen für Amerika*. Alle Welt musste doch seiner Überzeugung nach wissen, dass Feuchtwanger den Titel

Waffen für Amerika später in *Füchse im Weinberg* umbenannt hatte. Erneut regte er sich innerlich auf, „Was ist das nur heute für ein Personal. Feuchtwanger, einst der meistgelesene Schriftsteller in Deutschland, ist hier offenbar völlig in Vergessenheit geraten. Eine Bibliothekarin müsste doch wissen, wie die Dinge ihres Fachgebietes miteinander zusammenhängen."

Arthur musste sich erst einmal setzen. Dann nahm er die beiden Bände *Waffen für Amerika*, lieh sie sich aus und ging nach Hause.

Dort erwartete ihn eine angenehme Überraschung. Im Briefkasten steckte ein Brief seines Enkels Jonas, der zur Zeit gerade ein Semester seines Studiums in England absolvierte. Dieser berichtete in kurzen Sätzen über sich und schrieb am Schluß: „Lieber Opa, leg dir doch endlich ein modernes Handy zu. Dann könnten wir öfters miteinander skypen. Du weißt schon, da kann man sich beim Reden auch sehen. Das fände ich cool."

Arthur musste lächeln und dachte: „Cool, auch wieder so ein Wort, aber er hat recht, schön wäre es schon. Naja, vielleicht sollte ich doch nicht immer der Vergangenheit nachtrauern."

2019

Lutz Schönmeyer   Dessau-Roßlau

In eigener Sache

Mir fällt es nicht leicht fröhlich zu sein, wenn ich so manche negative Auswirkung von Politik und Wirtschaft auf unsere Demokratie miterleben muss. Dennoch birgt das Wort vom Dichter Theodor Fontane wohl mehr als ein Körnchen Wahrheit in sich, denn allein nur mit Griesgrämigkeit lässt sich kaum Positives zu Papier bringen. Deshalb sind mir ein ehrliches, ungeschminktes Wort und der Humor so wichtig.

Nebenbei gesagt

Datenschutzbetrachtung zu meiner Person: Ich bin nicht der, der ich bin, weil ich der bin, der ich nicht bin.

*

Internet und Handy beherrschen bereits einen Großteil unseres täglichen Lebens. So kommt es, dass so mancher Mitbürger nur noch funktioniert, anstatt zu leben.

*

Wenn das Internet ausfällt, erlebt man den Menschen, wie er wirklich ist.

*

Die Menschheit entwickelt sich. Das Problem ist die Richtung.

*

Sich über sein Wissen zu freuen ist intelligenter, als über seine Dummheit zu lachen.

Der Unterschied zwischen einem „Star" und einem Könner ist, dass sich Könner nicht „Stars" nennen müssen.

*

Mit zunehmender Vergesslichkeit werden die Wege länger, was dahingehend zum Vorteil gereicht, dass man durch mehr Bewegung gesünder bleibt.

*

Es ist wohl nicht richtig, wenn behauptet wird, dass Vegetarier nur Gemüse im Kopf haben.

*

Gesund ist, wer sich gesund fühlt, weil er gesund isst.

*

Viele Menschen werden auch heute noch zur Beute ihrer Katze.

*

Schönheit ist Ansichtssache und Kosmetik.

*

Richtige Männer weinen. Nur Schwächlinge unterdrücken das Gefühl, weil sie Angst davor haben, als Schwächlinge zu gelten.

*

Unsere Ersparnisse schrumpfen immer mehr und niemand tut etwas dagegen. Dabei hat die Kanzlerin doch geschworen, Unheil vom Volk abzuwenden. Da erlebt man wieder einmal, was ein Kanzlerwort wirklich wert ist.

Im Schlemmerland

Während Otto, „der Normalverbraucher", um etwas mehr Geld für seine Arbeit im Beruf streiten muss, erhalten dies die Bundespolitiker – ob sie nun eine entsprechende Leistung erbringen oder nicht – automatisch. Einfach so. Ist das nicht eine Verschwendung von Steuergeldern? Zumal sie ja auch nicht, wie das Volk, in die Renten-, Pflege- und Arbeitslosenversicherung einzahlen. Da stellt sich, neben anderem auch die Frage, ob dieses Tun nicht ein Handeln zum Nachteil des Volkes ist?

Warum ich wählen gehe?

Man kann sich zwar leicht verwählen, wenn man wählen geht und ist dann erst hinterher anders schlau. Doch dessen ungeachtet gehe ich schon deshalb zur Wahl, um danach Kritik üben zu dürfen. Dieses Recht habe ich mir, entgegen jenen, die nur meckern, ohne gewählt zu haben, damit verdient. Ansonsten ist eine Wahl doch ähnlich wie Silvester: Man freut sich wie Bolle darauf, feiert wie irre mit, und am nächsten Morgen geht es dann meistens so weiter wie bisher.

Nur Gerede

Wir reden von Naturschutz und über Naturschutz. Das ist erst einmal gut. Aber es wird eben nur geredet, immer und immer wieder und dabei vergessen, wirklich etwas für den Schutz der Natur zu tun. Dabei ist Klima- und Umweltschutz unser eigener Überlebensschutz. Schließlich kann die Natur ganz gut ohne uns, aber wir nicht ohne sie.

Tolle Sprüche

Es gibt schon tolle Sprüche. Aber näher betrachtet sind sie schlicht und einfach nur unsinnig. Was soll zum Beispiel der Slogan „Die besten Filmen aller Zeiten"? Gibt es im Kino oder im TV etwa heute oder morgen wirklich bessere Filme? Wahrscheinlich nicht. Und doch kann man all den vielen Unsinnigkeiten etwas abgewinnen. Man macht einfach ein Spiel daraus. In geselliger Runde spielt man dann das „Spiel der Unsinnigkeiten", bei dem jeder Mitspieler falsche Aussagen und Gegebenheiten beim Namen nennt. Und wer die meisten Unsinnigkeiten genannt hat, ist am Ende der Sieger.

Martina Schuppe   Dresden

Mary und Toni – War da noch was?

Im Raum war Aufbruchstimmung, keine laute, eher nur eine eifrige Unruhe. Jeder war mit sich und seinen Utensilien beschäftigt. Mary nahm alles nur unterschwellig wahr, es störte sie nicht, war ja selbst beim Aufräumen. Ihre Hände verstauten Stifte und Federhalter in der bereitliegenden Schachtel. Die Federn und Pinsel, von Tuscheresten gründlich befreit, befanden sich noch zum Nachtrocknen auf dem Küchenpapier.

Mary schaute auf die Schriftzeichen, die Stunden vorher entstanden waren. Das alles hatte sie geschrieben. Eine ganz schöne Menge, lobte sie sich in Gedanken. Oder beruhigte sie sich nur damit? Klar: Die Worte waren heute, am letzten Tag, besser geflossen und sahen auch gelungener aus als die verkrampften Buchstaben vom ersten Tag des Seminars. Aber sie war nicht zufrieden mit sich, hatte mehr erwartet. Von wem eigentlich? Von sich selbst, von dieser Veranstaltung, von dem, der diesen Kurs leitete? Sie wusste es gerade nicht. Wieso stieg da eine Unzufriedenheit auf? Nein! Die wollte sie jetzt nicht haben. Es war doch alles schön gewesen. Alles? Naja, ihr Inneres hatte anfangs einige Augenblicke lang protestiert. Da war auch mal ein Unwohlsein. Sogar der Fluchtgedanke war kurz vorbeigekommen. Das schoss jetzt alles durch ihren Kopf. Weg damit, sie wischte diese Gedanken schnell beiseite. Es war doch ein ziemlicher Haufen beschriebenes Papier entstanden. In der Feedback-Runde hatte Mary gesagt, dass es ihr etwas gebracht habe – die Teilnahme an diesem Seminar. Sie hatte Neues ausprobiert und sich gewagt, Pinsel zum Schreiben zu benutzen. Denn der Umgang mit Federn und Stiften, sogenannten Pens, war ihr schon bekannt.

Sie atmete tief durch und packte ihre Schreibutensilien zusammen. Zum Abschluss des Seminars wollten alle zusammen den Tag ausklingen lassen und weggehen, etwas essen und trinken. Musik würde dort auch sein. Mary freute sich darauf. Denn so abrupt diese Umgebung verlassen und in den lauten Alltag zurück kehren, wäre für sie zu krass, würde alles zuschütten und vergessen machen. Es war schon abends an den Kurstagen schwierig, sich umzustellen. Benommen von den Eindrücken und vom Abtauchen ins Schreiben, musste sie sich beim ersten Schritt vor die Tür des Gebäudes innerlich zurufen: Pass auf, wo du hintrittst.

Heute würden alle gemeinsam den Abend ausklingen lassen, die eine Woche lang das Schreiben mit Pinsel, Stift, Feder, Tusche, Farbe verbunden hatte. Toni war schon beim Tischabwischen und fragte, ob sie den Lappen gleich haben wolle. Sie schreckte etwas zusammen. Ob er bemerkt hatte, dass sie auf Gedankenreise gewesen war. Sie schaute zu ihm auf. Er lächelte. Verständnisvoll empfand sie den Blick und fragend.

Sieben Tage hatten sie beide gegenüber gesessen und sich an den Schriften probiert, mit verschiedenen Papieren und Schreibgeräten experimentiert und die Erfahrungen mit dem anderen geteilt. Tagsüber war eine angespannte Stille gewesen. Jeder tauchte ab in seine eigene Welt. Manchmal hörte man das Kratzen der Feder von gegenüber. Aber wenn sie ganz tief konzentriert schrieb, nahm sie nicht einmal dieses Geräusch wahr. Die Pausen, um die Finger zu entlasten oder den Rücken zu strecken, nutzten beide, um jeweils dem anderen zuzuschauen. Vormittags war das nur kurz möglich, weil sie sich beobachtet fühlte und ein Konzentrieren auf das Schreiben dadurch nicht mehr funktionierte. Aber nachmittags waren diese ihr und Toni eine willkommene Abwechslung. Es schien sogar, dass man mit dem Blick auf das Papier des jeweils anderen mitteilen wolle, dass Ausruhen und Pausemachen auch wichtig sei. Und es war auch nicht so, dass Toni sie aus dem Schreibfluss riss oder sie ihn störte. Wie eine Gedankenübertragung schauten ab und an auch beide gleichzeitig auf und dem anderen ins Gesicht. Danach legten sie beide den Federhalter beiseite und rekelten ihre angespannten Körper. Dieser Gleichklang mit dem Menschen gegenüber tat ihr gut. Mary hatte manchmal ein

Gefühl, als ob da Energie floss, die sich mit ihrer verband und sie stark machte. Unsinn, dachte sie, gibt's doch gar nicht. Aber es war schön, doch etwas gespürt zu haben.

Der Seminarraum war hell durch drei Fensterfronten und viele Leuchten, die abends beruhigendes Licht gaben. Grelle Farben oder kaltes Licht konnte sie nicht vertragen. Die Wände beigefarben und Holztüren brachten Wärme und Behaglichkeit in den Raum. Der textile Fußbodenbelag schluckte die Geräusche. Tische und Stühle waren paarweise gegenüber angeordnet, aber in unterschiedlichen Richtungen im Raum verteilt. Die kalte Oberfläche des Tisches störte sie anfangs. Später empfand sie es als angenehm, wenn sie ihre Hände damit kühlte. Auch die Jacke, die Mary immer am Morgen trug, weil sie fröstelte, hing spätestens am Nachmittag über der Rückenlehne ihres Stuhles. Nicht nur wegen des Luftzuges beim Lüften, auch so fühlte sie sich damit geschützt vor den anderen.

Am ersten Abend war nach Seminarende jeder in seine Richtung geeilt. Man hatte genug getan, die Finger schmerzten und die Anspannung war ungewohnt. Jeder war auch irgendwie müde nach dem Tag mit meistens einer langen Anreise. Die vielen neuen Eindrücke mussten erst einmal verarbeitet werden.
Am nächsten Tag merkte sie nach zwei Stunden, dass von früh bis abends durchgängig nur schreiben nicht möglich war. Dazu bräuchte man nicht nur Konzentration, sondern auch Kraft. Langes Sitzen war nicht so ihr Ding. Aber das musste sie dann auch nicht. Eine längere Mittagspause mit gemeinsamem Essen und zusätzlicher Zeit für ein Schläfchen, einen Spaziergang oder Gespräche waren im Plan enthalten. Nachmittags gab es zusätzlich, je nach Wunsch eine kleine Auszeit im Nebenraum. Und falls jemand nach dem Abendessen weiter seine kreativen Ideen zu Papier bringen wollte, konnte er bis eine Stunde vor Mitternacht den Seminarraum dafür nutzen. Anfangs fand Mary das übertrieben, abends so lange mit Schreiben zuzubringen. Doch ab dem vierten Tag saß auch sie bis

spät mit Feder und Tusche im Einklang an ihrem Tisch. Allein war sie nie, scheinbar ging es anderen auch wie ihr. Sie fühlte sich angezogen von diesen Buchstaben, die da auf dem Papier entstanden. Mittlerweile waren es Worte auch in verschiedenen Schriftarten mit breiten und spitzen Federn geschrieben. Sie nannte es eher gekrakelt. Manchmal gelang ihr ein Buchstabe besonders gut, dann freute sie sich über das Lob des Seminarleiters. Wenn dieser auf ihrem Blatt weitere Worte schrieb, empfand sie das als Anerkennung. Er strahlte eine Begeisterung für alles Geschriebene aus, die ansteckend war. Mary ließ sich bereitwillig infizieren und hatte deshalb auch Freude und Mut am Ausprobieren.

Toni verriet ihr am zweiten Tag, dass er ein blutiger Anfänger sei und dass ihn diese Atmosphäre im Seminarraum sehr berührte. Dadurch könne er sich konzentrieren und abtauchen in eine andere Welt. Er wäre beim Schreiben ganz bei sich selbst. Sie freute sich, dass Toni ihr das sagte, denn sie empfand ebenso und es tat gut, einen Gleichgesinnten am Tisch gegenüber zu haben. So eine Offenlegung von Gefühlen hatte sie schon lange nicht mehr erlebt von einem Menschen in ihrer Umgebung. Ein warmer Strom durchfuhr ihren Körper. Sie schaute Toni an und sah in braune Augen. Dabei bemerkte Mary zum ersten Mal diese Energie, die zu ihr herüber floss. Toni lächelte und danach schrieb jeder für sich weiter, etwas beschwingter, so dass die Buchstaben nicht richtig auf der Linie standen. Der Blick auf das Blatt gegenüber entdeckte das gleiche Malheur. Als sich nochmals die Blicke trafen, drückten sie Verstehen aus und erst jetzt konnte jeder für sich konzentriert die Feder führen. Auf- und Abstriche, Rundungen und Schwünge gelangen harmonischer. Dieser zweite Tag endete mit einem Abendessen in der nahen Gaststätte und sehr langen, intensiven Gesprächen der Seminarteilnehmer. Sie fühlte sich wohl und angenommen wie in einer großen Familie, in der jeder jeden achtete und verstand. Als die Wirtin die letzten Getränke servierte waren nur noch Toni und sie im Raum. Irgendwann hatten sich nach und nach alle in ihre Zimmer zurückgezogen oder standen noch vor der Tür, um eine Zigarette zu rauchen. Es gab so viele Dinge zu erzählen, denn ihrer beider Leben war reichlich mit Erlebnissen gefüllt. Oft passierte es, dass sich Gedankengänge kreuzten, dann reichte ein Blick um zu verstehen, dem ein Lächeln folgte. Erst als Mary in ihrer Unterkunft ankam, bemerkte sie, wie erschöpft aber auch glücklich sie war. In dieser Nacht schlief sie so gut und war am Morgen danach ausgeruht wie lange nicht mehr.

Die darauffolgenden Tage verliefen sehr arbeitsintensiv. Viele kreative Ideen wurden angewendet. Jeder übte für sich allein oder schaute anderen Teilnehmern zu. Da alle unterschiedliche Voraussetzungen mitgebracht hatten, war es ein Geben und Nehmen ohne Neid. Jeder traute sich zu fragen oder um Hilfe zu bitten. Meinungen zum Ergebnis wurden ausgetauscht und Kritik angenommen. Mary wurde immer mutiger beim Ausprobieren von Techniken. Die Finger verkrampften nicht mehr und ihr ganzer Körper entspannte sich. Frohgelaunt begann der Tag und endete meist spät abends im Seminarraum mit langen Gesprächen. Danach folgte noch ein kurzer Spaziergang, um die Lungen mit frischer Luft zu füllen. Manchmal begleitete sie Toni bis zu ihrer Unterkunft, die am anderen Ende des Wohngebietes lag. Also nicht dort, wo alle ihre Zimmer hatten. Sie wollte separat wohnen, da sie so viel Nähe zu anderen, vorerst fremden, Menschen nicht mochte.

Nun war der letzte Seminartag vorbei. Eine Woche nur schreiben. Buchstaben, Worte und zuletzt sogar Gedichte hatten den Weg aus der Feder auf das Papier gefunden. Pinselgeschriebene Seiten mischten sich dazwischen. Dieses konzentrierte Üben hatte ihr gut getan und sie nahm sich vor, daheim öfters Zeit dafür zu verwenden.
Mary wischte ihren Tisch sehr gründlich sauber. So als wolle sie nichts hier lassen – keinen Tintenspritzer und kein Wort, ob geschrieben, gesagt oder nur gedacht. Alles hatte sie in sich aufgenommen. Sie fühlte sich reich beschenkt und mit Eindrücken gefüllt. Wie lange würde die getankte Kraft reichen? Bestimmt sehr

lange, denn sie hatte eine Menge Energie bekommen. Tonis Blicke hatten so viel ausgesendet und sie diese dankbar empfangen. Nun war doch noch eine Zufriedenheit in ihr eingekehrt.

Plötzlich stand Toni vor ihr und redete. Sie musste sich konzentrieren und ihre Gedanken fokussieren. Er fragte, was nach dieser Woche kommen würde. Ob sie ihn anrufen, ihm schreiben würde oder vielleicht ein Treffen ohne Schreibkram möglich wäre? Sie war überrascht. Warum wollte er das? Natürlich hatten sie diese Woche gemeinsam verbracht, Blicke gewechselt und sich oft ohne Worte verstanden. Sollte sein Lächeln mehr bedeutet haben, als sie es verstanden hatte? Mary wurde unsicher. Immerhin hatte sie ein warmes Gefühl gespürt. Aber das war Dankbarkeit, an mehr glaubte sie nicht. Oder ließ sie es nur nicht zu? Zeit, um in sich hinein zu horchen, hatte sie jetzt nicht. Eine Antwort, die Toni verletzen würde, wollte sie nicht geben. Also stand sie hilflos da und blieb stumm. Seine Augen schauten fragend und suchend. Sie hätte ihm diese Woche so viel Vertrauen entgegengebracht und Mut gemacht. Er habe jetzt wieder Energie getankt und zu sich selbst zurückgefunden, hörte sie ihn sagen. Immer noch wortlos nahm Mary seine Hand. Die Musiker hatten schon begonnen zu spielen. Sie freute sich auf den Abend.

Peter Sieg Dresden

Ein kleines Wunder ...

Wer aufmerksam durch das Leben geht und offen für die uns umgebende Natur und Ihre Lebewesen ist, kann Dinge erkennen, die anderen Zeitgenossen völlig verborgen bleiben. Dem aufmerksamen Betrachter eröffnet sich mit etwas Glück eine der vielen, uns umgebenden, oft leicht zu übersehenden Parallelwelten, denen man nur größte Bewunderung zollen kann. Die Freude, die sich als Lohn für die meist kleinen Mühen einstellt, wirkt dazu lange und nachhaltig.
Selbst in der Welt der kleinsten Tiere existiert eine eigene Welt mit Geburt, Lebenskampf und Tod. Ähnlich wie bei uns Menschen gibt es täglich zu erledigende Arbeit, und selbst bei den Pflanzen noch Lebenskampf, Sympathie und Abneigung.
Alles begann damit, dass wir bei Vorbereitungen zur Reinigung der Fassade unseres Hauses an der Giebelseite in vielleicht 2,50 Meter Höhe, einen kleinen dunklen Fleck bemerkten. Von unten sah es zudem aus, als ob der Fleck sich in sich bewegen würde.
Also stieg ich auf eine Leiter, um der Sache auf den Grund zu gehen. Beim genaueren Betrachten stellte sich der Fleck dann als eine Ansammlung von kleinsten Spinnen heraus. Ihre winzigen Körper waren von gelber Farbe und alle hatten eines schwarzen, dreieckförmigen Fleck auf dem Rücken. Die Tierchen waren so eng zusammen, dass die Gesamtheit ihrer Körper einen von der Wand abstehenden Berg bildeten.
Alles hätte so bleiben können, wenn nicht morgen früh die Reinigung unserer Wand beginnen würde. Was sollte nun aus den Tieren werden? Konnte man überhaupt eine Umquartierung vornehmen und wie könnte das praktisch geschehen?
Am Ende unserer Überlegungen, die von einem weichen Handtuch bis zur Küchenrolle reichten, erwies sich dann ein weicher Pinsel und ein kleines Honigglas als die Lösung. Ehe sich die Spinnen-

erschrecken und sich davon machen konnten, befand sich der größte Teil von Ihnen im Glas.

Danach stellten wir das Glas auf die Treppe des Baumhauses unseres Enkels. Da kein Regen angesagt war, drohte den Spinnen auch nicht die Gefahr des Ertrinkens.

Direkt über dem Standort ragten in vielleicht 75 cm Höhe die frischen grünen Zweige des im Herbst gerade gestutzten Haselnussstrauches empor. So hatten die Spinnentiere die Wahl, entweder im Glas zu bleiben oder sich irgendwie über die Holztreppe einen anderen Ort zu suchen.

Am späten Nachmittag schaute ich noch einmal in das Glas und bemerkte eine Ameise zwischen den Spinnen. War das nun schlecht für die Spinnen? Seltsamerweise waren weder die Ameise noch die Spinnen besonders unruhig. Allerdings waren inzwischen schon einige Fäden vom Boden des Glases zur Öffnung angebracht worden. Die Spinnen selbst waren jetzt nicht mehr unmittelbar zusammen, sondern hatten sich im ganzen Glas verteilt.

Am nächsten Morgen führte mich der Weg als erstes zu „unseren" Spinnen. Wie erwartet, war das Glas jetzt fast leer. Als ich mich dann aber in der Umgebung umsah, blieb mir förmlich der Mund offen stehen. Was war geschehen? Vom Glas führte jetzt direkt ein starker Faden nach oben zu den Blättern der Haselnuss. Am oberen Ende lief der Faden in unzählige, über die Unterkante des Blattes verteilte Fäden aus. Alleine das war schon eine bemerkenswerte Konstruktion ...

Wie wurde dieses Kunstwerk wohl errichtet? Wahrscheinlich von oben nach unten, denn Spinnen können ja bekanntlich nicht fliegen ... Genau werden wir es niemals erfahren ...

Doch wo waren die Spinnen geblieben? Mein Blick wanderte höher, und da waren sie. Auf einem von der Morgensonne in ein freundliches Licht getauchten Blatt war er wieder, der schwarze Fleck.

Nicht mehr ganz so groß, aber immerhin noch da. Man hatte unsere Hilfe angenommen ... Nicht mal 24 Stunden waren vergangen und in der Welt der Spinnen war unglaubliches passiert. Und doch ist es nur eine kurze Episode im ewigen Kreislauf der Natur ... Wie schön, das man so etwas erleben darf ...

24. Mai 2019

Sieglind Spieler Freiberg

Inselurlaub
Revue unter Palmen

Seine Frau Eva ist wieder schwanger. Am Abend nach der Arbeit betritt Adam wortkarg die gemeinsame Wohnung. „Es wird natürlich wieder ein Sohn", murrt er. „Habe ich nicht schon genügend Söhne, die Streit und Krieg gegeneinander führen." – „Denkst du nicht, ich sollte mich beklagen, dass du mich schon wieder in die ‚Umstände' gebracht hast. Warte morgen die Ultraschall-Untersuchung ab, beruhige dich ehe mich dein Unmut trifft." Sie streiten sich. Neun Monate lang.

„Ja, es ist wieder ein Sohn. Dein Sohn. Jetzt höre mit den Vorwürfen auf", sagt Eva zu ihrem Mann. „Die Zeit wird vergehen und das Söhnchen drei Jahre zählen." So kam es auch. Der jüngste ihrer Söhne feierte seinen dritten Geburtstag. Adam musste wie so oft seinen Charme außerhalb der Familie versprüht haben. Er lief mit schlechter Laune umher.

‚Ich bin für Frieden in der Welt', denkt Eva. Hatte sie sich nicht vorgenommen, mit ihm wegen des gestrigen Anrufes ihrer Freundin Uta zu sprechen, aber sie schweigt. Uta sagte: „Überlege nicht lange, deine Stelle ist wieder frei geworden, willst du nicht bei uns anfangen?" – „Das geht nicht, mein Mann ...", hatte sie geantwortet. „Deinen Mann, den hätte ich schon ...", weiter sagte Uta nichts und hatte den Hörer aufgelegt. Warum konnte sie mit ihm nicht mehr über die einfachsten Dinge reden? Welche Mauer war zwischen ihnen angewachsen? – Auch er wich ihr aus, brummig ging er nach drüben ins andere Zimmer. – Verloren schaut Eva ins Nachmittagslicht. ‚Ich muss einen Versuch wagen, diesen engstirnigen Kreislauf zu durchbrechen und meinen Mann auf andere Gedanken bringen, womit kann ich es nur tun? Etwas völlig Neues müsste es sein, aber was?' denkt Eva. Auf dem Tisch fällt das Sonnenlicht auf glänzende Früchte in der Obstschale. Eva greift nach einem Apfel. Lichtstrahlen schlängeln sich zu ihr heran. Gedenkt sie jetzt der Ur-Mutter Eva? Würden auch ihr die Augen aufgehen, sofern sie und ihr Mann von diesem lustigen Baume Früchte aßen, die klug machen sollten, wie man sagt? Ist ihre Ehe am zerbrechen, wenn sie nicht bald klug handelt? Also handelt sie. Sie besorgt anderen Tages eine Neuigkeit für ihren Mann, als er abends nach der Arbeit das Zimmer betritt, sagt sie: „Ich habe für uns eine Urlaubsreise gebucht. Rate mal wohin, Liebster? Hier schau mal an: Eine Reise zu den Südsee-Inseln!" Adam tritt näher und Eva lockt weiter: „Schau her! Klingt das nicht lustig? ‚Adams Töchter – Revue unter Palmen.'" – Er blättert jetzt eifrig im Katalog, schaut die Fotos lange an. Befällt ihn eine unbestimmbare Erinnerung an etwas? Er weiß es nicht. Schließlich zeigt er seine Zustimmung. „Wir werden dorthin fahren, Adams Töchter, die will ich mir ansehen!" sagt er.

Sie sind dort im Urlaub. „Wunderbar!" findet Eva. Sorglos, wie Kinder benehmen sie sich. Ihr Mann scheint wie ausgewechselt. Ihm fehlt die Zeit herumzuschimpfen. Rastlos fotografiert er Strände, Palmen, Sonnenuntergänge. In diesen leichten, schwebenden Tagen erholt sich Eva von Adams Unbeherrschtheit. Doch dann geschieht etwas: Beide rennen und springen auf dem Steilküstenpfad entlang. Eva tritt daneben und rutscht von der Böschung herab. Ein Strauch hält sie gerade noch fest. „Wie kann denn so etwas passieren", faucht Adam los. Er muss erst böse reagieren, bevor er sich der Gefahr besinnt. „Gib mir deine Hand", ruft er erschrocken und zieht Eva mir ganzer Kraft hoch. Einen kleinen Kratzer bemerkt er an ihrer Wange. Sie sieht ihn schweigend an. „Kannst du aufstehen und weiterlaufen", fragt er sie. „Ich glaube, ja." – Er ist ihr behilflich. Jetzt fühlt er, wie ihm Schamröte ins Gesicht steigt. Sand und Wellen, sonnige Stunden an den nächsten Tagen, lassen den Vorfall alsbald vergessen.
Die große Gala soll heute Abend steigen. Die Krönung ihrer Urlaubstage rückt heran. Eva ruht am Nachmittag. Adam sagt zu ihr: „Bleib noch ein wenig liegen, ich möchte mal in die Zeitung

schauen und mich unten ins Cafe setzen. Beiläufig hört er jemanden sagen: Heute ist die Chefin da. Dass muss sie sein. Sie steht hinter dem Tresen. Er sieht dieser Frau ins Gesicht und erschrickt. ‚Das gibt es nicht, diese Ähnlichkeit, und das Muttermal das die linke Wange dieser Frau ziert, trug auch sie. Warum ähnelt diese Frau dort seiner ersten Liebe? Er starrt sie fassungslos an ... Die Frau hat ihn ebenfalls bemerkt, aber sie erholt sich von dem ersten Schreck schneller als er, winkt ihm zu: „Wollen Sie etwas trinken?" Sie verlässt den Tresen und kommt an seinen Tisch und sieht ihn fragend an.

„Lilith??" – „Zufall!" – „Dir wollte ich im Leben nie wieder begegnen", meint sie. Er schaut sie immer noch an. Sie befüllt zwei Gläser mit Ananassaft, sagt: „Hier ist es zu heiß, komm, lass uns reden." Dabei öffnet sie eine kleine Tür und sie betreten einen schattigen Garten. ‚Verschwiegen' denkt Adam für sich, sonst hätte er sich mit einer Redensart gebrüstet. Sie durchschaut seine Gedanken und lächelt: „In stillen Gärten wohnt die Kraft zum Nachdenken." Ihre eindringlichen Augen ruhen noch immer auf ihm. Er glaubt zwei Lebensstränge in sich zu fühlen. Seine Kehle wir eng. Sie spricht weiter: „Du trugst ja keine Scheu mit Frauen anzubändeln. Rechthaberei und Streitsucht waren deine Stärke. Wir haben alles hinter uns gelassen, nachdem du uns alle betrogen hattest. Epi und Elita sind ebenfalls mitgegangen. Hier haben wir für uns diese kleine Insel erworben und deine Töchter allein groß gezogen." – „Wieso meine Töchter?" fragt er erschrocken und sein Gesicht verfärbt sich kreideblass. Sie reicht ihm sein Glas. „Trink einen Schluck! Keine Sorge, deine Töchter sind auch ohne dein Zutun erwachsen geworden", lacht Lilith spöttisch. „Wir verlangen nichts mehr von dir, jetzt wo sie groß sind, sind sie unser ganzes Kapital. Das wirst du heute Abend erleben." – „Und was hat dich bewogen, die Tanz-Show „Adams Töchter zu benennen, frage ich dich?" – Sie stieß ein verächtliches Lachen aus. „Das war so eine stille persönliche Rache – sonst nichts. Alles auf diesem unglückseligen Stern braucht einen Namen." – Er schweigt, trinkt sein Glas mit einem Zug aus. „Sage meiner Frau nichts. So eine glückliche Zeit wie hier

haben wir bisher nicht erlebt." – „Weder sie noch die Töchter werden eingeweiht. Lassen wir es in der Vergangenheit stehen.", sagt Lilith. – „Danke!" Er geht.
Nein, er geht nicht hinauf zu seiner Frau ins Zimmer. Jetzt nicht! Er muss alleine sein, allein am Strand richtet er den Blick aufs Meer. Immer die mahnenden Worte Liliths im Ohr: ‚Verlass dich, deiner Frau werden wir nichts vom Vergangenen sagen, prüfe dein Verhalten, sonst könntest du sie eines Tages verlieren.'
„Wo warst du so lange?" fragt Eva. „Verzeih mir, ich habe mich etwas aufgehalten. Er nimmt sie in den Arm: „Ich freue mich auf den heutigen Abend mit dir." –

Sie fliegen heim. „Das Schöne liegt hinter uns", bedauert Adam. ‚Alles geht einmal vorbei', denkt Eva und lehnt sich müde zurück, schließt ihre Augen, die letzten zehn Tage erscheinen ihr wie ein Traum, und wirklich träumt sie etwas im Schlaf. ‚Ach, Eva, dieser Traum trägt doch nur deine Wünsche im Gepäck, er gaukelt dir vor und redet mit deiner Stimme. Du hörst dich sagen: „Seit vier Wochen sind wir wieder daheim. Jetzt sind unsere Söhne an der Reihe. Die großen zeigen die Schulhefte und der kleine erzählt vom Kindergarten. Ich arbeite seit zwei Wochen und mir ist als hätte ich nie pausiert. Um den Abendbrottisch sitzt die Familie. Alle lachen, auch Adam lacht und zeigt keine schlechte Laune mehr. Er steht vom Tisch auf: „Eva komm, kannst du den Inseltanz noch? Komm, lass' uns tanzen!" – „Ja, die Musik, das Video, Adams Töchter sind hübsche Mädchen", lachst du jetzt, Eva. – „Wetten, alle sind meine Töchter!" albert Adam. – „Spinnst du?" – „Vielleicht!" – –

Lebenslied

Im steinernen Haus am Sonnenhang
liegt süffiger Wein im Keller,
wo die Trauben gereift
in müh'voller Arbeit den Sommer lang.

Rebenlaub schmückt Mädchen im Kranze –
Lachen und Singen – die Gläser gefüllt,
bis in den Abend klingt es zu Tale,
ein Augenpaar lächelt beim Tanze.

Die Lebensstunden verrinnen wie Sand,
wie das Fest verläuft zum Ende hin
beim Tanzen, Lieben und Lachen.
Jüngere gehen jetzt Hand in Hand.

Im Winzerhaus genießt ein Alter den Wein,
die Kerze am Tische brennt nieder,
Schauer wehen im nächtlichem Laube,
ein Fremder in dunklem Mantel tritt ein.

Die bunten Bänder flattern nicht mehr
im Wirbel stampfender Paare,
Lieder verstummen lässt dieser Gast,
und kalt zieht's vom Tale her.

Der Alte trinkt schweigend den Becher aus,
mit dem Fremden steigt er zum Flusse hinab.
Die Musik klingt ihm noch aus der Ferne –
das Fest geht weiter im Winzerhaus.

Jo Strauß Berlin

Der letzte Auftrag

Trotz der herbstlichen Oktoberkühle hatte er sich in den nahen Park gesetzt, um die letzten Strahlen der Sonne aufzunehmen. In den Nächten kündigte sich schon ein frühzeitiger Winter an und dieser kommende Winter sollte sich auch später als einer der kältesten Winter des 20. Jahrhunderts bestätigen.
Sein verletzter linker Arm mit dem noch im Gelenk steckenden Granatsplitter schmerzte ihm vierundzwanzig Stunden bei Tag und bei Nacht, und die Schmerzmittel waren schon lange aufgebraucht. Aber er biss die Zähne zusammen, eingedenk der bissigen Sprüche unter den verletzten Kameraden, die im Lazarett wie er auf die OP in den nächsten Tagen warteten und so hieß es während der Stunden unter den Kameraden häufig: Der deutsche Soldat fürchtet nur Gott und so war man bemüht, so wenig wie möglich die Schmerzen und die Angst vor der OP zu fürchten, die oft schon das Ende bedeutete. Den dicken Kameraden Schlunz hatten sie heute schon ganz früh aus dem Saal gefahren, ein weißes Laken war über den Körper gebreitet und alle sahen, wieder einer, der die OP nicht überstanden hatte.
Eine tödliche Lethargie hatte alle Kameraden befallen, sie waren nicht die Einzigen, die ergeben darauf warteten, beim nächsten Luftangriff auf die Hauptstadt durch die Bomben der Alliierten vernichtet zu werden, so, wie schon ganze Stadtteile und unzählige Menschen Berlins. Und dieser Herbst 1944 war für die Berliner die Hölle, denn neben jeglichem Mangel aller Art waren es auch die fehlenden Kohlen und das Holz für den kommenden Winter, die Angst und Entsetzen verursachten, auch im Lazarett gab es nur noch Notheizung und Notbeleuchtung.
Er war der Einzige, der aufgrund seiner Verletzung am Armgelenk laufen durfte, und niemand verwehrte ihm seine Spaziergänge. Solange seine zähe Konstitution und seine zwanzig Jahre ihm

erlaubten, hielt er sich im Parkgelände einigermaßen körperlich in Form. Niemand außer ihm hatte anscheinend Lust, wie er die Stille des Parkes zu genießen; doch heute hörte er vom nahen Hauptweg, der sich um den großen See zog, laute Kommandostimmen, dazu kurzes Kindergeschrei.

Hinter dem Wegeknick wurde ein Kommando Wachsoldaten sichtbar, die in ihrer Mitte junge Frauen mit Kindern begleiteten. Ein junger Offizier bellte von Zeit zu Zeit kurze Kommandos und spornte die Gruppe, die etwa sechzig Personen umfasste, zu mehr Eile an.

Die Gruppe war von ihm etwa hundert Meter entfernt, doch mit seinen scharfen Augen erkannte er an dem äußeren Zustand der Frauen und ihrer zerlumpten Kleidung, dass es sich wohl um Gefangene handelte, die hier irgendwo in der Nähe eingesperrt wurden.

Sehr deutlich erkannte er das blasse Gesicht eines etwa zwölfjährigen Mädchens, das wie bittend ihren Arm zu ihm ausstreckte. Das dauerte aber nur Sekunden, dann war sie schon weiter gestoßen worden und verschwand in der Gruppe.

Trotz seiner Schmerzen hatte sich diese Szene tief in ihm eingeprägt und er berichtete abends einem seiner Kameraden von dem Vorfall.

Kurt sah ihn ernst an: „Sicher wieder arme Schweine, die bei uns arbeiten müssen, ehe man sie später umbringt."

Er sah Kurt bestürzt an: „Aber da sind doch viele Kinder dabei gewesen. Die sahen alle aus wie unsere eigenen deutschen Kinder!"

Kurt sah ihn an, legte den Finger auf die Lippen: „Wenn du leben willst, dann halte deine Schnauze. Vielleicht hast du Glück und kommst heil hier raus!"

Nach einer unruhigen Nacht wurde er im Morgengrauen von einer jungen Schwester geweckt. Draußen war es noch dunkel und wie im Halbschlaf folgte er ihrer Aufforderung, ihm zur OP zu folgen. Gehorsam schlurfte er neben ihr her und lag im nächsten Augenblick auf dem OP-Tisch. Eine Betäubungsspritze versetzte ihn fast augenblicklich in Tiefschlaf.

Als er erwachte, lag er allein in einem sog. Aufwachzimmer. Er war noch fest angeschnallt, als sollte sein Herabgleiten von der Pritsche verhindert werden. Die junge Schwester trat auf ihn zu und brachte die Strahlen der Morgensonne mit, die über das Bett fielen.

„Nun, überstanden, junger Mann", lächelte sie ihn an. „Und sie hatten großes Glück, alles ist gut gegangen, der Arm ist noch dran. Und in vier Wochen sind sie wieder auf den Beinen. Ich bringe Ihnen Tee und Zwieback, bis gleich."

Er hatte zurückgelächelt, wie er glaubte, denn sicher war er nicht, eher so ein glückseliges Erstaunen, dass sein Arm gerettet war, den er schon im Geiste abgenommen glaubte.

Er blieb noch acht weitere Tage in dem engen Raum, durfte auch aufstehen, aber das Zimmer nicht verlassen. Sein Verband wurde täglich gewechselt und seine Schmerzen nahmen sehr schnell ab.

Nach diesen acht Tagen verlegte man ihn in ein großes Krankenzimmer. Er durfte sich frei bewegen, musste zur Visite aber immer pünktlich da sein.

Sein gesunder, junger Körper erholte sich schnell und die Wunde war fast verheilt.

Tage später erhielt er seine Entlassungspapiere und die Order, sich im nächsten Wehrkreiskommando zu melden. Allerdings wurden ihm noch weitere vierzehn Tage Erholungszeit bis zu diesem Zeitpunkt bewilligt. Er verabschiedete sich von Kurt, der wie er seine OP glücklich überstanden hatte und ihm zulächelte: „Wir sind alle in Gottes Hand, Junge; bete, dass das Schicksal dich verschont. Und mach´s gut, vielleicht sehen wir uns ja einmal wieder."

Sie schüttelten sich die Hände. Er dem nur wenig Älteren, der Theologie studierte. Beide schauten sich lange an, so als wüssten sie, dass dieser Wunsch wohl nicht in Erfüllung gehen würde.

Er mietete sich ein winziges Zimmer in einer herunter gekommenen Pension von seinem letzten Geld und vergammelte seine letzten freien Tage mit Spaziergängen in der frischen Luft, die allerdings fast dauernd nach Rauch und anderem Unsäglichen stank.

Das Wehrkreiskommando in seinem augenblicklichen Stadtbezirk war ganz in der Nähe, und zum Abschluss seiner Genesungszeit

meldete er sich soldatisch präzise: „Soldat Müller meldet sich nach Krankenurlaub zum Einsatz bereit!"
Man machte sich nicht die Mühe, ihn nochmals zu untersuchen, sondern schob ihm seinen nächsten Einsatzbefehl zu: „Meldung bei der Einsatzleitung Ost, Schlesischer Bahnhof, bei Einsatzleiter Kamerad Max."

*

Er sah von dem Stapel Papier auf, der vor ihm lag. Eine Reihe von Briefen und Dokumenten, Bögen mit Amtsstempeln und Gesetzesblätter.
Obenauf der Brief mit dem Rentenbescheid. Er war jetzt, im Jahr 1994, im zweiten Jahr in Rente. Er lebte allein; Kinder hatten sie keine und seine Anna lebte schon fünf Jahre nicht mehr.
Seine Gedanken gingen oft zurück in das Leben; die kurzen schönen Jahre mit ihr bis zu diesem entsetzlichen Unfall, der ihr den Tod brachte. Und ohne seinen Freund Kurt, der Theologe geworden war, und Pfarrer der kleinen Kirche unweit seiner Wohnung, hatte er keinen Menschen mehr. Zum Glück sahen sie sich abends öfter in dem stillen Pfarrhaus, das so viel Platz bot, aber auch Kurt war ohne Frau, lediglich eine ebenfalls schon ältere Frau half ihm, alle die täglichen Pflichten zu erfüllen, die jeden Pfarrer betrafen.
Kurt und er hatten sich zufällig nach endlosen Jahren auf dem Bezirksamt wieder gesehen; er, Jonas, um seine Rente zu beantragen; Kurt, der etwas Amtliches zu erledigen hatte.
Sie hatten sich sofort wiedererkannt und spontan umarmt. Sie waren Seelenverwandte und vertrauten sich. Ab diesem Zeitpunkt trafen sie sich regelmäßig im Pfarrhaus und in vielen Gesprächen sprachen sie sich alles vom Herzen, was sie bewegte.
Es waren Abende voller Harmonie und es hatte sich eine tiefe vertrauensvolle Freundschaft zwischen ihnen entwickelt.
An diesem Abend allerdings war etwas geschehen, was das Leben beider abrupt veränderte.
Kurt kam ihm, wie es Jonas schien, etwas nervös entgegen und schob ihn gleich in sein Refugium, wie Kurt immer lächelnd meinte.

„Bitte entschuldige meine leichte Nervosität, aber seit gestern habe ich Gäste im Pfarrhaus. Ich habe einige Ausländer aufgenommen, die abgeschoben werden sollen. Eine junge Familie mit zwei Kindern und ein zwölfjähriges Mädchen, alle kommen aus diesen Krisengebieten, wo andauernd Krieg herrscht.
Wir Kirchenleute machen das zurzeit überall im Bundesgebiet, denn wir lassen nicht zu, dass angeblich Unberechtigte in Kriegsgebiete zurück geschickt werden.
Alle stammen von ursprünglich eingewanderten Deutschen aus dem 17. Jahrhundert ab und sprechen gut deutsch. Wie lange die deutschen Gesetze das zulassen, wissen wir nicht, doch wir zeigen unsere Entschlossenheit, den Bedrohten und Bedrängten zu helfen.
Die junge Familie ist wenigstens als Familie vereint, aber die Kleine hat niemand mehr, denn ihre Eltern wurden während der Flucht erschossen. Sie ist ein reizendes Mädchen und hat einen deutschen Namen, Anna Müller, so wie du."
Jonas stand wie erstarrt. Er wurde totenbleich und hielt sich am Tisch fest, an dem sie gerade standen.
Kurt fasste ihn erschrocken an der Schulter: „He, Jonas, was ist dir? Alter Freund! Soll ich einen Arzt rufen?"
Jonas war auf den Stuhl gesunken, seine Brust schmerzte und er atmete kurz und stoßweise.
„Bitte entschuldige, alter Freund, du konntest es nicht wissen. Das Mädchen heißt wie meine verstorbene Frau, Anna, Anna Müller. Es ist ein Déjà-vu für mich, was mich total überrumpelt hat." Kurt goss ihm einen leichten Wein ins Glas: „Trink erst mal auf den Schock, mein Lieber, erhole dich von dem Schreck. Bitte verzeih, aber das wusste ich nicht."
Jonas hatte das Glas automatisch ausgetrunken. „Danke, Freund, das tat jetzt gut. Aber es geht nun schon wieder."
Er zögerte, sagte dann fast hastig: „Kann ich die Kleine mal sehen?" Kurt sah ihn forschend an: „Deine Déjà-vu-Erinnerung? Aber ja, doch heute schläft sie schon, doch komme morgen früh wieder, zur gleichen Zeit, sie ist dann in ihrem Zimmer."

Die Gedanken in Jonas Kopf überschlugen sich. Das Bild des Mädchens von 1944 hatte ihn sein ganzes Leben lang verfolgt, so als trüge er Schuld an ihrem späteren Schicksal, und er hatte dieses Bild immer wieder vor Augen; dieses Mädchen, das um Schutz und Hilfe schrie, weil sie wusste, dass sie zum Sterben geführt wurde.
Er hatte im Feld viele schreckliche Erlebnisse gehabt, doch nie mehr so nahe und unmittelbare, aber es war tiefe Scham in ihm, dass er wie seine Kameraden gezwungen wurde, ihre Waffen auf Zivilisten zu richten.
Es gab keinen Trost in ihm für ihre Taten und bei allem schrecklichen Geschehen hatte ihn immer das flehende Winken des Mädchens verfolgt. Mit Kurts Erwähnung seiner Hilfe den Hilfebegehrenden gegenüber war wie ein Schrei das Bild des Mädchens wieder da, dazu noch mit dem Namen seiner verstorbenen Frau.
Er hatte diese Nacht nicht geschlafen. Schon früh klingelte er an Kurts Tür. Die freundliche Haushälterin öffnete: „Ah, der Herr Jonas. Nur herein, der Herr Pfarrer erwartet sie schon."
Er trat ohne zu zögern in Kurts ‚Refugium'.
Kurt war allein, sein Gesicht zeigte leichte Besorgnis: „Nun, Freund, kannst du der Belastung standhalten? Ich rufe sie gleich herein, sie bat mich gestern um ein Buch, dass ich ihr raussuchte. Bitte setze dich etwas in den Hintergrund, ich möchte nicht, dass sie sich erschreckt, denn alle hier leben in der dauernden Furcht, dass man sie abholt, um sie abzuschieben."
Wortlos setzte er sich in den Zimmerhintergrund, der leicht im Schatten lag. Sein Herz schlug heftig, und er versuchte, ruhig zu erscheinen, er durfte das Mädchen auf keinen Fall erschrecken.
Kurt hatte die Tür geöffnet und rief Annas Namen. Sekunden später trat sie ins Zimmer.
Der erste Eindruck sollte wohl immer der entscheidende sein. Jonas verhielt sich absolut ruhig, die Kleine hatte ihn noch nicht gesehen. Kurt übergab ihr freundlich das Buch: „Du batest mich um eine Biografie von Martin Luther. Ich habe zwei von zwei verschiedenen Autoren, aber beide sind gleich gut. Nimm erst mal dieses eine Buch, wir können uns dann noch darüber unterhalten."

Jonas hatte sie wie gebannt betrachtet. Ein normales, dunkelhaariges Mädchen, hübsch und mit großen, ernsten Augen.
Sie machte einen kleinen Knicks: „Vielen Dank, Herr Pfarrer. Ich werde gleich mit dem Lesen beginnen."
Jetzt hatte sie ihn entdeckt. Mit einem leisen Schrei war sie zurückgeschreckt, drängte sich wie hilfesuchend an Kurt.
„Keine Angst, Anna, das ist ein sehr guter Freund von mir, der mich besucht. Von ihm hast du nichts zu befürchten, er ist nur zufällig hier. Aber ich weiß, dass er großen Anteil nimmt am Schicksal verfolgter Menschen und ihnen hilft. Du kannst ihm absolut vertrauen. Möchtest du ihm vielleicht die Hand reichen?"
Sie sah Kurt forschend an, er nickte ihr freundlich zu. Zögernd trat sie auf Jonas zu, der ihr wie verzaubert langsam entgegen trat.
Anna musste ein sehr feines Gespür für Menschen haben, denn sie sah lange in seine Augen, ehe sie ihm die Hand hinstreckte.
Jonas nahm sie behutsam und sagte sehr ernst: „Ich freue mich sehr, dich kennen zu lernen, Anna. Und ich würde mich sehr gerne mit dir unterhalten, wenn ich darf."
Sie hatte ihn unverwandt angesehen und ihm lange ihre Hand überlassen. Sie antwortete nicht, drehte sich langsam zu Kurt und nickte ihm zu. Als sie durch die Tür trat, hob sie die Hand und winkte ihm zu: „Du kannst wieder kommen."
Kurt schloss die Tür hinter ihr. Er sagte kein Wort, aber trat zu Jonas, der beide Hände in sein Gesicht gelegt hatte und leise weinte.
„Setz dich, mein Freund", sagte Kurt gerührt, „auch ich muss mich erholen, denn solche Augenblicke gibt's auch bei mir fast nie."
Jonas trocknete sich die Tränen: „Verzeih, alter Freund, es hat mich übermannt. Nicht nur mein Déjà-vu-Erlebnis war plötzlich wieder da, ich hörte auch den Schrei und spürte die Angst des Kindes, doch auch ihr aufflammendes Vertrauen zu mir. Ich bin völlig hingerissen von diesem Kind und würde alles tun, ihr zu helfen."
Kurt sah ihn verständnisvoll an: „Theoretisch ginge das schon, Freund, aber ich kenne aus praktischer Erfahrung die Arbeit unserer Ämter. Es ist wahnsinnig schwer, schon für Normalbürger, ein Kind zu adoptieren, oder als Sorgeberechtigter zu fungieren. In dei-

nem Alter ist das absolut vergebens, das Sorgerecht zu bekommen. Die Gesetzeshürden sind unüberwindbar. Allerdings" – er zögerte, „gibt es einen Ausweg – allerdings ist der illegal – aber ich handele ja schon gegen die Gesetze, indem ich Flüchtlinge aufnehme, so dass ich nicht gegen die Gebote der Menschlichkeit verstoße, nur musst du da entscheiden, und sehr gut darüber nachdenken."
Jonas sah ihn gespannt an: „Nun red schon, Kamerad und Freund. Wenn ich etwas tue, wenn es einem Menschen hilft, kann es nicht gegen das Gesetz sein. Ich bin bereit."
„Nun, man sagt, es gäbe keine Zufälle, alles wäre göttliche Bestimmung, und ich bin auch nicht abergläubisch, aber das, was ich hier heute erlebt habe, liegt für mich schon außerhalb der Normalität. Es ist unübersehbar, dass zwei Menschen sich sozusagen blind vertrauen und bereit sind für engen Kontakt. Ich denke, das ist allein eine Entscheidung zwischen einem intelligenten, hochsensiblen Kind und einer gefühlstiefen Verantwortungsbereitschaft des lebenserfahrenen Bibliothekars mit enormem Wissen über das menschliche Wesen. Sprich mit ihr, sie ist dazu bereit, denn sie fühlt als werdende Frau deine Zuneigung zu ihr und natürlich sucht sie den Ausweg aus ihrer Lage, die vollkommen offen ist, aber keinen Ausweg zeigt.
Und keine Angst, sie ist geistig viel älter als zwölf und du wirst staunen über ihre Reife und Ernsthaftigkeit.
Eines vorab, Kamerad, prüfe dich selbst, ob du ihr ein guter Freund, Vater, Opa oder Sorgeberechtigter sein kannst. Ich zweifle nicht an deinem guten Willen und weiß, dass du kerngesund bist. Du musst mindestens die nächsten zehn Jahre für sie da sein, ehe sie auf eigenen Beinen stehen kann. Finanziell kannst du das schaffen, denn du hast eine gute Rente. Aber, Freund, nicht in Deutschland, darüber sei dir klar. Die Gesetze würden dir deine Anna wegnehmen, du wärst unglücklich für den Rest deines Lebens. Du musst mit ihr abtauchen, wie es bei uns heißt, und unzählige Deutsche tun das jedes Jahr. Schau die nur die hohe Quote derer an, die für vermisst gelten. Das sind Jahr für Jahr zehntausende. Natürlich sind die nicht alle umgebracht worden, sondern aus ganz persönli-

chen Gründen einfach im Ausland verschwunden. Unsere liberale Welt lässt heute vieles zu und wenn du mit deiner Tochter oder Enkelin – gerade jetzt im Sommer – in den Urlaub fliegst, interessiert das keinen Menschen. Ich bewahre ihre Geburtsurkunde auf, die erhältst du von mir. Andere Papiere existieren nicht, und damit solltet ihr es schaffen, in einem Land, wo dein Geld viel wert ist, damit zu überleben. Das sollte Europa sein, denn ihr seid beide europäische Menschen. Sprachlich werdet ihr auch keine Probleme haben, denn Anna spricht außer deutsch ihre Muttersprache, englisch, russisch. Soweit ich weiß, kommst auch du mit englisch gut weiter. Also rede mit ihr, aber komme morgen früh um die gleiche Zeit, denn je schneller ihr euch entscheidet, desto sicherer ist es für Anna, einfach von der Bildfläche zu verschwinden, denn das ist bei uns Alltag, dass Flüchtlinge ihre eigenen Wege gehen.

Ich weiß, alles hört sich nach einem ungesetzlichen Komplott an, aber ich bin sicher, in unserem Land werden tausende solcher Entscheidungen getroffen. Und ich bin mir auch sicher, euch den richtigen Rat zu geben, denn er entspringt dem, was Kirche soll, nämlich dem Menschen zu helfen und frei seinen Weg zu entscheiden."

Jonas hatte mit großen Augen zugehört, jetzt trat er auf ihn zu: „Du bist ein wahrer Mann der Kirche und des Lebens. Ich danke dir tausendmal für deinen Rat. Er soll mein elftes Gebot sein. Und der Auftrag, auf den ich schon ein Leben lang warte."

Er schüttelte Kurt die Hand und eilte aus der Tür. Morgen früh würde er mit Anna reden. Er hoffte, sie würde ja sagen. Einen besseren Fürsprecher als einen Mann Gottes konnte er nicht haben.

*

Er sah noch einmal in den weiten baumbestandenen Hof. Heute am Samstag war es noch ruhiger als sonst. Es war eine Ruhe in ihm, über die er sich selbst wunderte. Schließlich hatte er hier Jahrzehnte gelebt, viele davon mit seiner Frau, die er jetzt auch allein ließ. Aber er war sich ihrer Zustimmung sicher, sie hatte ihm ja geraten, das Leben weiter zu leben. Und er hatte sich gestern auch noch von ihr verabschiedet, denn ihr Grab würde nun niemand mehr pflegen. Trotzdem war er sich sicher, eines Tages wieder mit ihr vereint zu sein. Auch wenn sein irdischer Leib in einem anderen Lande ruhen würde.

Er hatte nur den kleinen Reisekoffer mit allen wichtigen Papieren und etwas Kleidung eingepackt. Er hatte auch nicht die Absicht, sich zu viel Neues zu kaufen. Er wollte jetzt nur noch leben, mit seiner kleinen großen Tochter Anna, wie er sie bereits nannte. Er lebte bereits in der Zukunft. In einer der deutschen ‚Kolonien', die es in großer Zahl gab. Abertausende von Aussteigern gleich ihm. Immerwährendes schönes Wetter, ausreichend Geld. Seine Rente würde bequem für zwei reichen.

Die Türklingel, ah, der Taxifahrer. „Nach Tegel?" fragte der türkische Fahrer. „Genau, zum Flughafen."

Er hatte die Tür einfach hinter sich zugeschlagen. So, als käme er gleich wieder. Nur käme er nicht mehr rein, die Schlüssel waren drinnen.

Einen kleinen Augenblick verspürte er einen leisen Stich im Bauch, aber nur einen kleinen, dann schaute er nach vorn.

Kurt würde sehr pünktlich sein, wie immer. Er übergab ihm Anna. Er war entzückt von ihr. Das also war sein Auftrag, den er mit einer Riesenfreude erfüllte.

Er betrat die Halle, Kurt und Anna winkten ihm zu.

Er umarmte den Freund und Kameraden, durch den er all das erfahren durfte: Freund und Vater eines lieben, klugen Mädchens sein zu dürfen.

Er küsste sie sanft auf die Stirn, streichelte ihr übers Haar. Sie sah zu ihm auf, lächelte, nahm die Hände beider Männer und küsste sie.

Der Flug nach Lissabon wurde aufgerufen. Eine letzte Umarmung, dann sah Kurt ihnen nach, wie sie in den Zubringer stiegen.

Er blieb noch, bis der Ferienflieger abhob. Dann ging er langsam zum Taxistand. Ihm blieb noch viel zu tun. Trotzdem war er stolz, zwei Menschen glücklich gemacht zu haben. Das betrachtete er als seinen Auftrag. Er freute sich aber bereits jetzt auf den ersten Brief aus Portugal. Auch Pfarrer sind nur Menschen.

Marlies Strübbe-Tewes — Unna

Schaffe, schaffe, Häusle baue ...

Als junge Familie waren wir mutig, zuversichtlich und unbedarft. Mutig war es, eine eigene Firma zu gründen. Erst klein und überschaubar, doch allmählich etablierte sich die Geschäftsgründung, so dass wir zuversichtlich weitere Investitionen tätigten. Bald reichten die Räumlichkeiten der Mietwohnung für Film- und Videoproduktionen nicht mehr aus, so dass wir uns nach Büroräumen zum Anmieten umsahen. Unerwartet hoch fielen die Mieten dafür aus, es war zu überlegen, was möglich sein könnte. Bald kamen wir auf die Idee, man könne ein Haus kaufen, die Miete für die jetzige Wohnung sparen, das Geschäft mit in das Haus nehmen. Die Anleihe bei einer Bank für einen Hauskauf müsste tragbar sein, so hatten wir gerechnet. Die Suche begann: Haus mit Büroräumen oder Einliegerwohnung, drei Kinderzimmern, wenn möglich Doppelgarage und Garten. Im Angebot bei diesen unseren Vorgaben waren großzügige Villen, eingebettet in parkähnlichen Gärten und breiten Auffahrten zum Eingangsbereich, traumhafte Komplexe. Die Ankaufpreise für diese Objekte überstiegen allerdings bei weitem unser Budget. Kleiner und bescheidener sollte und musste es sein. Weiter suchen dementsprechend. Unsere intensive Umschau brachte nicht die entsprechenden Ergebnisse und somit nicht den erhofften Erfolg. Ein älteres Haus hätte Platz genug geboten, doch die erforderlichen Renovierungsarbeiten hätten in der Regel unseren finanziellen Rahmen gesprengt, zumal sich unsere eigenen handwerklichen Fähigkeiten in Grenzen hielten. Ein Reihenhaus mit kleinem Garten und einer Garage wäre hübsch gewesen, doch die meisten dieser Häuser, die wir besichtigten, wiesen nur zwei Kinderzimmer auf. An zusätzliche Büroräume nicht zu denken.
Eines Tages begegnete uns eine Annonce in der Tageszeitung: Neubau in Planung, Reihenhaus im Dreierblock mit Grundstück, individuelle Grundrissgestaltung möglich, gehobene Innenausstat-

tung, schlüsselfertig. Der angegebene circa Preis war moderat. Man könnte ja mal schauen, die angegebene Telefonnummer wählen, einen Termin vereinbaren …

Wenige Tage später betraten wir einen kleinen Büroraum, viele Akten in einem einfachen Regal, auf dem Schreibtisch einige Schnellhefter und lose Papiere, Stifte, ein Din-A-2 Block mit weißem Zeichenpapier als Unterlage, ein Kaffeebecher. Vor uns ein etwas korpulenter Mann mittleren Alters, bekleidet mit einem weißen kurzärmeligen Hemd und grauer Hose. Hinter großen Brillengläsern ein graublaues Augenpaar, das uns erwartungsvoll kurz musterte. Er stellte sich uns als Diplom-Ingenieur und Architekt mit seinem Namen vor, hieß uns willkommen, bot uns zwei ungepolsterte Stühle und Kaffee an. Ohne Umschweife zog er eine Pergamentparierrolle aus einem Ständer und begann uns seine Idee von dem neuen Projekt zu unterbreiten: Drei Häuser in einem großen Block von unterschiedlicher Größe und verschiedener Außen- sowie Innengestaltung. Ich blickte auf die Vorderseite des gezeichneten Dreierblocks, Dachausbauten, Vorbauten, Giebel, unterschiedlich gestaltet und dennoch ergab sich ein harmonisches Bild. In Klinker und Holz sollte die Außenhaut erstellt werden. Und Innen? Offener Innenraum, alles Halbetagen, individuelle Einteilung. Drei Kinderzimmer? Kein Problem, man könne sie in den oberen Teil des Hauses legen, auf zwei Halbetagen verteilen, mit eigener Toilette und Badezimmer. Ein Büro? Selbstverständlich machbar, dazu könnte die Kelleretage genutzt werden, ein eigener Eingang wäre möglich, wenn wir nicht das mittlere Haus wählen würden. Fasziniert blickte ich auf einen Zeichenstift, der, geführt von einer kräftigen Hand, Skizzen von Raumaufteilungen vor meinen Augen entstehen ließ. ‚Endlich Kaffee' – bemerkte er, als eine Frau die schale Seitentür öffnete und ein Tablett mit drei gefüllten Tassen und einer kleinen Gebäckschale umständlich neben die Planskizze stellte. Sie grüßte kurz und nickte bevor sie den Raum lautlos verließ, ihre hausschuhähnlichen Schläppchen machten keine Geräusche. Wir vertieften uns weiter in Gespräche und Skizzen. Er berichtete von einem möglichen Bauablauf, von einer Bezahlung in Etappen gemäß den Fertigungsabschnitten des Hauses. Zum Schluss sollte es uns schlüsselfertig übergeben werden. Die Innenausstattung konnte ebenfalls frei innerhalb eines festen Kostenrahmens gewählt werde, Fußbodenheizung, Bodenfliesen, Collani-Einrichtung für die Bäder waren vorgesehen. Gemessen an der Endsumme erschienen uns die zu erwartenden Gegenleistungen äußerst günstig zu sein. Auch hierfür hatte der Architekt wie auf alle unsere Fragen eine einleuchtende Erklärung: Viel Geld konnte eingespart werden, da er selber nicht nur der Architekt war, sondern gleichzeitig auch der Bauunternehmer, der Realisator, wie er sich nannte, der alles für uns abwickeln wollte. Gemessen an seinen Leistungen fiele sein Honorar eher bescheiden aus. Doch wir sollten uns alles nochmals in Ruhe überlegen und uns einmal sein letztes Projekt ansehen, von dem er uns die Adresse gab. Den zukünftigen Bauplatz könnten wir ebenfalls einmal besichtigen. Gedankenvoll verließen wir sein kleines Büro, für das er sich zwischendurch entschuldigte, da seine eigentlichen Räume zurzeit gerade renoviert würden.

Am darauf folgenden Tag fuhren wir fröhlich und gut gelaunt zu der angegebenen Adresse und fanden ein freistehendes Einfamilienhaus vor. Es sah so aus, wie er es uns kurz beschrieben hatte. Ansprechend, obwohl die Gartenarbeiten rundherum noch fehlten. Die Lage des zukünftigen Bauplatzes sagte uns allerdings nicht zu, die Wege zu Schulen, Freizeiteinrichtungen, Einkaufsmöglichkeiten zu weit, in der unmittelbaren Nachbarschaft ein Fuhrunternehmen. Selbstverständlich könne er das Haus auf einem Grundstück unserer Wahl bauen, versicherte er am Telefon. Wir fanden ein passendes Grundstück und nach langem Suchen eine Bank, die uns das Darlehen gewährte für den zukünftigen Hausbau, Eigenkapital war nicht vorhanden, das war gerade in die aufstrebende Firma geflossen.

Irgendwann saßen wir wieder in dem kleinen Büro und unterzeichneten die fertigen Baupläne und die Verträge für ein schlüsselfertiges Objekt. Genau in dem Augenblick begann unser Abenteuer Hausbau.

Ausschachten, Bodenplatten, Grundsteinlegung, das erste kleine Fest. Fröhliches Beisammensein. Mauerarbeiten, bald sah man, wo die Fenster sein sollten. Steine mussten nachgeordert werden, irgendwie war aus unerfindlichen Gründen eine ganze Lage verloren gegangen. Speisfässer und sonstige Materialien reduzierten sich ebenfalls, in kleineren Mengen, spurlos gingen sie fort ... Ärgerlich, man sollte die Baustelle besser sichern! Bald hatten wir mehr gezahlt, als der Baufortschritt anzeigte. Nun, konnte ja mal vorkommen ... wir hatten einen Festpreis für schlüsselfertig. Zeit verging, der Bau des Kamins mit dem hohen Schornsteinabzug in der Mitte des Hauses stand an, und weil es an diesem Tag bereits recht herbstlich kühl war, machten die Arbeiter das erste große Feuer in der gerade frisch fertig gestellten Esse. Das Material und die noch feuchten Fugen nahmen ihnen dies sehr übel und die Steine bewegten sich der Erde entgegen. Am nächsten Morgen lag ein Trümmerhaufen auf der Bodenplatte. Versuch Nummer zwei, neue Steine, neuer Kamin, neuer Schornstein. Am oberen Ende sollte hier der dafür vorgesehene Verschlussstein aufgesetzt werden. Er war nicht auffindbar, bis jemand merkte, dass er bereits im unteren Teil des Abzugs verbaut worden war. Nach Fertigstellung gab es aber dieses Mal keine direkte Anfeuerung.

Als die ersten dicken Dachbalken den Rohbau überzogen, feierten wir Richtfest. Trotz der vielen unvorhersehbaren großen und kleinen negativen Geschehnisse blieben wir mutig, zuversichtlich und unbedarft. Beim Richtfest gab es Getränke, Schnittchen und Gummistiefel, diese waren dringend zu empfehlen, denn das zukünftige Haus stand in der unteren Etage mehr als knöcheltief unter Wasser. Na ja, der Abfluss und die Kanalisation müssten noch einmal überprüft werden, meinte unser Architekt und Bauunternehmer, mit dem Wasser wäre es danach wohl kein Problem mehr. Ein Haus braucht ein Dach, in großen Fertigteilen wurde es mit einem Tieflader angeliefert, ein Kranwagen zog die Zwischenwände und Ausbauten in schwindelnde Höhe, von Hand wurden sie eingepasst und montiert, spektakulär zum Beobachten. Vor Anlieferung versicherte sich die Firma, ob wir den Dachausbau bezahlen würden. Das war doch für uns selbstverständlich, unser Architekt und Bauunternehmer hatte es bestellt, ihm hatten wir schon Gelder überwiesen ... An einem Tag konnte nicht das gesamte Dach fertig gestellt werden, für den weiteren Innenausbau wurden die Hölzer regensicher unter Planen verpackt, unser Auftrageber sollte für die restliche Verarbeitung sorgen. Der Tieflader mit dem Kran verließ die Baustelle.

Ein Haus braucht nicht nur ein Dach, sondern auch eine gute Isolierung. Zweischaliges Mauerwerk, so hatte man uns erklärt, sei hierfür prädestiniert. Die weiße Wand der KV-Steine sollte eine Klinkerverschalung erhalten. Der Rohbau wurde eingerüstet und die erste Hälfte der Südwand zierte bald ein Mauerwerk von dunkelroten, rustikalen Steinen, schön. Als wir am nächsten Tag unser zukünftiges Zuhause besuchten, gab es die Klinkermauer nicht mehr, sie war zusammengebrochen, in einem großen wilden Haufen lagen die Steine durcheinander. Fassungslos starrten wir auf den Schuttberg. Ein Radfahrer kam vorbei. Wegen der breiten Spuren, die der Tieflader in der unbefestigten Straße hinterlassen hatte, musste er absteigen. „Ha!" lachte er laut zu uns herüber, „Das kommt davon, wenn man alles in Schwarzarbeit machen lässt ...!" Wir fuhren herum und starrten ihn an. „Schwarzarbeit??? Wieso Schwarzarbeit???" – Pause – „Wir haben einen Architekten der gleichzeitig unser Bauunternehmer ist ...", riefen wir ihm entgegen. Der Fremde lenkte sein Fahrrad zu uns und schaute uns prüfend an. Nach einer Weile: „Ja, wisst ihr das denn wirklich nicht?" – „Was sollen wir denn wissen?" fragte ich aufgebracht. Vorsichtig erklärte uns der Mann, dass unser Auftraggeber Arbeiter ansprach, die zurzeit keine Anstellung hatten. Er fragte nur, ob sie dieses oder jenes machen könnten ohne zu überprüfen, ob sie ihr Handwerk verstehen würden. Stunden- oder tageweise hatte er sie dann zu unserer Baustelle geschickt. Wir waren fassungslos und konnten nichts antworten. Als wir vorsichtig nachfragten, woher der Mann diese Informationen hätte, winkte er ab. „Ich hab' nichts gesagt ..." Er stieg auf sein Rad und fuhr weiter.

Am späten Nachmittag saßen wir am Küchentisch, rührten in einer Kaffeetasse herum, dessen Inhalt bereits kalt war. Konnte das wirklich so sein ...? War das tatsächlich wahr ...? Wir hatten doch einen Vertrag ... ein Haus ... schlüsselfertig ...! Was war mit dem Vertrag ...? Wir zweifelten. Viele Dinge und Ereignisse passten zu dem, was der Mann uns gesagt hatte, als wir im Nachhinein einmal in Ruhe überlegten, wie kleine Puzzelteile fügte sich das Ganze zusammen. Darüber hinaus hatten wir bereits viel mehr Geld an unseren Bauunternehmer überwiesen, als wir an Gegenleistung erhalten hatten. Telefonieren, wir mussten dringest mit ihm telefonieren! Doch er war nicht erreichbar, nicht nach einer Stunde, nicht nach zwei, den ganzen restlichen Tag nicht. Unausgesprochen stand die Frage im Raum, was sollte werden, wenn es tatsächlich so war, wie der fremde Mann es geschildert hatte?

Am Abend, als die Kinder schliefen, riefen wir Freunde an, ob wir einmal kommen könnten, wir hätten da ein größeres Problem ... Bei einem Bier und Chips berichteten wir, ein paar Unterlagen, wie Vertrag und Baubeschreibung hatten wir mitgenommen. Mut, Zuversicht und Unbedarftheit wandelten sich in Niedergeschlagenheit, Skepsis und sorgenvollen Ängsten. Äußerst blauäugig, meinten unsere Freunde. Dennoch: Gemeinsam suchten wir nach Lösungsmöglichkeiten. Vorrangig war es, unseren Bauunternehmer anzusprechen und Erklärungen zu verlangen. Gleich morgen sollte dies geschehen. Da telefonisch am folgenden Tag ebenfalls niemand zu ereichen war, fuhren wir zu seinem Büro. Es war abgeschlossen, die Gardine vorgezogen. Tagelang warteten wir auf ein Zeichen von dem Unternehmer, nichts tat sich. Er war und blieb verschwunden, an unserer Baustelle arbeitete niemand mehr. In unseren Briefkasten trudelten nach und nach Rechnungen ein, unbezahlte Rechnungen von verschiedenen Baustofflieferanten, von der Firma, die das Dach geliefert hatte. Inzwischen hatten uns unsere Freunde mit einem seriösen Architekturbüro in Verbindung gebracht. Ein Fachanwalt prüfte unsere rechtliche Lage. Ein Gutachter wurde bestellt. Nach einem kurzen Rundblick machte er

Tags darauf eine umfassende Besichtigung mit seinen Studenten, um den jungen Leuten vor Ort zu erläutern, was an diesem unserem Rohbau alles nicht in Ordnung war. Eine neue Statistik wurde erforderlich und eine umfassende Renovierung war von Nöten. Da wir das Grundstück separat gekauft und bezahlt hatten, gehörte es uns rechtlich gesehen und somit die darauf befindliche Neubauruine. Selbstverständlich war das umgebende Gerüst inzwischen abgeholt, da die Unkosten nicht beglichen waren. Die unverarbeiteten Dachteile verharrten weiterhin unter Planen, der Klinkerberg hielt unverdrossen jeder Witterung stand. Die verlassene Baustelle dümpelte dem Winter entgegen.
In zweiter Instanz wurde gerichtlich entschieden, dass wir die ausstehenden Rechnungen der verschiedenen Firmen nicht zu begleichen hatten. Der Bauunternehmer/Architekt wurde inzwischen wegen Betruges gesucht. Irgendwohin hatte er sich mit unserem Geld abgesetzt, es war müßig weiter darüber nachzudenken oder ihn zu suchen, er blieb verschollen. Nach einer Kostenhochrechnung beantragten wir bei der Sparkasse einen weiteren Kredit für eine Nachfinanzierung. Nach vielem Hoffen und Bangen wurde sie uns gewährt.

Als im darauf folgenden Jahr die Frühjahrssonne Wärme verschickte, war das Haus soweit hergerichtet, dass wir einziehen konnten. Alle unsere Freunde hatten uns geholfen. Jeder hatte mit „angepackt", seiner Zeit und seinen Fähigkeiten gemäß, so dass unser Abenteuer Hausbau zu einem guten Ende kam. So manchen Schmunzelsatz über unsere Blauäugigkeit hatten wir uns allerdings anhören müssen.

Unsere Familie saß am Küchentisch. Das Haus, in dem wir lebten gehörte vom Keller bis zur Dachspitze der Sparkasse, aber wir bewohnten es. Mut und Zuversicht waren zurückgekehrt. Unsere Unbedarftheit wandelte sich in begutachtende Prüfung. Unternehmungslust und Fröhlichkeit füllten wieder unsere Tage, denn da gab es in der Zukunft noch vieles zu schaffen …

Petra Wiesner-Bley   Muldestausee / OT Rösa

Altgansberg

Einmal Schloss Altgansberg sehen und dann ... nein, nicht sterben! Aber es fühlte sich beinahe so an, als mir, der Märchen-Liebhaberin, dieser Wunsch endlich erfüllt wurde.
Hoch oben thronte sie, die trutzige Burg, weithin zu sehen, und die Aufregung wuchs mit jedem Kilometer, um welchen sich unsere Distanz verringerte. Da, der erste Wegweiser: Zum Schloss Altgansberg!
Doch, nein – wir durften nicht hinauffahren. Ein Parkplatz für das Auto musste teuer bezahlt werden und alsdann hieß es nach Tickets für die nächste Führung anstehen – geradeso, als wollte man auf dem Flughafen einchecken, immer schön innerhalb der gespannten Seile bleiben. Nach knapp einer Stunde der Blick auf die Preise und eine kurze Überlegung, wieder nach Hause zu fahren. Hatten wir eine Wahl?
Direkt vor dem Schloss wurde es nicht märchenhafter: Automatisierter Einlass und wieder anstehen! Auf einem Monitor wurde angezeigt, dass Besucher mit der Nummer 27 eintreten dürfen. Etwa vierzig Personen zwängten sich durch die Absperrung. Fünf Minuten später erschien die 28 auf dem Bildschirm. Wir hatten die 39. Man kann die Wartezeit gut überbrücken, indem man „Leute guckt". Ein niedlicher, kleiner Junge mit goldenem Engelshaar fiel mir auf. Brav stand er an der Hand seines Vaters in der Reihe. „Ich benötige jetzt meine Eintrittskarte!" erklang es plötzlich phonetisch und grammatikalisch einwandfrei aus seinem Mund. Erstaunt riss ich Augen und Ohren auf. Dieser Knabe war höchstens drei Jahre alt! Alle Achtung, dachte ich. Ist Deutschland doch noch nicht verloren?
Wie zur Bestätigung entwertete der Kleine völlig selbstständig seine Karte am Automaten und ging erhobenen Hauptes durch das Drehkreuz. Die Eltern und ein etwas größerer Junge folgten. Gern

hätte ich sie noch ein Weilchen beobachtet, aber uns trennten ein paar Minuten.
Endlich! Im Vorhof wurden alle 39er von einer jungen Führungskraft empfangen. Sie schleifte uns im Galopp durch Treppenhäuser und Gemächer, immer darauf bedacht, den 38ern nicht in die Hacken zu treten und sich von den 40ern nicht überrollen zu lassen. Der auswendig gelernte Text voller Informationen sprudelte aus ihrem Mund, unterbrochen von (wenigen!) Fragemöglichkeiten. Keine Zeit für eigene Recherchen – wer stehenblieb, wurde verloren. Schwups, war die Jagd auch schon wieder zu Ende. Durften wir jetzt endlich ...?
Einkaufen! Ungläubig starrten wir auf den Shop. Sehr sinnig! Oder eher heimtückisch. Nicht mit uns! Für so viel Geld sollte uns doch noch etwas anderes geboten werden!
Auf der Suche nach dem letzten Kick ertönte plötzlich aus einem der gegenüberliegenden Räume ein sirenenartiges Geheul. Während wir uns neugierig und irritiert zugleich näherten, erreichte es schätzungsweise eine Lautstärke von neunzig Dezibel und auf der Tonleiter vermutlich das hohe C.
Ach, was! Das Engelchen von vorhin, die Hoffnung der Nation, brüllte sich gerade die Seele aus dem Leib. Abgestellt in der Mitte des riesigen Thronsaals, sozusagen im Zentrum der Aufmerksamkeit, testete es sein Stimmvolumen. Ein Sturzbach von Tränen untermauerte den filmreifen Auftritt.
Langsam wurde das auch meinen lärmtrainierten Ohren zu viel. Warum griffen die Eltern nicht ein? Wieso standen sie vor einem der Gemälde und betrachteten es höchst interessiert?
Ich merkte, wie mein Mann langsam die Nerven verlor.
„Nun hör aber mal auf!", verlangte er von dem kleinen Tyrannen und sah ihn streng an. Der war so verblüfft, dass er das Geschrei tatsächlich einstellte. Mit dem Ärmel wischte er sich Nase und Wangen ab.
„Na siehste, geht doch!" Gerade wollte sich mein Mann zufrieden abwenden, da passierte es: Der vermeintlich zur Raison gebrachte Dreikäsehoch verwandelte sich plötzlich in einen garstigen Zwerg

mit unzähligen Falten im Gesicht. Sein Mund spitzte sich und entließ eine gehörige Portion Zwergengift. Instinktiv wich mein Mann zurück, sodass die feuchte Ladung genau vor seinen Füßen landete. „Was …?" Mehr brachte er nicht heraus. Sein gesamtes Vokabular war ihm vor Überraschung entfallen.
In diesem Moment wurde die Sirene wieder angestellt und wir verließen fluchtartig das Gebäude. Durch den Shop!
Draußen schnappten wir nach Luft. Unglaublich, was wir da eben erlebt hatten!
Es sollte noch schlimmer kommen.
Auf dem Parkplatz lief uns die Familie wieder über den Weg. Das Lieblingskind wurde von der Mutter auf dem Arm getragen. Nichts erinnerte mehr an das vorangegangene Spektakel. Keine vom Weinen verzerrte Miene mehr, eher eine triumphierende. In den Händen hielt es ein Spielzeugauto. Der Vater folgte ihnen, sich immer wieder nach seinem älteren Sohn umdrehend, der mit einigem Abstand hinterhertrottete.
Da hielt es meinen Mann nicht mehr. Er hatte beschlossen, den Erzeuger des Schreihalses zur Rede zu stellen.
Seine Klagen wurden nicht erhört. Stattdessen musste er sich einen pädagogischen Vortrag über den richtigen Umgang mit Kleinkindern anhören. Man dürfe einem so jungen Kind nur die besten Absichten unterstellen. Man könne von ihm nicht erwarten, dass es sich angemessen verhalte, wenn es sich von einem Fremden bedroht fühle. Es sei mit der Situation und den eigenen Emotionen sowieso schon völlig überfordert gewesen. Da müsse man einfach Verständnis zeigen.
Aha!
Jetzt hielt uns nichts mehr. Und weiß der Teufel, bei der Ausfahrt mussten wir noch einmal an der Mutter vorbei. Das Söhnchen streckte uns über ihre Schulter hinweg die Zunge heraus. Das beeindruckte mich aber nicht weiter.
Mein Entschluss stand fest: Nie wieder einmischen und nie wieder Schloss Altgansberg!

Reise ins Hier

Wenn ich an Deutschland denk' in dunkler Nacht,
bin ich um meinen wohlverdienten Schlaf gebracht.
Was jetzt geschieht, treibt mir die Sorgenfalten auf die Stirn,
und trübe Ängste jagen durch mein armes Hirn.

Wer schuftet noch im Land? Es sind die dummen Alten.
Die Jugend chillt und muss sich erst einmal entfalten.
Mit tausenden von virtuellen Freunden kann sie prahlen,
die Rechnung aber sollen andere bezahlen.

Da gibt es Kinder, die mit fünf nicht sprechen können
und in die Windel machen, statt auf's Klo zu rennen.
Trotz dieser Macken sitzen sie ganz stolz auf ihrem Thron,
die Eltern knien brav davor, welch zweifelhafter Lohn.

Das Lebensalter kann man heut auf hundert Jahre strecken,
doch mancher muss am Ende würdelos verrecken
an Schläuchen, zwangsernährt, beatmet und schön stumm.
Und jeder denkt, mir doch egal, und keiner fragt, warum.

Der kollektive Abwärtstrend – er nähert sich dem Ende,
und oben sitzen ein paar Chefs, die reiben sich die Hände.
Schon schrumpft durch Nichtbenutzung manche Birne
und von Mobilfunkstrahlung werden weichgekocht die Hirne.

Die Spezies „Mensch" ist wohl die schlimmste von den Tieren allen,
in ihrer blinden Arroganz scheint ihr das auch noch zu gefallen.
Sie nimmt und nimmt, das Übermaß sucht seinesgleichen,
sie jagt nach einem fernen Ziel und kann es nicht erreichen.

Nur immer schneller, größer, schöner, besser, weiter,
und immer höher auf der alten Karriereleiter!
In Wahrheit ist die bloß ein Hamsterrad von innen,
man läuft und läuft und kann ihm nicht entrinnen.

Wenn eines Tages dann der letzte aller Bäume fällt
und gar nichts mehr zu retten ist auf dieser Welt,
wenn wir verwundert merken: Ach, das war's?
Dann bleibt als letzter Ausweg immer noch der Mars!

*

Ihr habt wohl jetzt gedacht, das war's?
Und dass ich mitwill auf den Mars?
Da habt ihr euch geschnitten!
Zu lange schon hat sie gelitten,
die Mutter Erde, die uns nährt.
Wie wäre es, wenn jeder kehrt
freiwillig vor der eignen Tür?
Wisst ihr es noch? Das Volk sind wir!
Wir fangen einfach an,
ob Frau, ob Kind, ob Mann.
Verantwortung muss Deutschland zeigen!
Wenn wir nur immer schweigen,
hat es die Nachwelt schwer.
Ein neuer Plan muss her!
Seid Leuchtturm in der Brandung, Tag und Nacht
und gebt der Liebe alle Macht,
dann brauchen wir auch keinen Mars.
So. Das war's!

September 2018

Rückblick einer fröhlich Schaffenden

Als Schülerin war ich oftmals gar nicht fröhlich, und zwar immer dann, wenn ich den Zug zur Schule nicht schaffte. Dafür schaffte ich es hin und wieder, eine glaubwürdige Begründung für mein Zuspätkommen vorzubringen, was wiederum meine Mitschüler fröhlich stimmte.

Das Abitur schaffte ich trotzdem locker, war allerdings nicht fröhlich. Nicht beim Schaffen und auch nicht hinterher. Denn meine ehemaligen Klassenkameraden schafften schon fröhlich für eigenes Geld und waren *frei*, ich jedoch hatte ein fünfjähriges Studium vor mir.

Auch das habe ich geschafft. Sogar unter partiellem Fröhlichsein. Das bezog sich hauptsächlich auf meine Diplomarbeit, die Analyse einer Kurzgeschichte. Die hätte mir sogar eine Stelle an der Hochschule verschafft, ich aber wollte an die „Front".

Also schaffte ich mich in einer Polytechnischen Oberschule und versuchte gleichzeitig, mir eine Familie und ein Haus zu schaffen. Ich schuf und schuf, doch so richtig fröhlich war ich, ehrlich gesagt, nicht. Die Probleme schafften mich. Irgendwann auch der Beruf. Sehr spät merkte ich, dass ich für diesen eigentlich nicht geschaffen war. Aber für einen Neuanfang.

In meiner jetzigen Beziehung geht es sehr fröhlich zu, auch wenn mein Mann mich manchmal schafft. Zum Beispiel schafft er es, mich morgens mit fröhlichem Gesicht aus dem Tiefschlaf zu reißen. Mich, eine Eule!

Seit ich es geschafft habe, ihm Recht zu geben, schaffe ich viel mehr. Auch Literarisches. Wenn es geschafft ist und ich merke, dass es meinen Lesern gefällt, dann bin ich von Herzen fröhlich. Und wenn ich fröhlich bin, kann ich wieder Neues schaffen!

Erika Zacher Berlin

*„Doch habet acht, mit einem Mal ist
Haupt und Erde weiß ..."*

Die Zeit zwischen den Jahren ist eine besondere. Man empfindet sie manchmal als eine stille Zeit, als Ruhe vor dem Sturm, als Zeit des Abschieds von Vertrautem. Der letzte Tag des Jahres verstärkt dieses Gefühl. Auch ein Gefühl der Erwartung schwingt mit. Warten – aber worauf?
Seit etlichen Jahren ist der Abschluss des Jahres für zwei Freundinnen und mich der 30. Dezember. Wir treffen uns und eine von uns hat einen Plan.
Wir wandern durch Berlin und der Abend endet irgendwo gemütlich bei einem Glas Rotwein, den wir dann schon mal auf das neue Jahr trinken.
Der 30. Dezember ist Fontanes Geburtstag. Das wissen wir aber auch erst, seit wir vor ein paar Jahren an diesem Tag an seinem Grab standen.
Theodor Fontanes Grab befindet sich auf dem Friedhof der Französisch-Reformierten Gemeinde in der Liesenstraße. Wir hatten Mühe, sein Grab zu finden, denn nur eine schmucklose Grabtafel weist auf die letzte Ruhestätte des „Wanderers durch die Mark Brandenburg" hin.
Dass Fontane 1898 gestorben war, wusste ich, weil ich es mir an Brechts Geburtsjahr gemerkt hatte. Einer stirbt und einer wird geboren, sagt ein Sprichwort. Als wir am Grab standen und auf dem Stein lasen, dass er am 30.12.1819 geboren wurde, bedauerten wir, dass wir dem von uns Verehrten keine Blumen mitgebracht hatten.
Das Grab war im Zweiten Weltkrieg zerstört worden und wurde nach dem Krieg wieder hergestellt. Nach der Errichtung der Berliner Mauer 1961 war das Grab nur mit Antrag zu besichtigen. Panzersperren durchzogen den Friedhof und Grenzsoldaten patrouil-

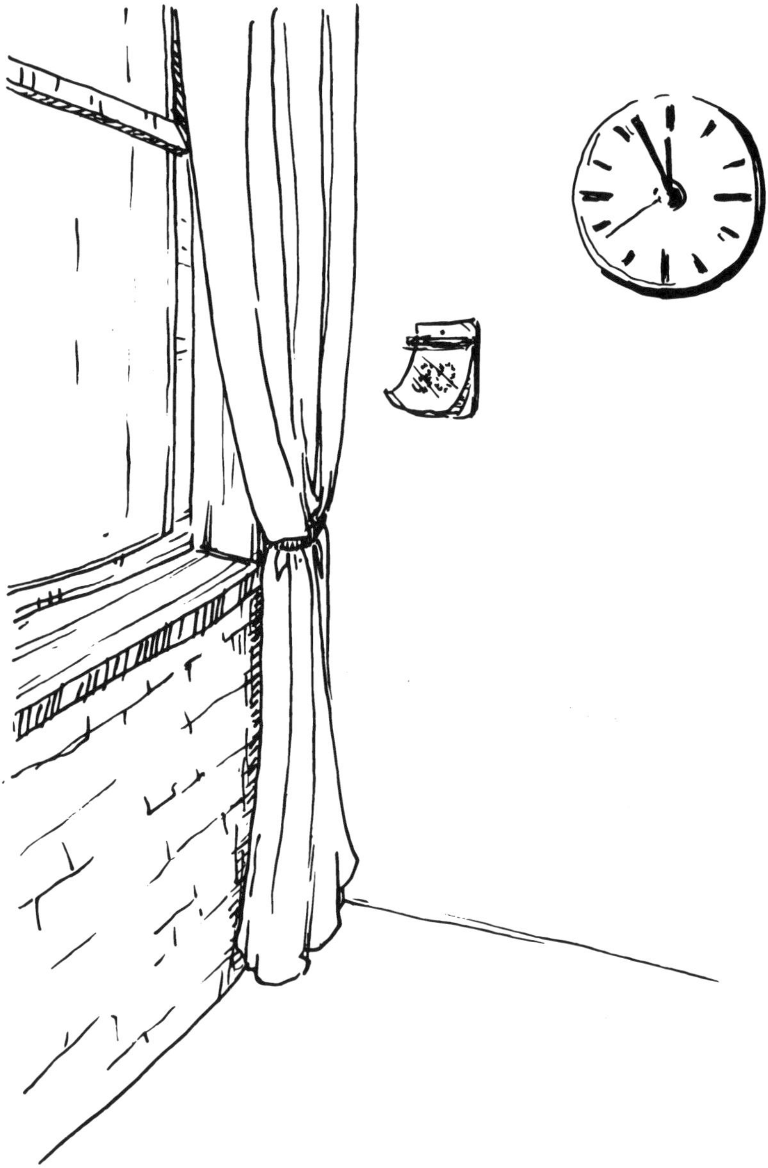

lierten zwischen den Gräbern. Auf dem Friedhof liegen auch die Eltern unserer Freundin Gabi begraben.

Auch sie musste in den Jahren vor 1989 für den Besuch der Gräber eine schriftliche Genehmigung beantragen. Welch absurde Zeit! Man stelle sich vor, der damals einzige Zugang zum Friedhof befand sich auf dem gleichen Hof des Hauses in der Pflugstraße, in dem Gabi zu dieser Zeit wohnte.

Im Jahre 2009 unternahmen wir unsere Jahresabschlusswanderung zu dritt durch so viel Schnee, wie es ihn in Berlin selten gibt. Wir erinnerten uns an Fontane. Er schrieb über den ersten Schnee:

> *Es gleicht das erste Flöckchen Schnee*
> *dem ersten weißen Haar.*
> *...*
>
> *Doch habet acht, mit einem Mal*
> *ist Haupt und Erde weiß,*
> *und Freundeshand und Sonnenstrahl*
> *sich nicht zu helfen weiß.*
> *...*

Passte wundervoll für uns drei durch den Schnee Wandernde, doch sieht man unser weißes Haar dank „Chemie im Heim" noch nicht und die Sonne weiß sich wirklich nicht zu helfen, denn sie ließ sich schon tagelang nicht blicken.

In jenem Jahr wollte uns Gabi mit einer besonderen Tour überraschen. Sie holte uns mit dem Auto am S-Bahnhof Pankow ab, und wir fuhren zum sowjetischen Ehrenfriedhof in Niederschönhausen.

Lange waren wir nicht mehr dort und schritten nun ehrfürchtig auf der weißen Schneedecke durch das Gelände, uns erinnernd, dass unsere Kinderfüße diesen Krieg und die Nachkriegszeit durchwandert hatten. Erinnerungen werden wach, aber auch ein Gefühl der Dankbarkeit, wie gut es uns heute geht.

Wir denken traurig an die Millionen Toten dieses Krieges, die sinnlos ums Leben kamen, weil Herrschende mit ihren Machtansprüchen über Menschenleben verfügen. Nie verstand ich, dass Eltern stolz auf den Heldentod ihrer Söhne waren. Man kann doch nur unglücklich sein, auf diese sinnlose Weise seine Kinder zu verlieren. Es gab solche Verluste wohl in jeder Familie.
Welch ein Betrug an ganzen Generationen, bis in die Gegenwart. Was lässt Brecht seinen Galilei sagen: *„Traurig das Land, das Helden nötig hat."*
Die zweite Überraschung, die Gabi für uns hatte, führte zum Schloss Niederschönhausen. Es war gerade wieder für Besucher zugänglich geworden, nachdem es ein paar Jahre restauriert worden war.
Nun standen wir bewundert vor dem schönen, schlichten Bauwerk, und freuten uns auf die Besichtigung.
Das Schloss Schönhausen war erst Landsitz preußischer Adelsfamilien und wurde im Jahre 1740 zum Sommersitz der Königin Elisabeth Christine, der Gattin Friedrich des Großen. Sie ließ es zu einem Juwel des Rokoko ausbauen und nach langem Dornröschenschlaf strahlt es nun wieder in alter Schönheit.
Bei der Besichtigung erfahren wir auch, dass ein Vorfahr Fontanes hier einmal Hofmeister war – Fontane also überall.
Die Ausstellung im Schloss berücksichtigt auch die Zeit, da das Schloss zu DDR-Zeiten zu Regierungszwecken genutzt wurde. Es wird an den Besuch von Staatsgästen erinnert. In den Gästebetten des Schlosses schliefen auch Ho Chi Minh, Indira Gandhi, und Michail Gorbatschow. Auch das ehemalige Arbeitszimmer des ersten Präsidenten der DDR, Wilhelm Pieck, ist zum Teil im Original erhalten.
Als wir das Schloss verließen, war es dunkel geworden und das beleuchtete Schloss im Schnee sah aus wie im Märchen.
Wer hätte damals geahnt, dass ich einige Jahre später von meiner Wohnung am Alex in eine Wohnung in der Schlossallee in Niederschönhausen wechseln würde, die mich in 15 Minuten Fußweg direkt zum Schloss führt?

Diese Straße gibt es seit dem 18. Jahrhundert. und die Straßennamen um mich herum sind geschichtsträchtig. Fast jeden Tag gehe ich die Elisabeth-Christinen-Straße entlang zur Bushaltestelle.
Damals endete unsere Jahresabschlusswanderung in Pankow, bei Gabi und Gerhard am Kamin. Natürlich stießen wir mit Rotwein auf das alte und neue Jahr an und auf unsere langjährige Freundschaft.

Unsere Jahresabschlusswanderung am 30. Dezember ist inzwischen zu einer Fontanewanderung geworden. Denn Theodor Fontanes Spuren in Berlin sind vielfältig, unter anderem steht im Tiergarten ein Denkmal Fontanes. Es gibt einen Fontane Platz, eine Fontane Promenade und sechs Fontane Straßen. Nicht zu vergessen seine im Alter entstandenen Berlin-Romane: „L'Adultera", „Frau Jenny Treibel", „Mathilde Möhring" und andere.

Fontane als „Frauenversteher"! In der Rolle hat er mir immer besonders gefallen. Das sollte man noch mal nachlesen. Ich habe kürzlich mit „L'Aldutera" angefangen. Wer hat mir das Buch eigentlich mal geschenkt und warum?
Ich denke „Effi Briest" kennt sicher jeder unserer Generation.
Was bewog ihn wohl, solche Frauenschicksale immer wieder aufzugreifen?
War seine Frau mit ihm glücklich? Wer weiß es wirklich?

Fontane gehört zu Berlin und Brandenburg und ist hier nicht wegzudenken.

Erich Kästner sagte über ihn:

„Er schenkte uns die Stadt an der Spree, wie uns Balzac die Stadt an der Seine und Dickens die Stadt an der Themse schenkte."

Danke, Herr Fontane!

Zu den Autorinnen und Autoren

ALBRECHT, MATTHIAS

wurde 1961 in Leipzig geboren. Ab 1978 als Bühnentechniker an den Städtischen Theatern Leipzigs beschäftigt, wechselte er 1983 zum Untersuchungshaftvollzug und wurde zu Beginn der neunziger Jahre in das Beamtenverhältnis auf Lebenszeit übernommen. In seiner Freizeit widmete er sich unter anderem der Ölmalerei und stand dem Studentenfilmstudio einer Leipziger Universität eine Zeit lang als Kameramann und Schnitt-Techniker zur Verfügung. Erst die politische Wende ermöglichte es ihm, der Leidenschaft, seine Gedanken in prosaischer und belletristischer Form Ausdruck zu verleihen, nachgehen zu können ohne das Damoklesschwert der Zensur fürchten zu müssen. Matthias Albrecht hat seit dem Jahr 2006 zehn Publikationen veröffentlicht und ist Mitglied im Freien Deutschen Autorenverband (FDA) – Schutzverband Deutscher Schriftsteller e. V. (Landesverband Sachsen).

ATTS, CLAUDIA

Ich arbeite seit 20 Jahren als freie Journalistin und schreibe vor allem über soziale und kulturelle Themen. Zu meinen Auftraggebern gehören, neben verschiedenen Magazinen, die SZ und die DNN. Früher arbeitete ich auch für den BBC World Service. Ich habe Theologie studiert und bin außerdem examinierte Krankenschwester. All diese Bereiche meines Lebens flossen in die beiden Manuskripte meiner „Liebe-auf-Zeit"-Romane ein: Abenteuer und Zeitreisen durch die Jahrhunderte. Der Band „Blüten im Kopf" enthält meine kurzen Geschichten und heitere Fingerübungen. Stationen meines Lebens führten mich nach Karlsruhe, Brandenburg und für 16 Jahre nach Berlin. Seit 2017 lebe und arbeite ich in Dresdens Stadtteil Löbtau.

BATEREAU, THEKLA

Jahrgang 1947 · Abitur · nach Ausbildung zur medizinisch-technischen Radiologie-Assistentin Abschluss als Diplom-Medizin-Pädagogin an der Humboldt-Universität zu Berlin · Abschluss als Krankenschwester · Tätigkeit in leitender Funktion in Aus-, Weiter- und Fortbildung in Sachsen-Anhalt, Baden-Württemberg, Hessen und Niedersachsen · seit 2005 freiberuflich („sprechen-macht-sinn") als Konflikt- und Krisenmanagerin/Organisationsberaterin tätig · geschieden, ein Sohn · Hobbys: Schreiben von Kurzgeschichten seit 1995, Veröffentlichungen über Edition Freiberg Dresden und Projekte-Verlag Halle, Malen, Fotografieren, irisches Stepptanzen.

BRAUNSDORF, REGINA ELFRYDA

Geboren 1959 in Chroscice in Polen · Industriekauffrau, Arbeitsökonomin, Malerin · schreibt Lyrik und Prosa; illustriert selbst · veröffentlicht u. a. in Anthologien und Internet · eigene Bücher: 2012: *Alles ist Windhauch*; Protokolle und Gedichte im Engelsdorfer Verlag · 2018: *Nicht nur seelenverwandt*; Episoden; im Engelsdorfer Verlag · Leiterin einer kreativen Schreibgruppe · Mitglied des Friedrich-Bödecker-Kreises e. V. und der Gesellschaft für zeitgenössische Lyrik · Mitglied des Autoren- und Literaturkreises Wilhelm Müller Dessau

BRINGEZU, BRIGITTE

1945 in Bautzen geboren. Aufgewachsen im dörflichen Quatitz/Dahlowitz. 10-Klassen-Abschluss 1962. Berufsabschluss als Bürofachkraft. Ab 1968 – 1970 Hilfstierpflegerin im Dresdner Zoo. Danach wieder in verschiedenen Sekretariaten tätig. Von 1992 bis zum Renteneintritt 2010 im Sächs. SMS beschäftigt. – Über die Jahre Veröffentlichungen mehrerer kleiner Kurzgeschichten in der Sächsischen Zeitung, u. a. Weihnachtsgeschichten. Die Tiergeschichte „*Der Raubüberfall*" wurde nach der Wende in den Ersten Dresdner Zooführer VIECHEREIEN aufgenommen. Mit ihrem Beitrag *An der Talsperre Bautzen im Lausitzer Land* ist sie erstmals in der 6. Anthologie der Edition Freiberg enthalten.

BUSCHMANN, SIEGMUND

Geboren 1941 in Leipzig · aufgewachsen in Borna/Braunkohlengebiet · bei der Eisenbahn Güterbodenarbeiter, Weichenreiniger, Schrankenposten, Stellwerkswärter · 1961 – 1966 auf dem 2. Bildungsweg Studium zum und anschließend Einsatz als Oberstufenlehrer für Deutsch und Geschichte · aktive Kulturarbeit, Lektorats-Tätigkeit, Fachschullehrer · Direktor für Kader und Bildung · „Bürgermeister" an der Erdgas-Trasse der DDR in der Ukraine und im Ural · nach 1990 Unternehmer in der Zeitungsbranche · Burnout · Rentner · seit 1995 Mitglied der Berliner Tafel · verheiratet, zwei Kinder, ein Enkel · Hobbys: Sprachen, Zeichnen, Schreiben.

CROSTEWITZ, HANNELORE

1955 in der Lutherstadt Wittenberg geboren · in Markranstädt wohnhaft · verheiratet, 2 Kinder · Beruf: Schauwerbegestalterin · Freie Autorin und Lektorin · Vorsitzende des DIALOG e. V. Textwerkstatt im Heinrich-Budde-Haus Leipzig · www.dialog-leipzig.de · GZL, VFLL, FDA, DIALOG e. V. – Veröffentlichungen in verschiedenen Anthologien wie „*Leizpziger Rückspiegel*", „*Land über und Land unter*", „*Verweile doch, du bist so schön*" · im „Poesiealbum neu" · in der Literareo-Lyrik-Bibliothek · in „EVEN-Tuell" · im Hörfunk Radio „Blau" · in örtlichen Zeitungen · in literarischen Lesungen und andere mehr · Im März 2016 erschien in der Edition Freiberg ihr Lyrikband „*das gewisse etwas – gedichte und sprüche zum leben"*, im März 2018 kam ihr Buch „*Was zu sagen ist – Kleine Philosophie über das Heute"* auf die Welt.

DARSEN, REINA

Jahrgang 1935, ledig, ein Sohn · beruflich u. a. als Fräser (Zerspaner) und Ingenieur für Werkstofftechnik in Kraftwerken tätig · seit 1990 im Vorruhestand · von 1995 bis 2005 ehrenamtliche Tätigkeiten in der Interessenvereinigung für Jugendweihe e. V. Danach hat sie mit dem Schreiben begonnen und bisher große Teile einer stark autobiographischen Familiensaga zu Papier gebracht · Gegenwärtig schreibt sie Kurzgeschichten und Gedichte über das Leben sowie Essays und Satiren · seit Oktober 2005 ist sie Mitglied des FDA · Veröffentlichungen: Zwei Essays und eine Satire in der Anthologie *„Die Gedanken sind frei"*, zwei Kurzgeschichten in der Anthologie *„Man braucht nur eine Insel"* sowie zwei weitere Kurzgeschichten in der Anthologie *„Und jedem Anfang wohnt ein Zauber inne"* bei der Edition Freiberg in Dresden.

DITTRICH, WOLFGANG

1950 in Dresden geboren – verheiratet – eine Tochter. 10 Klassenabschluss – Facharbeiter als Betriebsschlosser und Holzbildhauer – Qualifikation im Fachgebiet Schmiede- und Schweißtechnik, sowie Meisterabschluss als Holzbildhauer – autodidaktische Weiterbildung im Fachgebiet Botanik und Landschaftsbau. Von 1968 bis 1987 verschiedene Arbeitsverhältnisse im Metallhandwerk, dazwischen Grundwehrdienst bei der NVA. 1987 bis 1992 Gewerbe als Holzbildhauer, 1992 Wechsel in den freien Beruf, als Bildhauer und Gestalter. Hobbys und Leidenschaften: Alles was Spaß und Freude bereitet – Familie, Beruf, Garten und Natur, Literatur und selbst zur Feder greifen. Wohnort ist Jessen Ortsteil Schweinitz. Bisherige Veröffentlichungen nur bei der EDITION FREIBERG.

FREIBERG, HEINZ

In diesem Jahr bin ich gern einem Ratschlag von Reina Darsen aus Leipzig gefolgt. Ich habe kaum neue Bücher gekauft und dafür immer wieder mal zu Klassikern in meinem Bücherregal gegriffen. Auch Theodor Fontane war darunter.

FÜRST, GERHARD ALBERT

Gebürtiger Bayreuther, Jahrgang 1936 · aufgewachsen in Feuchtwangen, Mittelfranken · Abitur an der Oberrealschule mit Gymnasium in Dinkelsbühl · seit 1958 in den USA · Studium auf internationaler Ebene · Lehrer für Sozialkunde und Sprachen an der Kalamazoo Central High School, i. R. und Lehrbeauftragter für Sozialwissenschaft an der Western Michigan University, i. R. · passionierter Weltreisender und vielseitiger Sportler mit vielen Privatinteressen, so unter anderem engagierter mehrsprachiger Hobbydichter, Keramiker und aktiver „Internetler" :-) · Gerhard Fürst ist in all unseren Anthologien vertreten. Sein erster eigenständiger Lyrikband trägt den Titel *„Dies und Das und sonst noch Was ... Poetisches Allerlei"* und erschien bei der Edition Freiberg im Dezember 2016.

GEBHARDT, REGINE

1944 in Pirna geboren, verheiratet, zwei Söhne. 1961 – 1964 Studium in Köthen, Grundschullehrerin mit Fachbetonung Musik. 1968 Studium in Berlin, Fachlehrerin für Musik an Sekundarschulen. Zehn Jahre Mitglied des Madrigalchores in Dessau, Arbeit mit Schülern an literarisch-musikalischen Events, u. a. an Frühlings- und Weihnachtskonzerten. Seit 2007 Mitglied des FDA, Landesverband Sachsen-Anhalt, jetzt Mitglied des Literaturkreises „Ursula Hörig". Ich schreibe mit Vorliebe Lyrik und bin Hobbyfotografin. 2009 erschien mein Gedicht- und Bildband „*Licht und Schatten*" und 2018 „*Flieg, Gedanke*", Impressionen in Wort und Bild. Viele meiner Texte sind in den Anthologien der Edition Freiberg nachzulesen. Veröffentlichungen in fünf Anthologien der Bibliothek Deutschsprachiger Gedichte, in Journalen des FDA, LV Sachsen-Anhalt, und im Bundesverband des FDA sowie in „*Auf Spurensuche*", „*Wir*", „*Die Goitzsche – Heimat und Reiseziel*".

GEILERT, SILKE

Silke Geilert, wohnhaft in Chemnitz, wurde 1961 geboren und studierte Betriebswirtschaft. 1985 heiratete sie und hat drei Kinder. Neben dem Theater gehört die Literatur zu ihren Interessen. Sie nimmt an der Schreibwerkstatt Schreibformat C teil und war Mitglied im Lyrikfreunde e. V. Mühlau. Ihre Texte wurden u. a. in Werken des Verlages Edition Freiberg veröffentlicht.

GERLACH, MICHAEL

Jahrgang 1958, aus einer südbrandenburger Kleinstadt stammend, Berufe: Funkmechaniker, Diplomingenieur für Elektrotechnik (an der TU Dresden erworben), in der Vorwendezeit in einem Kombinats-Betrieb des Elektromaschinenbaus in der Erzeugnisentwicklung arbeitend; nach 1989 als Ausbilder in Erstausbildung, Umschulung und Fortbildung im technisch-gewerblichen Bereich, überwiegend für Automatisierungstechnik, Elektrotechnik/Elektronik und Fluidtechnik, tätig; seit 2008 wieder in Dresden lebend, zwei erwachsene Kinder, Autor beim Heimatkalender in ursprünglicher Heimatregion, Mitglied der Schreibwerkstatt in Dresden Gorbitz seit 2019, Hobbymusiker im Rock- und Popbereich, bekennender Ostrockliebhaber, Sinfoniekonzert-Abonnent, eingefleischter Autodidakt, Morgenmuffel.

GUDEL, KAI

Kai Gudel wurde 1957 in Minden/Westfalen geboren. Nach seiner Schulzeit arbeitete er als Bibliotheksangestellter in Kiel und absolvierte anschließend in Göttingen/Siegen eine Ausbildung zum Volljuristen. Von 1991 bis 2017 war er als Rechtsschutzsekretär beim Deutschen Gewerkschaftsbund in Dresden tätig und ist mittlerweile im Ruhestand. Kai Gudel hat bereits einen Gedichtsband, einen kleinen Roman sowie eine Autobiographie verfasst und in kleinen Auflagen drucken lassen. Seit 2017 arbeitet er in der Schreibwerkstatt Dresden-Gorbitz sowie im Zirkel der Schreibenden im Blinden/Sehbehindertenverband Sachsen aktiv mit.

HEYNE, CHRISTINE

Geboren 1945 in Chemnitz – 10-Klassen-Schule – Handelskaufmann gelernt – zwei Fernstudien mit dem Abschluss als Dipl. Ing. Ökonom – seit 2008 im Ruhestand, der dann keiner wurde – Fernlehrgang „Autor werden – schreiben lernen" an der Fernakademie „ils" Hamburg 2006 bis 2008 – verheiratet – wohnhaft in Chemnitz – einen Sohn, drei Enkelkinder, eine Urenkelin – Vorstandsmitglied im 1. Chemnitzer Autorenverein e.V. – Veröffentlichungen: *„Der kleine Buchfink und sein großer Freund"* (Kinderbuch) – *„C'est la vie – So ist das Leben"* 3 Bände Gedichte und Geschichten – *„Das Franzosenkind"* (Roman) – Beiträge in verschiedenen Anthologien – regelmäßige öffentliche Lesungen (so unter anderem auf den Leipziger Buchmessen).

HÖHNE, ISA

Geboren 1934 in Berlin, verwitwet, 2 Kinder, 4 Enkel. Erlernte den Beruf der med. techn. Assistentin, arbeitete in der Frauenklinik der Charité und der Pharmakologie der Veterinärmedizin der Humboldt-Universität zu Berlin. 1972 invalidisiert wegen einer schweren Knieproblematik. Ab 1981 bis zum Eintritt der Altersrente in der Sektion Nahrungsgüterwirtschaft, als Bereichssekretärin tätig, da eine vorwiegend sitzende Arbeit nötig wurde. Bis zur Einstellung der Zeitschrift – „Der Wortspiegel" – 2016 war ich sechs Jahre lang Redakteurin.

HUNGER, GISELA, DR.

Mit fünf Jahren beschloss die Autorin Gedichte zu schreiben. Sie hat bisher neun Lyrikbände, einen Prosaband sowie Texte und Gedichte in sieben Anthologien ausschließlich bei der Edition Freiberg veröffentlicht. Weitere Bücher sind in Arbeit. Als Deutsch- und Musiklehrerin und Musiktherapeutin lagen ihre Arbeitsfelder in der brandenburgischen und sächsischen Region. 1994 promovierte sie an der Philosophischen Fakultät der Technischen Universität Dresden. Gisela Hunger lebt in Dresden, ist verheiratet, dreifache Mutter und vierfache Großmutter.

KASTEN, GERTRAUD

Jahrgang 1934 · Älteste von acht Kindern · Lehre als Verwaltungsangestellte, danach Studium und Arbeit als Unterstufenlehrerin · später Studium der Sonderpädagogik · wohnhaft in Dresden · ehrenamtlich engagiert, so beispielsweise im Seniorenbeirat, im Behindertenverband sowie bei der Sorge um Kinder von Migranten · seit Oktober 1994 Mitglied der Seniorenakademie Dresden · naturverbunden · schreibt Tagebuch und kleine Geschichten.

KIEẞLING, GUNTER

Geboren 1949 in Dresden. Ausbildung zum Mechaniker im VEB Elektromat Dresden. Nach dem Wehrdienst Arbeit als Mechaniker, Brigadier und Meister beim VEB – RED (Robotron). Nach der „Wende" Arbeit in mehreren Reinigungsunternehmen als Gebäudereiniger, Objekt- und Bereichsleiter. Seit 2012 Rentner und „Schreibender Arbeiter".

KLIGGE, HEIDRUN

Geboren am 25. Dezember 1958 in Dessau. Wuchs in der Dessauer Fichtenbreite 87 auf. Nach dem Abschluss der 10. Klasse an der POS III in Ziebigk absolvierte sie eine Lehre als Finanzkaufmann bei der Stadtsparkasse Dessau und arbeitete dort bis 2004 unter anderem als Filialleiterin in der Betriebsfiliale Elmo. Das Schreiben machte sie schon als Schulkind zu ihrem Hobby. Mit 12 Jahren ging sie in den Schülerzirkel unter Leitung von Erich Trittig. Von 1973 – 1992 war sie Mitglied im Zirkel „Schreibender Arbeiter" des VEB ABUS Dessau. Seit 1993 ist sie im Zirkel „Prosa und Lyrik" bei der Dessauer Schriftstellerin Ursula Hörig und seit 2006 Mitglied im FDA, Landesverband Sachsen-Anhalt. Sie schreibt Prosa und Lyrik. Heidrun Kligge ist seit 1981 verheiratet und hat zwei Töchter. In Kleinkühnau, einem Ortsteil von Dessau-Roßlau, ist sie ehrenamtlich tätig, so u. a. im Heimatverein und als Ortschronistin. Veröffentlichungen in verschiedenen Zeitungen und Anthologien, Preis beim „ND"-Wettbewerb „Mein 1989". Im Eigenverlag hat sie 2004 das Buch *„Lebenszeichen"*, 2008 das Hörbuch *„Lebensträume"* und 2011 *„Die Sparigs – eine Familie aus Merseburg"* herausgegeben.

KOCOUREK, BARBARA

Geboren 1946 in Schwerin, schrieb zwischen dem 25. und 35. Lebensjahr Bücher für ihre zwei Söhne über Themen, mit denen sich die DDR-Literatur nicht befasste. In jener Zeit wurde ein Buch veröffentlicht, ein weiteres abgelehnt wegen (zu Recht) vermuteten Parallelen zur DDR-Gegenwart. Dieses und zwei weitere wurden später gedruckt – das letzte durch die Edition Freiberg. Zerspanungsfacharbeiterin; bis zum Ende der DDR in Dresden lebend, danach in Rheinland-Pfalz und seit dem Rentenbeginn in Freital.

KÖGEL, JÜRGEN

Jürgen Kögel wurde am 23. Juli 1937 in Aue geboren, verbrachte seine Kindheit in Grünhain, wo er die Grundschule besuchte. Sein Vater, Kirchenmusiker, bekam 1951 eine Anstellung in Chemnitz, wohin die Familie umzog und wo Kögel die Oberschule bis zum Abitur besuchte. Danach zunächst Kirchenmusik-Studium in Dresden, danach Studium an der Musikhochschule in Leipzig im Hauptfach Cello. Erste Anstellung 1962 im Sinfonieorchester Jena, von 1965 an Mitglied des Berliner Sinfonie-Orchesters. Seit 2002 Rentner im aktiven Ruhestand. Buchveröffentlichungen seit 1978 mit *„Sprechen im Dunkeln"* (1978), *„Streit und kein Ende"* (1981), *„Eigensinnige Treue"* (1984) und *„Zertanzte Schuhe"* (1989), alle im Mitteldeutschen Verlag. Daneben zahlreiche Veröffentlichungen in Anthologien, Zeitungen und Zeitschriften.

KORTHALS-BÄUMLE, BIRGIT

Jahrgang 1952, lebt heute in Dresden. Sie schreibt und malt schon seit ihrer Jugend. 1984 entstanden Texte für ihre kleine Puppenbühne. Im Jahr 2009 gründete sie *„DAS SCHREIBHAUS"* in Dresden-Prohlis und seit 2017 ist sie Mitglied in der

Schreibwerkstatt Dresden-Gorbitz. Ihr Lebensspruch nach Sören Aabye Kierkegaard (1813 – 1855) lautet: *„Leben lässt sich nur rückwärts verstehen, muss aber vorwärts gelebt werden."* In diesem Sinn verfasst sie ihre Texte in Anlehnung ihres erlebten Lebens. Sie interessiert und arrangiert sich in der Sozialpolitik und im politischen Alltagsgeschehen. Sie ist Preisträgerin eines Schreibaufrufes der Zeitung *„NEUES DEUTSCHLAND"*. Ihr Buch *„Geschichten, die das Leben schreibt"* mit Kurzgeschichten, Gedichten und Märchen erschien im Verlag books on demand, die Bücher *„Es war einmal ..."* und *„Erlebnisse mit Freunden"* bei Amazon. Sie beteiligte sich mit ihren Texten an mehreren Anthologien, die im Novum Verlag und im Verlag Edition Freiberg erschienen.

KOTT, CHARLOTT RUTH

Geboren 1937 in Leipzig. Ausbildung zur Schriftsetzerin in der Gutenbergschule Leipzig. 1981 – 1985 Gaststudium an der HBK Braunschweig, Teilnahme an Editionen, Studienaufenthalte in der Provence. Stipendium für die Internationale Sommerakademie Salzburg, Stipendium des Landes Niedersachsen. 1987 bis 2004 Mitglied der GEDOK Niedersachsen, Gruppe Bildende Kunst und Literatur. Seit 1991 im Verein >Atelier Artistique International de Séguret< Seit 2004 Mitglied im Bund Bildender Künstler BBK und im IGBK. 2003 – 2006 Studium des Schreibens mit Abschluss / Zertifikat der >Axel Anderson Akademie< Seit 2015 in der GZL >Gesellschaft für Zeitgenössische Lyrik< Leipzig. Teilnahme an Gruppen- und Einzelausstellungen im In- und Ausland. Arbeitet als Freie Malerin, Bildhauerin und Schriftstellerin in Braunschweig. Arbeiten im öffentlichen Besitz und Museen.

LANGE, MARION

Geboren 1961 · wohnt in der Einheitsgemeinde Muldenstausee im OT Mühlbeck, direkt am Goitzschesee · erlernter Beruf: Facharbeiterin für Schreibtechnik – jetzt Verwaltungsfachangestellte in der kommunalen Verwaltung · Weiterbildung: Erfolgreicher Abschluss der „Schule des Schreibens" an der Axel Anderson Akademie in Hamburg · Autorin mehrerer Bücher und Herausgeberin von Anthologien · schreibt vorwiegend Regionalliteratur und Kurzgeschichten · stellt das Bitterfelder Original „Leineliese" dar und präsentiert ihre Heimat, die Goitzsche. Seit mehr als zehn Jahren organisiert sie die jährlichen „Literaturfrundetreffen" am Goitzschesee bei Bitterfeld.

LANZKE, ASTRID

Astrid Lanzke wurde 1969 in Wolfen (Sachen-Anhalt) geboren, ist verheiratet und zweifache Mutter. Schon als Kind schrieb sie Geschichten und Gedichte, nahm an Rezitatoren-Wettbewerben teil und erlebte diese Gabe immer als erfüllendes Hobby. Erlernt hat sie den Beruf der Maschinenbauzeichnerin / Teilkonstrukteurin, übte aber fast zwanzig Jahre ihren Zweitberuf als Altenpflegerin mit der Weiterbildung zur Praxisanleiterin aus. Immer mit der Inspiration des Schreibens verbunden, veröffentlichte sie neben ihrer Berufstätigkeit zwei Gedichtbände, die nicht nur regionale Bekanntheit erreichten. Zudem ist sie in mehreren Anthologien, wie im Brentano Verlag, Edition Freiberg oder in denen von Autorin Marion Lange zu finden. Seit 2013 wirkt sie in einer Literaturgruppe um Marion Lange mit und hat auch die Malerei als kreative Tätigkeit wieder aufgenommen.

LENZ, ILKA

Geboren 1945 in Niedersachsen, im Raum Braunschweig · Abitur auf dem zweiten Bildungsweg · Studium der Politik, Soziologie an der Freien Universität Berlin mit Abschluss: „Diplom-Soziologin" · in der zweiten Hälfte der sechziger Jahre mehrere Jahre Auslandsaufenthalte in England und Frankreich · Reisende und Autorin des Buches *„Wenn Frauen alt werden"* (Frankfurt/Main 1988) · diverse Reiseberichte, z. B. über Madagaskar, Vietnam und Japan · nach zwanzig Jahren im Öffentlichen Dienst in Frankfurt/Main lebt sie seit 2005 wieder in Berlin – ist aber selten zu Hause.

LEONHARDT, KARIN

Geboren am 28.10.1942 und aufgewachsen in Dresden. Den 13. Februar erlebte ich mit, unser Haus wurde glücklicherweise verschont. Die Schule besuchte ich von 1949 bis 1957. Lernte Dreher und arbeitete in drei Schichten. Bin seit 1961 verheiratet. Als ich Mutter von zwei Kindern war, änderte ich das Berufsbild, lernte Wirtschaftskauffrau und arbeitete bei „Elaskon". 1990 bewarb ich mich bei einer großen Krankenkasse in Dresden. Nach einem Jahr absolvierte ich eine Weiterbildung zur Sozialversicherungskauffrau. Ich arbeitete bis 2005 und leitete in dieser Zeit die innere Aus- und Weiterbildung der Mitarbeiter. Jetzt bin ich Pensionistin und habe Zeit bei den „Schreibenden Senioren" sowie in der „Schreibwerkstatt Gorbitz" meine zahlreichen Lebensgeschichten und Gedichte zu erzählen und vorzutragen. Mein erstes eigenes Buch, das mir meine Kinder schenkten, erschien unter dem Titel *„Gesammelte Geschichten und Gedichte"*.

LIEBICH, ELLEN

geboren 1953 in Halle / Saale · Ökonomiestudium an der MLU Halle-Wittenberg · seit 1980 wohnhaft in Wittenberg, verheiratet, zwei Kinder · berufstätig als Einkaufsleiterin · erste Schreibversuche in der Jugend · dann durch wenig Zeit und Ruhe kaum aktiv, jetzt wieder viel Lust, meine Freizeit mit dem Schreiben von Kurzgeschichten und Gedichten zu verbringen · Anmerkung des Verlegers: Die Autorin gibt im Eigenverlag inhaltsreiche Jahreskalender mit ihren eigenen Texten heraus.

LIPPOLD, JOACHIM, PROF. DR.-ING. HABIL.

Geboren 1948 in Oelsnitz/Erzgebirge, studierte Technologie des Maschinenbaus an der Technischen Hochschule Karl-Marx-Stadt. Er arbeitete als Diplomingenieur, als Hochschullehrer und Unternehmer. Er ist Autor/Mitautor von Fachbüchern und des Sachbuchs *„Überlebt! Blutverdünner: Lebensretter oder Todesdroge"*. Sein Buch *„Blick in die Mündung der Kalaschnikow"* erschien 2013 bei der Edition Freiberg. Sein jüngstes Werk *„Der kleine Taugenichts – Es wird niemals wieder so sein wie es damals war"* kam im Dezember 2016 zur Welt. Das Buch erlebte im September 2018 seine dritte Auflage. Im Dezember 2017 erschien von ihm das zu Herzen gehende Buch *„Claas und Elke – Leben auf einem dürren Ast"*. Noch im IV. Quartal 2019 sollen das Kinderbuch *„Minalux"* und der Roman *„Salztransport"* erscheinen.

LÖSER, ROLF, I. R.

Ich wurde am 21. April 1951 geboren und wohne in Erfurt. Als gelernter DDR-Bürger verfüge ich über mehrere Berufe. Mein FS Abschluss „Staat und Recht" ist meine höchste Qualifikation. Berufliche Erfahrungen habe ich gerne auch in Bayern gesammelt. In einer renommierten Münchner Bank war ich viele Jahre als Sicherheitsfachmann tätig. Nach der Rückkehr in meine Heimatstadt Erfurt und mit dem Eintritt in den Ruhestand entschloss ich mich, in der Seniorenredaktion der „Thüringer Allgemeine" mitzuarbeiten. Dieses Ehrenamt begleite ich seit 2004. Der erste Artikel den ich schrieb, hieß „25 Jahre Mauerfall".

LUTTER, KERSTIN

… wurde in Karl-Marx-Stadt (heute Chemnitz) geboren und wuchs dort auf · studierte in Leipzig die Fächer Deutsch und Geschichte und entdeckte ihre Leidenschaft für die germanistische Sprachwissenschaft · kam an in Berlin, lebt und arbeitet dort seit über 30 Jahren · war als Lehrerin, Journalistin, Autorin und Redakteurin tätig · verschrieb sich ganz der Durchdringung der deutschen Sprache und ihrer Vermittlung · arbeitet mit sehr unterschiedlichen Personenkreisen, unter anderem mit benachteiligten jungen Menschen und mit Menschen, die nach Deutschland auswanderten · entwickelt am laufenden Band Material zum Schriftspracherwerb und setzt es erfolgreich ein · schreibt ab und zu ein Gedicht oder eine Erzählung · hat drei wunderbare jugendlich-erwachsene Kinder und wünscht sich mehr Zeit fürs Schreiben und Lesen, für Musik und Sport.

MICKA-ROHWEDDER, CHRISTA

Geboren wurde ich 1951 in Hamburg-Ottensen. Als ich drei Jahre alt war, bekamen meine Eltern Arbeit in einem Posterholungsheim für Schwerbeschädigte. Dieses Heim lag zwischen den Dörfern Arensch und Berensch in der Nähe von Cuxhaven. Ich besuchte die Dorfschule, bekam einen Volksschulabschluss und machte eine kaufmännische Ausbildung. Ich heiratete, bekam drei Kinder, ließ mich nach 25 Jahren Ehe scheiden und lebe nun mit meinem zweiten Mann seit gut drei Jahren in Dresden. Schreiben war nicht geplant, aber mittlerweile habe ich Gefallen daran gefunden, aufzuschreiben was ich erlebe oder was mich bewegt.

NEUGEBAUER, ANNEMARIE (1925 – 2019)

Annemarie Neugebauer ist nicht mehr unter uns. Wir werden sie sehr vermissen, denn sie hat zahlreiche Bücher unseres Verlages mit ihren wunderbaren und einfühlsamen literarischen Texten bereichert. „Herbstzeit" hieß eine Geschichte vom Älterwerden, die in unserer 1. Großen Anthologie *Die Gedanken sind frei* im Jahr 2009 erschienen ist. In diesem Buch sollen drei kleine Geschichten aus ihrer Feder an ihr Leben und Werk erinnern. Danke Annemarie!

NIEBURG, INGEBORG

Geboren am 19.12.1932 in Ohlau / Niederschlesien, geschieden, zwei Söhne. Am 20.01.1945 Flucht vor der näher kommenden Front. In einem Dorf bei Marienbad das Kriegsende erlebt. Nach Massenquartier- und Lager-Aufenthalten im November 1946 mit ihrer Mutter in Libbesdorf, Kreis Köthen, eine Bleibe gefunden. Noch auf der Flucht erkrankte im Januar 1946 die älteste Schwester an Tuberkulose und starb im November 1947 in Köthen. 1953 erkrankte sie ebenfalls an Tb, überstand aber die Krankheit. Nach der Schulentlassung (Juli 1947) Arbeit in der Landwirtschaft. Am 01.11.1949 Beginn der Lehre als Maschinenschlosser im damaligen SAG-Betrieb Polysius, später Meisterstudium. 1969 – 1972 Ingenieur-Studium (Fachgebiet Maschinenbau). 1972 im „ABUS-Zirkel schreibender Arbeiter" Gleichgesinnte gefunden. Von da an wurde das Schreiben ein intensiverer Wegbegleiter. Lyrik und Prosa in Anthologien und verschiedenen Zeitungen veröffentlicht, darüber hinaus viele Jahre als Volkskorrespondentin tätig.

PELLEGRINI, SIGRID

1944 in der Altmark geboren, 1950 – 1958 Grundschulabschluss AHF Halle/Saale, im Anschluss dort Mittlere Reife 1960; 1963 Staatsexamen als Grundschullehrerin, ab 1962 erstes Lehramt in Riesa, später in Dresden. Diesen Beruf ein Leben lang mit Herz und Seele ausgeübt und noch immer mit Unterricht anteilig tätig bis heute; 1991 nebenberuflich Erwerb der Lehrbefähigung als DaZ-Lehrer. Privater Spracherwerb Russisch und Italienisch, in beiden Sprachen auch im Lehramt bis 2010. Sportbegeistert als Fallschirmspringer und Schwimmer, Interesse an allen Künsten und der Literatur, wozu ich auch andere gern bewege in meiner Stadt der Künste. Nicht unwichtig: Verheiratet, zwei Kinder, fünf Enkel, ein Urenkel.

PIETZSCH, ROMY

Ich bin 1960 in Dessau geboren, lebe seit 2008 auf einem Bauernhof in Nutha bei Zerbst. Während meiner Schulzeit war ich im Zirkel schreibender Schüler aktiv, später im Zirkel schreibender Arbeiter in Dessau. Neben dem Schreiben zeichne ich leidenschaftlich gern und hatte das Glück eine Schülerin der beiden Dessauer Künstler Heinz Rammelt und Heinz Szillat zu sein. Einige meiner zeichnerischen Arbeiten sind auf der Künstlerplattform www.kunstnet.de zu sehen. Meine literarischen Arbeiten, auch einige Bilder, erschienen in verschiedenen Journalen des FDA Sachsen-Anhalt, dessen Mitglied ich 2013 bis 2016 war, sowie im Bundesjournal 2015 und in der Anthologie des FDA Sachsen-Anhalt *„Auf Spurensuche"* (2016) sowie der im Verlag Edition Freiberg erschienenen Anthologie *„Die Liebe hat immer Recht"* von 2016.

RAHN, HELGA

Geboren 1937 auf der Insel Rügen, lebt seit 1958 mit ihrer Familie (Kindern, Enkeln, Urenkeln) in Leipzig. Nach dem Studium an der Pädagogischen Hochschule war sie tätig als Lehrerin, ab 1980 Mitarbeiterin der Städtischen Bibliotheken Leipzig. Mit Beginn des Rentenalters begann H. Rahn, eigene Lyrik und Prosa zu veröffentlichen. Die Autorin veröffentlichte u.a. im Engelsdorfer Verlag zu Leipzig: ‚*Windpferde am Darßer Strand*' (1998), ‚*Gratwanderung*' (2000); ‚*Die Entdeckung der Angst*' (02); ‚*Der Traum ist ausgeträumt, ich lebe*' (03/04); ‚*Die Energie der Wolke*' (04); ‚*Das spröde, unwegsame Jahr*' (05); „*Spieglein, ärgerst mich*" (Kurzprosa, 07); „*Wortlieder*" (Texte zu Musik, 08); „*Los-gelassen*" (08) ... Seit 2006 ist die Autorin eingetragen in „Kürschners Deutscher Literatur-Kalender". H. Rahn leitet langjährig einen Literatur-Gesprächskreis im Leipziger Osten, gründete 2013 die Autorengruppe „WortArt", betreute eine AG schreibender Schüler/innen im Lpz./Möckern. Der Engelsdorfer Verlag veröffentlichte folgende Anthologien mit Texten schreibender Kinder (ff. H.R.): ‚*Ein Flüstern im Geschichtenbaum*' (2003); ‚*Eine Wolke voller Rätsel*' (2004). Seit 1998 ist die Autorin Mitglied der Gesellschaft für zeitgenössische Lyrik.

RICHTER, VERA

Die 1940 geborene Autorin arbeitete 33 Jahre als Angestellte. Sie begann vor mehr als zwanzig Jahren damit, in ihrer Freizeit heitersatirische Kurzgeschichten zu schreiben, in deren Mittelpunkt kritikwürdige Verhältnisse und Personen stehen. Diese wurden bis zur Wende in einer Berliner Wochenzeitschrift und nach der Wende in Zeitungen und Zeitschriften veröffentlicht. Mit einer Glosse machte sie in einer in mehreren europäischen Ländern erscheinenden Frauenzeitschrift auf sich aufmerksam. Im Dr. Frank-Verlag Gera erschien 2006 ihre Erzählung „*Mensch, Oma Herta*". Die Goethegesellschaft Gera veröffentlichte ihre eingereichten Kurzgeschichten zu bisher drei Schreibwettbewerben in Anthologien. Zahlreiche Publikationen bei der Edition Freiberg in Dresden. Anmerkung des Verlegers: Vera Richter ist Siegerin mehrerer literarischer Wettbewerbe im deutschsprachigen Raum. Wir gratulieren!

ROCHNER, WINFRIED

Winfried Rochner wurde in Schlesien geboren. Nach der Schule absolvierte er eine Schlosserlehre und danach ein Studium zum Maschinenbauingenieur. Seine vielfältige Tätigkeit als Konstrukteur, Berufsschullehrer, Montagebereichsleiter und Fachdirektor führte ihn immer wieder zum Schreiben. Nach einer weiteren Ausbildung stellte er als selbstständiger Handwerker Holzspielzeug her. Im Verein „Arbeiten für Behinderte in Berlin" war er als Geschäftsführer tätig. Bei späteren Aktivitäten als Bezirksverordneter setzte er sich für die Bildung und Betreuung von Kindern ein. In verschiedenen Verlagen erschienen Bücher von ihm. Er gehört mit zu jenen Autoren, die seit vielen Jahren in den Großen Anthologien der Edition Freiberg vertreten sind.

ROßBERG, CHRISTINE, DR.

Geboren 1934 in der Domstadt Naumburg. Ausbildung in Jena zur Kinderkrankenschwester. Dieser Beruf füllte mich nicht aus, deshalb Studium an der Kirchenmusikschule in Halle. Arbeit als Kantorkatechetin in einigen Dörfern des Saalekreises. Aus familiären Gründen musste ich wieder zurück in die Naumburger Kinderklinik. Dort machte ich auf der Abendschule das Abitur nach und begann mit 30 Jahren das Studium der Medizin an der Martin-Luther-Universität in Halle. Schloss es ab und schrieb meine Dissertation. In Beeskow und Berlin-Lichtenberg wurde ich zum Facharzt für Allgemeinmedizin ausgebildet. In Berlin heiratete ich Kurt Roßberg, der 1945 einer der Gründer der im Osten gut bekannten Organisation „Volkssolidarität" war. Ich stieg in die Fußstapfen meines Mannes und bin seit 1972 auf den verschiedensten Ebenen des Vereins ehrenamtlich tätig, darunter 12 Jahre lang als Landesvorsitzende in Berlin. Nachdem ich 1991 arbeitslos wurde, weil ich „zu alt" für eine eigene Praxis sei, widmete ich mich neben der Ehrenamtstätigkeit meinem Hobby, dem Schreiben. Schon als Medizinstudentin gehörte ich einem *„Zirkel schreibender Arbeiter"* an. Nach der Wende wurde ich Mitglied einer Schreibwerkstatt, veröffentliche kleine Beiträge und Geschichten in der Berliner Zeitschrift für Schreibende und Schreibinteressierte *„Der Wortspiegel"*. Über meinen Seniorenchor, den ich 1973 als Selbsthilfegruppe für vereinsamte alte Menschen gründete und 44 Jahre lang leitete, schrieb ich ein kleines Buch *„Der Chor ist unser zweites Zuhause"*. Im IV. Quartal 2019 wird in der Edition Freiberg mein Geschichtenbuch *„So isses, rund und bunt"* das Licht der Welt erblicken.

SCHLIWA, GABRIELE

Geboren wurde ich 1944 in Berlin, aufgewachsen bin ich aber in Schlesien, und zwar in einer Gegend, in der damals nur polnisch oder russisch gesprochen werden durfte. Die deutsche Sprache war strengstens verboten. Nach meinen Schulen habe ich im Büro gearbeitet, und mich vorwiegend schwachen und kranken Menschen gewidmet. Ich schreibe, weil ich das Wort liebe. Man kann mit ihm Brücken bauen und selbst ganz kleine Dinge in Edelsteine verwandeln.

SCHMIDT, GISELA

Geboren am 07. Februar 1942 in Gera · Besuch der Grundschule · Kaufmännische Lehre · Besuch der Volkshochschule mit Abschluss Abitur · Arbeit als Disponentin · Bis zur „Wende" im Institut für

Organisation des Gesundheitsschutzes Gera tätig · Danach (ohne auch nur einen Tag arbeitslos zu sein) Aufbau des „Studienkreises" Bochum in der Außenstelle Gera · Dort tätig bis zur Pensionierung · Verheiratet mit Dr. med. Siegfried Schmidt, zwei Söhne · Lebt mit der Familie in einem Mehrgenerationenhaus

SCHMIDT, SIEGFRIED, DR. MED.

Am 4. Juni 1939 in Gera geboren und dort bis heute wohnhaft · Studium der Humanmedizin in Jena · langjährige Tätigkeit im ambulanten und stationären Gesundheitswesen in seiner Heimatstadt · zuletzt als Oberarzt in einer Neurologischen Klinik in Gera tätig · seit 2004 Rentner, verheiratet, zwei Söhne, vier Enkel · sein Erstlingswerk „*Rufe in der Nacht*" ist 2004 erschienen.

SCHÖNMEYER, LUTZ

Geboren in Schlotheim, einer Kleinstadt in Thüringen · Jahrgang 1958 · Schulbildung: Abschluss der 10. Klasse · gelernter Bergmann und Eisenbahner mit Facharbeiter-Abschlüssen · Berufsunteroffizier · ab 1983 in Dessau lebend · seit 2006 als freischaffender Autor, Aphoristiker und Werbetexter tätig · von ihm erschienen bisher die Anthologien „*Übers Jahr*" (1998), „*Alltägliche Begegnungen*" (1999), „*Wetterfest*" (2001), „*Vom Sinn und Unsinn*" (2006) sowie „*Vom Sein und Schein*" (2007). Desweiteren erschienen Publikationen in den Anthologien „*Auf Spurensuche*" des FDA, Landesverband Sachsen-Anhalt, in „*Die Literareon Lyrik-Bibliothek*", in „*Internationale Sammlung Zeitgenössischer Gedichte*", in der „*Bibliothek deutschsprachiger Gedichte, Ausgewählte Werke XX*" sowie in einigen Großen Anthologien der Edition Freiberg.

SCHUPPE, MARTINA

1960 in Neustadt/Sachsen geboren, lebt seit 1982 in Dresden, ist verheiratet, hat zwei Kinder und drei Enkel. Als Industriekauffrau und Betriebswirt/Marketing arbeitete sie in verschiedenen Branchen. Zusätzlich engagierte sie sich viele Jahre ehrenamtlich im Sportverein und im Nachhilfebereich an mehreren Schulen. War einige Jahre redaktionell bei zwei Bürgerzeitungen im Stadtteil Gorbitz tätig. Bei Lesungen (seit 2010) kann man sie allein oder mit verschiedenen Autorengruppen u. a. bei Matineen im UFA-Kristallpalast, beim „Literaturfest Meißen" sowie „Bundesweiten Vorlesetag" erleben. Veröffentlichungen gibt es in den Anthologien der Edition Freiberg seit 2013. Sie ist Mitglied der Schreibgruppe Westhang (Schreibwerkstatt Gorbitz). An deren Anthologien (2016 und 2019) hatte sie großen Anteil, auch als Korrektorin und Grafikerin. Einige ihrer Gedichte und Textpassagen sind auf Plakaten in den Dresdner Poesieparks der Öffentlichkeit zugängig. Weiterhin übernimmt sie ehrenamtliche Aufgaben im Bereich der Leseförderung von Grundschülern – ein Projekt der Stiftung Lesen.

SIEG, PETER

Geboren am 4.8.1951 in Hagenow · 10-Klassige POS in Prenzlau/Uckermark u. Abschluss in Born/Darss · ab September 1968 Lehre als BMSR-Mechaniker im GRW Teltow · 1971–1974 Elektromechaniker im Elektromat Dresden · 1974–1976 18 Monate Grundwehrdienst in der NVA · 1976–1981 Abendstudium u. Qualifizierung als Meister E-Technik im Sachsenwerk · 1976-1991 Meister im Fertigungsbereich elektronische Baugruppen in Elektromat / BT Reick · 1991 bis Ende 1994 Ausbilder der letzten DDR-Lehrlinge im IB Stuttgart, in Dresden · 1995–2000 Servicemonteur der Firma KÖVE-Pack in Gelsenkrichen (für Deutschland) · 2000–2018 Selbständig, Geschäftsführer im Gerätebau · ab

Juli 2018 wegen Verkauf der Firma Werkstattleiter in der Firma CF Liquitec Beierl · seit Ende 2013 verschiedene autobiografische Erzählungen zur Selbstfindung.

SPIELER, SIEGLIND

Geboren 1934 in Freiberg, Forstarbeiterin, Spielzeughandwerkerin, Fachschule für Bibliothekare „Erich Weinert" Leipzig, Bibliothekarin, langjährige Tätigkeit in der Stadtbücherei in Freiberg, fünf Kinder, heute Rentnerin, schreibt seit 1970 Kindheitserinnerungen, Erzählungen und Gedichte, seit 1995 Mitglied der AG WORT e. V. Freiberg. Veröffentlichungen: 2002 *„Einkehr im Augenblick"*, Gedichte, Peter Segler Verlag Freiberg; 2006 *„Gesichter im Zeitfenster"*, Erzählungen, Edition Freiberg, Dresden; 2008 *„Tanz im Erdenwind"*, Gedichte, Deutscher Lyrikverlag Aachen; 2010 *„Iris, meine Liebe"*, Erzählungen, Karin Fischer Verlag Aachen; 2011 *„Mucks-Mäuschen-still"*, Kinderbuch mit Text und Illustrationen der Autorin, 2014 *„Die weite Reise des kleinen Eisbären Tatz"*, Kinderbuch, Text und Illustrationen aus der Hand der Autorin, beide Edition Freiberg, Dresden, sowie in zahlreichen Anthologien, Jahrbüchern, Zeitschriften, Zeitungen und im *„Literaturkalender 2010"* der Edition Freiberg, Dresden. Anmerkung des Verlegers: Mehr über die Autorin erfährt man im Internet, wenn man bei „Wikipedia" ihren Namen eingibt.

STRAUß, JO

Geboren 1935 in Berlin, lebt in der Hauptstadt · Beruf: Werbefachmann bis 1996, jetzt Rentner · schreibt seit 2000 Prosa und Lyrik – bisher erschienen fünf Novellen und fünf Gedichtbände sowie Textbeiträge in Anthologien · editiert seit 2006 im Selbstverlag, koordinierte Zusammenarbeit mit der Heinz-Freiberg-Edition Dresden · Präsentation eigener Buchprodukte seit 2006 am Ausstellungsstand der Edition Freiberg zur Leipziger Frühjahrsbuchmesse · Bisher erschienen 11 Gedichtbände, 14 Novellen und Romane sowie Textbeiträge in 12 Anthologien der Edition Freiberg.

STRÜBBE-TEWES, MARLIES

wohnhaft in Unna, studierte Kunst und Mathematik und war lange Zeit im Schuldienst tätig. Inzwischen ist sie freischaffende Künstlerin und Autorin. Neben wie Gedichtbänden, einem Kinder- und einem Jugendbuch erfolgten zahlreiche Veröffentlichungen in Anthologien, Zeitungen und Journalen. Von der „Bibliothek Deutschsprachiger Gedichte" wurden ihre Werke mehrfach ausgezeichnet. Ihre Mitgliedschaften: Freier Deutscher Autorenverband e. V., 2. Vorsitzende FDA · Freundeskreis Düsseldorfer Buch '75 e. V. · Europa Literaturkreis Kapfenberg e. V. kUNstkorderer e.V. Unna · Wer mehr erfahren möchte: www.lyrik-und-mehr.de oder www.katerernie.de

WIESNER-BLEY, PETRA

wurde 1957 in Meißen geboren. Sie war schon als Kind eine richtige „Leseratte" und ist es noch heute, weswegen der Fernseher in ihrem Leben ein kümmerliches Dasein fristet. Die Liebe zur Literatur ließ sie Deutschlehrerin werden. Nach einem postgradualen Studium des Faches Musik begann sie humorvolle Lied- und Bühnentexte zu schreiben und leitete von 2001 bis 2007 ein Schüler-Kabarett in der Bach-Stadt Köthen. Seit vielen Jahren sorgt sie auf Familienfesten und anderen größeren Feiern mit einer von ihr selbst erfundenen, ganz speziellen Art von Märchen für gute Unterhaltung. Ihren Beruf als Lehrerin hängte sie nach 37 Jahren an den sprichwörtlichen Nagel und widmet sich nun ganz dem Schreiben.

ZACHER, ERIKA

Geboren 1938 in Berlin. Abitur an der Händel-Schule in Berlin-Friedrichshain. Danach ein Jahr Lehre als Reisebürokaufmann, nein, es hieß nicht Kauffrau. Ein Jahr als Praktikantin im Kinderheim in der Königsheide. Anschließend Studium der Germanistik und Geschichte an der Humboldt Universität in Berlin. Nach dem Staatsexamen zwei Jahre Erzieher im Kinderheim in der Königsheide, dann bis 1979 Lehrer an der POS (Polytechnische Oberschule) im Stadtbezirk Berlin-Mitte. Von 1979 bis 1998 Lehrer an der Staatlichen Ballettschule Berlin, davon von 1991 bis 1998 als Stellvertretende Schulleiterin tätig. Seit 1998 im Ruhestand. Verheiratet seit 1965, Mutter von zwei wunderbaren Kindern und Großmutter von zwei liebenswerten Enkelkindern. Ein Hobby ist kreatives Schreiben seit 1999. Veröffentlichungen in der Zeitschrift „Wortspiegel", im KARO-Verlag, in Anthologien im Solon Verlag München, im „wort und mensch verlag", in Anthologien des ALMA e. V. Laufen, Bayern und in der Enzyklopädie des deutschen Gedichtes.

Inhaltsverzeichnis Seite

Der Verleger	7
Albrecht, Matthias	9
Atts, Claudia	14
Batereau, Thekla	16
Braunsdorf, Regina Elfryda	21
Bringezu, Brigitte	23
Buschmann, Siegmund	28
Crostewitz, Hannelore	35
Darsen, Reina	36
Dittrich, Wolfgang	44
Freiberg, Heinz	47
Fürst, Gerhard Albert	55
Gebhardt, Regine	75
Geilert, Silke	81
Gerlach, Michael	84
Gudel, Kai	94
Heyne, Christine	100
Höhne, Isa	109
Hunger, Gisela, Dr.	113
Kasten, Gertraud	121
Kießling, Gunter	125
Kligge, Heidrun	135
Kocourek, Barbara	140
Kögel, Jürgen	152
Korthals-Bäumle, Birgit	157
Kott, Charlott Ruth	166
Lange, Marion	172
Lanzke, Astrid	178
Lenz, Ilka	183
Leonhardt, Karin	191
Liebich, Ellen	195

Lippold, Joachim, Prof. Dr.	203
Löser, Rolf	211
Lutter, Kerstin	218
Micka-Rohwedder, Christa	221
Neugebauer, Annemarie	224
Nieburg, Ingeborg	230
Pellegrini, Sigrid	238
Pietzsch, Romy	245
Rahn, Helga	247
Richter, Vera	254
Rochner, Winfried	258
Roßberg, Christine, Dr.	265
Schliwa, Gabriele	277
Schmidt, Gisela	278
Schmidt, Siegfried, Dr. med.	281
Schönmeyer, Lutz	284
Schuppe, Martina	288
Sieg, Peter	294
Spieler, Sieglind	297
Strauß, Jo	302
Strübbe-Tewes, Marlies	312
Wiesner-Bley, Petra	319
Zacher, Erika	325
Zu den Autorinnen und Autoren	330